云南财经大学前沿研究丛书

股指期现货市场关系

—— 中国内地与海外市场比较

AN EMPIRICAL COMPARISON STUDY ON
THE RELATIONSHIP BETWEEN THE INDEX FUTURES MARKETS
AND THE SPOT MARKETS IN CHINESE AND CHINESE
NEIGHBORING MARKETS

张一锋 / 著

社会科学文献出版社
SOCIAL SCIENCES ACADEMIC PRESS (CHINA)

摘　　要

　　我国股指期货于 2010 年 4 月 16 日正式推出，在此背景下，股指期货及现货指数相关研究成为金融领域的研究重点与热点，而基于市场微观结构理论的股指期货市场相关研究刚刚起步。本书在金融市场微观结构理论的基础上，将股指期现货市场关系区分为价格波动影响关系和定价效率对比关系。通过对这两个关系的实证研究，揭示股指期现货市场的微观结构关系。

　　在实证方法选择上，已有研究未充分考虑多种分析方法所导致的结论差异，因此需要通过比较多方法得到的结论才能有效提高结论的可靠性。同时，实证结果与样本选择及空间大小具有紧密联系，样本选择应充分考虑实践及比较意义，样本空间也应具有一定的时间跨度才能提升实证结果的稳定性。由于我国股指期货上市时间不长，国外已有的研究还未涉及我国样本，而国内已有研究则大多以仿真交易数据和短时间跨度现实生产数据为样本，使用相对单一的方法对股指期现货关系的某一特定方面进行实证研究，而且都未考虑在具有紧密联系的多样本市场基础上进行比较来充分说明股指期现货市场关系以及突出我国股指期现货市场关系的特征。

本书以实证研究为主，以比较研究为辅，采用我国沪深300、香港恒生、国企、新加坡日经225、A50指数期现货市场2010、2011两年的真实生产高低频数据，对股指期现货市场关系进行了多角度、多样本，基于多种统计检验和时间序列模型及改进方法的实证比较研究。研究证明了股指期现货市场关系的多个理论假说，并在同主要邻近市场比较研究的基础上突出了沪深300股指期货合约的运行特征。

波动影响关系是指股指期货推出对现货市场价格波动的影响关系，包括股指期货推出与现货市场价格波动的关系和合约到期日股指期货与现货市场价格波动的关系，即到期日效应。本书利用高低频数据相结合的波动率参数和非参数统计分析与改进的ARCH类模型，多方法实证了股指期货推出前后的期现货市场价格波动关系，从实证角度为这一争论热点提供了可靠的证据，得出了与已有研究不同的观点，即股指期货推出前后股票现货市场价格波动和走势变化在实证上没有一致的结论，没有完整和一致的证据支持股指期货的推出与现货市场价格波动和走势之间具有因果关系，股指期货推出并不是现货市场波动和走势变化的充分必要条件。沪深300股指期货推出在短期内加大了现货市场的波动；中期略微加大了现货市场波动，但无显著影响；从长期看，股指期货的推出充分发挥了风险规避功能，较好地平抑了现货市场的波动，降低了现货市场的波动。

同时，本书使用高低频数据相结合的交易量增长率、相对交易量、价格反转指标及波动率参数和非参数统计检验以及成交量、波动率模型检验方法，对沪深300、S&P500、日经225指数、恒生指数、国企指数、A50指数股指期货合约标的物现货市场到期日效应进行了实证分析，提出了价格反转程度检验方法。

从实证角度为又一争论热点提供了可靠的结论证据。与已有研究不同，本书认为到期日效应表现在股指期货合约到期日现货市场交易量及价格波动较非到期日的异常变动效应两个方面：一部分市场表现为其中某个方面效应显著，另一部分市场则表现为两个方面效应都显著；到期日成交量异常效应存在不一定使得到期日价格波动异常效应必然存在；国企指数现货市场具有较为显著的到期日成交量异动及价格波动效应，恒生指数、A50ETF 现货市场存在到期日效应的概率较大，但检验结果存在不确定性；沪深 300指数、日经 225 指数均不存在到期日效应；合约到期最终结算制度的不同设计导致了到期日效应在不同市场的表现存在差异。

定价效率对比关系是指在两个市场微观结构差异基础上体现出的定价效率差异的对比关系，包括信息传递、信息含量权重对比关系和运行效率（流动性）对比关系。多数已有文献仅对一阶矩收益率关系进行了研究。本书对五个市场的信息传递关系使用了一阶矩收益率和二阶矩波动率数据的 Granger 检验、当期引导关系检验、相关性检验、隔夜收益率变化检验，并利用 VAR、VEC 模型等进行了多市场、多方法的实证研究，从局部对信息传递关系的研究方法进行了创新，即股指期现货市场信息传递关系研究应包括非同步交易时段及同步交易时段的信息传递关系研究。非同步交易时段基于收益率序列和波动率序列的股指期现货市场引导关系检验结果存在差异。而从序列所包含的信息量角度，即从对真实市场波动描述的精确度上看，基于波动率序列的检验结果更为可靠。从波动率引导关系角度，本书得出了新观点，即所有样本均说明日内早开盘阶段 15 分钟的股指期货价格波动率可以用于现货开盘阶段 15 分钟、30 分钟价格波动率的预测，完全证明了开盘阶段期现价格波动率的动态关系充分体现了股指期货的价格发现功能,让投资者提前对隔夜信息做出反应并进行消化。收盘时段,也完全印证了本书的微观结构理论假设,即在现货市场收盘后,股指期货为投资者提供了依据现货市场盈亏等信息进行对冲(套期保值)的工具,并同时给予投资者充分调整套期保值、套利头寸及相关策略的机会,充分反映了股指期货的对冲功能。

同步交易时段的一阶矩收益率和二阶矩波动率实证结果具有一致性。除具体引导阶数有所不同外,所有样本市场实证结果均基本表明,股指期货市场价格引导指数现货市场价格,即使存在双向引导关系,股指期货市场对现货市场价格的引导强度也大于反向的引导关系;在比较基础上与已有研究结论不同的是沪深300、恒生、国企股指期现货市场价格表现出较为清晰和明确的引导关系特征,而从日经225、A50指数期现货市场样本实证结果看,非本土指数期货市场与本土现货指数市场的引导关系相对本土股指期现货市场关系表现较弱且不明确。

同时,本书使用 GS 模型、脉冲响应函数以及方差分解方法对股指期现货市场价格一阶矩收益率和二阶矩波动率序列的信息含量对比关系进行了实证分析,较为一致的结论是股指期货市场价格信息含量占比相对于指数现货市场价格信息含量占比具有明显优势。与已有研究不同的是,从沪深300指数和恒生、国企、A50指数对应分析结果比较看,由于标的物指数相关性极强,对应于自身指数现货市场,沪深300股指期货价格信息含量略低于恒生、国企指数期货价格,而明显高于标的物极为类似的 A50指数期货价格,即相对于 A50指数期货,沪深300股指期货在信息效率上居主导地位。中国内地现货股票市场价格走势对国企指数,尤其是对 A50指数期货价格的反向影响力较强。为弥补已有方法的不足，本书使用 ARMA 模型和多元回归模型外推方法，对已得到的股指期现货市场信息效率关系结论进行了补充和夯实，外推实证方法的结果与上述已有结果保持了较高的一致性。

最后，本书从宏观的成交量（额）相关指标，微观的方差比例、即时成交成本及市场深度指标多角度对股指期现货市场的流动性对比关系进行了实证研究，从运行效率角度对股指期现货市场的定价效率对比关系进行了研究。与已有文献不同的是不同指标所呈现的股指期现货市场流动性对比关系不同，从成交量（额）相关指标角度分析，除 A50 指数期货市场外，其他样本股指期货市场的流动性远大于现货市场，而 A50 指数期货市场流动性相对较差；从市场效率系数和即时成交成本模型实证结果看，只有沪深 300 股指期货市场的流动性较现货市场高，恒生、国企、日经 225 及 A50 指数现货市场的流动性则比期货市场高，但恒生、国企指数期现货市场的流动性差异不显著，日经 225、A50 指数期现货市场的流动性具有较为显著的差异。本书认为，从市场深度指标实证结果看，样本各股指期货市场在深度指标上表现为比现货市场低的深度，这些结论和差异可从市场波动性程度特征、现货市场有无卖空限制、是否存在多种同标的物衍生产品，以及期现货市场地域和开放程度等方面得到解释。

关键词：股指期货　股票指数　价格波动　到期日效应　定价效率

Abstract

The first stock index futures contract began trading in 16 April 2010 in China, and this contract based on HuShen 300 stock index. The study about index futures and spot index are becoming focus. In China, financial microstructure theory research about index futures is just beginning. This study divided the relationship between index futures and spot index markets into two aspects according to the microstructure theory: the relation between stock market volatility and the introduction of the stock index futures, and the relation about comparison of the pricing efficiency between the index futures markets and the spot markets.

A few previous studies did pay adequate attention to the distinction due to different empirical method. The using and comparison of diversified methods lead to gain more explicit and credible result. And the credible empirical results are very close to the size and selection of the sample, the sample employed should be comparable and ample size. There are not empirical studies using the data of HuShen300 index futures in abroad researches and the data of

1

simulation or short-term was employed for the studies in domestic. And a few studies have used the diversified methods and samples simultaneously. The study analyzed deeply the microstructure relation between the two markets through the two aspects above employed diversified empirical methods and comparative method. The daily data and the intraday data (1 – min, 5 – min) of the Hushen 300, Hang Seng, H-shares, Nikkei 225 (SGX), and the A50 index & index futures over the period 2010 to 2011 are used as the empirical samples. Empirical evidence confirms the theoretical hypothesis in chapter one and gives prominence to the features of HuShen 300 index futures markets by comparison.

The first relation is composed of the difference between spot price volatility before and after the introduction of index futures and the relation between the two markets at index futures expiration. The study examines the relation between the stock market volatility and the introduction of index futures employed parametric, non-parametric test and modified ARCH models and examines the relation between the stock market volatility and the major events in the same period. On the basis of comparison of the two tests, the study gives more credible evidence of the causality on the spot volatility and the futures. There are not unanimous conclusions about the relation. The empirical evidence did not support that there are any causalities between the stock market volatility and the introduction of index futures, as well as the introduction of index futures is a sufficient and necessary condition of the stock market volatility. The empirical analysis employed Hushen 300 sample shows that the introduction of index futures increases the spot markets volatility in the short term, increases volatility but not significantly, and in the long term decreases volatility expelling other factors which can interfere with the observation.

The study provides the evidence on the expiration effects in the Hushen 300, Hang Seng, H-shares, Nikkei 225 (SGX), and the A50 index markets. Empirical analysis this part applies the parametric, non-parametric test of the spot trading volume rate, relative volume, price reversal index, and volatility series at index futures expiration and nonexpiration and spot trading volume, volatility series models. The part devises innovatively the index of price reversal level. The results reveal that the expiration effects ought to include the spot trading volume effects and the spot price volatility effects. Some spot markets exist abnormal changed in trading volume or in price volatility, others in both. Empirical results reveal not only a significant increase in spot trading volume, but also the existence of a significant increase in spot volatility in H-shares spot index at index futures expiration. There are not significant expiration effects in Hushen 300, Hang Seng, H-shares, Nikkei 225 (SGX), and the A50 spot markets. The dissimilarities in futures contract settlement institution between these markets lead to the difference.

The second relation is composed of the information transmission between the two markets, the comparison of the information contents and operational efficiency (liquidity) between the two markets. The study provides an innovative analysis framework on intraday dynamic relation between index futures and spot markets which must consist of the interaction on nonsynchronous and synchronous trading hours. In each stage, the relationship of the first and second moment data should be included. This part adopts minutely high-frequency data of returns and volatility for 5 index futures and spot index markets, because that daily data does not have the ability to statistically assess such relation in most studies. The Granger test, contemporaneous lead-lag relation models, correlation test, equality test of overnight returns, VAR model and VEC model are applied to analyze the lead-lag relationship between the two markets in the intraday nonsynchronous trading stage and synchronous stage. Empirical results display that the futures price volatility before the spot market opening can predict statistically the spot price volatility after the spot market opening over 15 and 30 minnutes in all market samples. Meanwhile, the spot price volatility before the spot market closing can predict statistically the futures price volatility after the spot market closing in all markets sample. The empirical results also show that the difference estimate between the using of the volatility data and the returns in the nonsynchronous trading stage. Empirical results in the synchronous stage confirm generally that futures market plays a price discovery role, implying that futures prices contain useful information about spot prices even when the spot price leads the futures price. The lead-lag relationship in the Hushen 300, Hang Seng, H-shares markets is significant but indeterminate in the Nikkei 225 (SGX) and the A50 markets. The results of the synchronous stage imply the difference between the native markets and the non-native markets as well.

The Garbade-Silber model, the impulse response function test and the variance decomposition method are employed to analyze the comparison of the information contents in the returns (volatility) between the futures and spot markets. Empirical results show that futures prices contain more useful information about spot prices than the spot prices themselves. The information contents of Hushen 300 index futures prices contain slightly less information than the Hang Seng and H-shares index futures but significantly more than the A50 index futures. The Hushen 300 spot index prices have strong influence on the H-shares index futures and particularly on the A50 index futures prices in the opposite direction.

The ARMA model and the multivariate regression model contained the futures variable are applied to forecast the spot index price. Forecast results confirm the conclusion above.

Finally, the study examines the relation of operational efficiency (liquidity) comparison between the index futures and the spot markets using the trading volume indicators, variance ratio test, execution costs model and market depth method. Different methods have different results. The results using the trading volume indicators show the liquidity of the futures markets is greater than the spot markets except the A50 futures. The results using variance ratio test and execution costs model display that the liquidity of the futures markets is greater than the spot markets only in the Hushen 300 markets and an inverse result in others markets. These differences result from the method selection, the level of volatility, short sales constraints, the variety of derivatives and the site of the markets. These spot markets chosen as samples have higher liquidity too.

Keywords: Index Futures   Spot Index   Volatility   Expiration Effect   Pricing Efficiency

目 录

Contents

图表目录

引　　言

　　自股指期货市场出现以来，尤其是中国股指期货市场建立以来，对股指期货的质疑声就不绝于耳，甚至出现了关于"股指期货行情"的命题。作为金融衍生品的一员，虽然股指期货的理论经济功能毋庸置疑，但现实中，由于各种噪声、不同的制度设计、不同的资本市场结构，以及不同的宏观经济背景等因素，都可能使股指期货市场的实际运行与理论产生偏差，从而会使人们对于股指期货的认识产生众多的争论和分歧。综合国内外股指期货市场的实践与理论研究，这些争论和分歧主要集中于两大方面的相关问题：股指期货推出是否使股票市场出现异常波动，基于有效性比较基础上的股指期货理论作用是否得以发挥以及发挥程度。争论与分歧的实质是对股指期货与现货市场关系不同方面与角度的认识不同。标的资产与衍生产品本身就是密切联系的一个整体，研究衍生产品其本质就是研究两者的关系。争论与分歧的长期存在就使两者关系的系统、深入研究显得尤为必要。这是一个关系到股指期货市场存在价值的永恒议题。

　　以下对本书的研究背景及意义进行具体表述。

　　中国内地股指期货已正式上市交易，以中国股指期货市场真实生产环境为基础的研究刚刚起步。

2010 年 4 月，酝酿已久的中国内地第一个股指期货产品——沪深 300 股指期货合约成功上市交易，标志着中国金融衍生品发展大幕的拉开。这对于中国资本市场乃至中国经济具有重要的里程碑意义，意味着中国多层次资本市场的重大革新即将到来，也对理论界和实务界提出了革新性的课题。随着股指期货的正式推出，之前对于股指期货的各种猜想、研究将随之切换到一个真实的生产环境中，将从模拟、预测、借鉴、规划设计等进入一个更为深入的阶段，即从是否推出股指期货命题到如何使中国金融衍生品健康、快速、稳定发展命题的切换。这就要求理论及实务界对股指期货及金融衍生品的研究更进一步。由于真实生产环境的存在，研究者拥有了崭新、真实的案例及数据，更意味着一个关于资本市场的研究热点即将到来。在此现实背景下，利用具有一定时间跨度的中国股指期货现实数据开展相关研究，本身已是一种应用创新。

股指期货在资本市场中的地位和影响，决定了股指期货领域的研究成为焦点。

自 20 世纪 80 年代美国推出世界上第一只指数期货以来，经过短短不到 30 年的发展，股指期货已发展成为全球交易量最大的期货品种。作为应用最为广泛的金融衍生产品，股指期货流动性强、透明度高，具备较其他期货品种更强的价格发现、风险管理等重要功能。随着 2008 年国际金融危机的爆发，金融衍生品再次成为焦点。在此情况下，如何重新认识金融衍生品的作用，如何对其加强监管等问题浮出水面，对证券标的资产和衍生品市场关系问题的更为深入的研究迫在眉睫。由于股指期货在全球金融衍生品交易的重要地位，包括股指期货对现货市场流动性、波动性、定价效率等的影响在内的股指期货和现货市场关系问题的深入研究，也就有着重要的理论和现实意义。而中国内地在危机后两年推出了股指期货产品，更是赋予相关研究重要使命。这对于中国资本市场这个新兴市场，尤其是刚刚诞生的金融衍生品市场的健康稳定发展来说更具重大意义。

股指期货市场对现货市场的作用关系一直是股指期货理论与实务界关注研究的主线，国内外关于股指期货的研究方兴未艾，逐步丰富与成熟。这为本领域的继续研究提供了不少值得借鉴和依据的理论基础，同时，留下了众多富有挑战的和存在分歧的待研究问题。

关于衍生品市场对现货市场的作用关系争论持续了 3 个世纪。关于股指期货市场对现货市场的作用关系的争论也从未停止。股指期货的反对者认为，股指期货具有杠杆效应，会放大市场风险，股指期货的投机性会增加市场的不稳定性；而股指期货的拥护者则认为，股指期货不仅不会加剧现货市场的波动，而且有助于提高市场定价效率、流动性等。

股指期货是依据股票现货指数标的物设计的衍生产品，对指数现货市场必然具有明显的反向作用。影响与驱动股指期货价格的系统信息和指数现货市场本质上是相同的，同时套利、套期保值等交易和结算制度将股指期货市场和指数现货市场紧密地联系起来，两个市场很大程度上是一个整体。股指期货市场产生以来，股指期现货市场之间的关系问题，由于其具有重要的实践价值和理论意义，一直是投资者、监管部门以及学术界关注的重要议题。

从国外已有的研究成果看，关于股指期货与现货市场相关问题的研究成果较为丰富。大部分理论与实证研究集中于两个问题，一是股指期货市场引入对现货市场的影响，二是股指期货市场与现货市场价格之间的先行滞后关系，也有少量理论研究比较了股指期货市场与现货市场微观结构方面的差异问题。按现代金融理论学说思路与界定，现有研究的目标、结论集中体现为两个市场效率比较与波动溢出特征。按事物之间关系的哲学逻辑，事物之间总是呈现作用与反作用的"对立统一"多元关系。以此逻辑，现有关于股指期货市场与现货市场的研究已经从不同角度和方向上勾勒出股指期货市场与现货市场关系中的主要组成部分。但遗憾的是，还未有研究将一个较为完整的股指期货市场与现货市场内在微观关系进行梳理与总结，从而展示这种关系的本质特征。由于已有理论与实证研究假设条件的不完善以及使用的分析方法和数据样本的单一与不同，目前并未得到一致结论。同时，现有研究往往将这种关系的重点放在股指期货对现货市场的某种特定作用与影响上，也使得两者关系的内在本质和完整性得不到体现。因此，对股指期货市场与现货市场的内涵关系进行总结梳理，并在统一的框架下，较为完整地分析两者的关系，从而较全面、深入、客观地揭示股指期货市场与现货市场的内在关联规律，具有一定的创新性和理论价值。中国股指期货市场处于起步阶段，厘清股指期货市场与现货市场关系，对于管理层坚定信心、消除疑虑大力发展股指期货及其他金融衍生品市场也具有重要参考价值；通过股指期货市场与现货市场联动关系分析，可以为监管机构不断完善监管环节提供依据与参考；通过股指期货市场与现货市场关系的分析研究也可以为投资者把握期现货市场运行规律、降低投资风险以及规划交易策略提供依据和分析手段。因此，本书的研究成果对于监管层和实务界具有重要的现实意义。

国内外股指期货市场与现货市场关系本质表现为以价格关系为核心的波动关系和深层次的关于两者市场效率的比较关系，本书将其总结为价格波动影响关系与定价效率对比关系。

金融资产的核心议题是定价问题，衍生产品是从传统的商品或金融资产派生出来的创新金融工具，其价格与所对应的基础资产价格紧密相连。从本质上讲，衍生品市场的各种问题集中体现在价格上，与基础资产市场的关系也主要由价格关系来体现。股指期货市场作为衍生品最为重要的一员，与股票现货市场的关系自然也集中体现在两者的价格关系上。从股指期货市场出现以来以及从成熟市场和新兴市场实践和理论研究发展的历程看，主要关注3个问题：一是现货市场价格波动性在股指期货推出前后的变化。通常通过对比股指期货上市前后现货市场价格波动性的各项指标对这种影响关系进行分析研究。二是股指期货合约到期日效应。通过对比股指期货合约到期日和非到期日的现货市场、期货市场价格波动性指标，揭示股指期货市场与现货市场的价格联动关系及其原因。三是基于金融市场效率、金融市场微观结构等前沿理论，比较股指期货市场与现货市场在信息传播、价格发现以及流动性等效率指标上的差异，揭示股指期货与现货市场在股票市场定价效率层面上的对比关系。这3个问题是股指期货市场与现货市场关系的本质所在。前两个问题所反映的是股指期货推出对现货市场价格波动性变化的影响关系，联系原因解释有众多的不确定性。可能来自股指期货市场与现货市场的内在联系，也可能由来自两个市场之外的其他因素所导致。这两个关系一直是实践领域关于期货市场影响作用的争议热点，也是期现联动操纵的监管重要依据，同时理论界也一直在此问题上存在分歧。本书拟将其总结为价格波动影响关系，客观深入地研究股指期货市场的推出与现货市场价格波动的联系存在性以及原因，具有重要的理论价值。第三个问题所反映的是股指期货市场与现货市场基于价格表现出来的内在效率对比及波动溢出关系。前两个问题是在股指期货推出初期以及特定时段所表现出来的相对特殊的期现关系，而第三个问题更多的是反映基于金融市场有效性和金融市场微观结构理论基础，在股指期货市场发育一定时期后期现市场价格的日常内在关系，研究的是股指期货与现货市场在市场价格发现过程中的效率对比关系，是股指期货市场存在价值及其功能发挥的本质保障，也是期现货组合交易策略的基础。本书将其界定为定价效率对比关系，拟在使用多市场证据和实证方法改进的基础上从新的角度对此关系进行研究。总之，通过一个相对完整和角度创新的实证分析框架实证研究股指期货市场与现货市场价格关系，并从多样本结论比较角度给予这些关系新的见解，在理论上是一次突破。同时，较为完整的对沪深300股指期货与现货市场关系从推出前后到运行一段时间后的规律及特征进行分析和突出，也将为实务界完善交易策略提供依据和监管层制定期货市场监管措施提供微观依据，具有一定的现实意义。

国内外关于股指期货市场和现货市场关系的理论分析和实证分析方法手段日趋成熟与多样化，研究分析包含了不同研究对象、样本空间和实证方法，所得结果不尽相同，如何评价、选择分析方法与手段也成为股指期现关系研究成果可靠程度的一种度量。

时间序列分析方法的发展和相关统计技术的不断优化，以及计算机及分析软件技术的巨大发展，使得关于金融时间序列分析的深度、广度有了长足发展，但基于统计技术的模型与方法有其先进性也有其缺陷，研究结论对研究对象、样本空间等要素敏感度较高，各种关于时间序列分析手段都具有优缺点，没有一个最优的评价标准。因此，同时选择多市场或有可比性较强、代表性的研究对象进行比较、合理选择与整理样本空间及数据，并选择多种研究与实证方法，从多个角度进行分析与对比，能使研究结论比已有结论更具说服力。

本书拟选择相对成熟和更具比较意义的亚洲临近市场，恒生、国企、日经225、A50等活跃指数期现货市场与沪深300指数期现货市场进行期现货关系相关内容的对比实证分析，一方面，从多市场实证证据角度对股指期货市场与现货市场的关系进行更具说服力的论证；另一方面，尝试分析产生不同结论的原因，通过比较提炼出中国内地指数期货市场的一些新的现有特征。在样本时间跨度选择上，做到长跨度和尽量统一，并对数据进行优化处理，以期能够更客观精确地反映区间内价格波动的真实特征。在理论基础和实证研究方法选择上，做到以成熟理论为基础形成理论假说，以成熟和合理改进的实证方法作为分析手段，并对多种方法和结果进行比较，客观解释结论，同时，尝试引入一些新的分析方法进行研究。总之，实证研究与比较分析结合的视角，以及方法的改进与创新，使本书在研究方法上具有了借鉴价值。

综上所述，股指期现货市场关系是多层次股票市场微观结构改善的中心议题，是股指期货市场经济功能发挥的本质表现所在，是期现货市场交易策略实现的基础，也是市场监管的重要环节。在全球股指期货高速发展、中国股指期货市场刚刚起步的背景下，通过使用沪深300指数期现货真实生产环境数据与海外邻近代表性市场股指期现货数据，对股指期现货市场关系进行多角度、多方法比较实证研究，从中国内地与多市场证据比较角度，厘清股指期货对现货市场的微观内在关系，使相关机构、群体充分、客观地理解和认识股指期货市场价值作用以及存在和发展的重要意义，尤其是通过突出中国内地市场的期现关系特征，为中国新兴的股指期货研究提供理论基础和实证框架，突出股指期货市场对中国资本市场的重要作用意义，是本书的理论和实践价值所在。

第一章　绪论

第一节　国内外研究现状及述评

股票价格指数期货（Stock Index Futures，简称股指期货）是以股票价格指数为基础标的物的一种金融衍生工具（Financial Derivative Instruments）。所谓金融衍生工具是指从基础金融资产（Underlying Assets）派生出来的金融工具。基础金融资产主要有四大类：外汇或称货币；利率工具，如债券、商业票据、存单等；股票和股票价格指数；贷款。虽然基础金融资产种类只有四大类，但派生出来的金融衍生工具数目繁多。总体而言，主要的金融衍生工具也包括四类，即期货、期权、远期合约和互换。股指期货作为一种金融衍生工具，其主要目的是为了满足股票现货市场风险管理需求，特别是系统风险管理需求。金融期货之父利奥·梅拉梅德将金融期货的主要功能总结为3个方面：风险管理、价格发现和交易效率提升。

自20世纪80年代在美国诞生首个股指期货合约以来，股指期货在全球的交易规模和影响力迅猛增长，成为当今最为成功的期货品种之一。与此同时，股指期货领域的理论研究也在资本市场主要理论基础上得到了较快的发展，结合本书研究目标、内容，综观国内外研究现状发现，相关研究围绕股指期货的基本功能，分为理论研究与实证研究两大板块。

一　相关理论研究回顾

股指期货市场相关问题研究的理论基础主要来源于对资本市场、证券市场等的理论基础移植，涵盖经济学、金融学、信息学等理论体系及其分支，但核心都是关于市场及定价效率问题的研究，而金融市场微观结构理论最终为本书结构设定提供了基础。结合本书拟研究内容，主要理论研究回顾如下。

（一）关于市场效率的研究

经济学和金融学角度的市场效率具有不同的内涵。经济学上的市场效率指的是帕累托效率，即如果使一些人状况变好的同时，不会使另一些人的状况变差的均衡就是帕累托效率。金融学的效率主要指信息效率，即所有的市场信息是否被金融市场上交易的资产价格充分、及时、准确地反映出来。股指期货市场的标的物是股票现货指数市场。要分析股指期货的市场效率，自然须从研究其标的物指数市场的效率入手。

有关市场效率的具有代表性的观点可以追溯至 Samuelson（1965）早期的论点。他认为市场对证券价格的无偏估计就是市场效率。

Fama（1965）提出了有效市场假说（EMH），即如果一个证券市场的价格完全反映了所有可获得的信息，那么，这样的市场就是有效市场。

Roberts（1967）从价格对信息反应的角度出发，根据信息集的不同内涵将市场效率划分为弱式有效（Weak-form

Efficiency）、半强式有效（Semistrong-form Efficiency）和强式有效（Strong-form Efficiency）三种类型。

Fama（1970）基于理性预期理论更为严谨地提出了有效市场假说，以 Roberts 的观点为基础，更为清晰地界定了有效市场的具体形式，奠定了 Fama 在市场有效性研究领域巨大的影响力。

R. R. West（1975）将市场效率划分为内在效率（或称为运行效率）和外在效率（或称为信息效率即信息定价效率）两个层面进行研究。其外在效率的含义和内容与有效市场假说基本相同。West 对之前的市场效率观点和研究做了较好的整合。他认为外在效率是指价格反映了所有相关的信息，不可能利用已有的信息获得超额收益。外在效率的衡量有两个指标：一是市场价格是否能根据有关信息自由变动；二是信息能否即时、充分地披露，并在同一时间内，等质等量地被大多投资者获得。内在效率（运作效率），即市场是否具备在最短时间内以最低交易成本为交易者提供交易的组织能力和服务能力。市场内在效率高低的区别在于交易能否在最短的时间内完成和交易费用的高低。而交易成本是内在效率评价的核心，分为显性成本和隐性成本。显性成本主要是交易费税等；隐性成本主要是交易价格波动带来的成本。内在效率的两个要点——交易时间和交易费用，在现实中决定市场流动性，而流动性对投资者依据信息调整投资组合的速度和能力具有极大影响，从而导致市场外在效率表现出不同特征。

从以上理论文献的结论看，信息效率和运行效率是资本市场效率的两个重要组成部分，大部分关于资本市场效率的研究也都是这两个效率的个别和组合研究。尤其是 West（1975）的研究对本书结构设定起到了重要作用。

（二） 关于信息效率的研究

信息效率是指市场是否具有真实高效地反映信息并形成合理市场价格的能力。要讨论市场信息效率就不能不重新提到有效市场假说及其代表 Fama 的影响。Fama 提出的有效市场假说（Efficient Market Hypothesis，EMH）的核心内容就是研究市场价格反映信息的效率，其实质就是市场信息定价效率的研究。因此，本书在研究框架设定时十分重视有效市场理论研究成果的理解和运用。

Fama 的有效市场论将信息集区分为三种不同的类型，分别为：弱式有效，即历史价格信息，包含历史价格和成交量；半强式有效，包括弱式有效信息集内容和所有可公开得到的信息，包括股票上市公司盈亏报告、财务报告、盈亏预测及公司新闻公告等；强式有效，包括半强势有效信息集内容和所有特定可知的信息，尤其是特定和获取成本较高的内幕信息。根据这三种信息集的划分，市场也可相应分为对应的三种类型。这种分类极其重要的意义在于，它指明某个市场价格中的信息含量相对于其他市场高，就说明这个市场的信息效率高于其他市场，从另一角度理解，即基于这个市场所形成的价格也较其他市场的价格更为有效，随着时间的推移，其他效率相对较弱的市场价格也必然以更为有效的市场价格作为参照。

（三） 关于运行效率的研究

前面提到，市场内在效率又称为市场运行效率，是指证券市场交易执行效率，即交易者完成一笔交易的时间长短和交易成本高低的度量，时间越短，成本越低，则效率越高。运作效率的本质其实就是对证券市场流动性的度量，即市场迅速撮合成交和降低交易成本的能力。

Demsetz 的《交易成本》（1968）一文是市场运行效率研究的开山之作。在首次将交易成本分为显性交易成本与隐性交易成本基础上，该文从交易成本角度研究了交易制度对市场定价的影响。研究认为，市场存在两类交易者并形成两种均衡：立即交易者（均衡）和等待交易者（均衡）。为了使等待交易的交易者能够立即交易，需要求立即交易的交易者向处于等待的交易者提供更为优惠的交易价格，否则，需要立即交易的交易者无法立即成交。也就是说，希望立即成交的交易者须承担的隐性成本实际上是不愿继续等待的时间价值贴现。Demsetz 因此指出股票的价差是交易立即提供者的报酬，而价差包含了立即执行交易的隐性成本。

在 Demsetz 之后，运行效率研究开始集中于对交易成本的分析。R. R. West（1975）较好地归纳了关于市场运行效率和交易成本关系的已有结论。Tobin（1978）提出交易税可以抑制货币市场的过度投机。Merton Miller（1986）认为，政府管制和税收政策的积极变化是引致金融创新的主要动力，金融创新成功的标志就是交易成本降低和市场容量扩大。

Demsetz 的研究为以后的运行效率研究提供了一种分析思路，那就是可以通过研究买卖价差、交易成本等流动性指标来衡量市场运行效率。

Demsetz 的研究为评判股指期货市场和股票现货市场的运行效率对比关系提供了重要依据，即可以通过对两个市场流动性的对比阐述这种关系。而对于证券市场流动性的研究主要集中在以下两个方面。

（1）从市场微观结构角度进行分析。市场微观结构研究的主要目的之一是揭示价格发现的过程，而市场微观结构研究的主要内容之一就是市场流动性的提供方式，因此，流动性问题的本质就是流动性对价格发现的影响。

Kraus 和 Stoll（1972）使用纽约证券交易所的资料研究了大宗交易流动性与证券价格波动的关系。Garman（1976）建立随机库存模型研究了证券价格变动的原因。Garbade 和 Silber（1979）研究了流动性风险与市场均衡价格的关系。

Glosten 和 Milgrom（1985）研究了流动性与信息获得成本的关系。Easley 和 O'Hara（1992）进一步研究了做市商制度条件下流动性和股票价格的关系。Madhavan（1992）认为交易者的流动性策略改变原因是交易制度的设计与变化。Keim 和 Madhavan（1996）同样讨论了市场中大宗交易对资产价格变化的影响。

（2）从流动性与量价关系角度进行分析。这方面的研究集中于做市商报价驱动的交易机制下的流动性指标的建立与实证。Chan 和 Lakonishok（1995），Kiem 和 Madhavan（1997）分析了流动性与价格、交易量关系的共同特征。Hasbrouck 和 Seppi（2001）研究了收益与指令流等流动性指标的关系。Brous 等（2001）研究了流动性对投资银行等机构投资者收益的影响。

上述文献大多从交易成本、制度和市场流动性关系角度讨论了市场运行效率。研究普遍认为市场的流动性越强，交易成本越低，运行效率越高。

（四）市场微观结构理论的研究

金融市场效率研究的发展以及既定市场交易制度与市场效率关系的研究，最终被金融市场微观结构理论这一新的理论体系所整合。

从 20 世纪 80 年代开始，全球金融市场的高速扩张、信息技术的迅速发展和金融衍生品的不断创新等众多原因，引起了学术界对交易制度研究的关注。数次全球性的金融危机也进一步推动了对交易制度的深入研究。众多研究成果表明，市场参与者的行为对市场价格的影响由交易制度设计决定。从这个意义上讲，交易机制的选择对金融市场健康有序发展具有重要作用。Demsetz 的《交易成本》（1968）一文其实正式奠定了金融市场微观结构理论基础。Demsetz 之后的金融理论开始注重关于内部运作机制对市场价格形成机制的影响，即注重市场组织结构、市场交易机制及市场参与者行为对价格形成的影响等微观层面。Garman（1976）首次提出了"证券市场微观结构理论"一词。

M. O'Hara 在 1995 年提出了市场微观结构的概念和理论研究框架，奠定了现代市场微观结构理论的基础。经过不断完善，该理论较为系统地整合并发展了已有的研究成果，从存货模型开始逐步将传统方法与信息经济学方法进行良好结合，研究金融市场参与者之间的博弈问题。它以微观经济学的价格理论与厂商理论为基础，将交易成本理论、存货理论、信息经济学、博弈论等理论成果纳入系统分析框架，运用边际分析、均衡分析等分析方法形成了自己的理论架构，分析了既定交易制度如何影响价格的形成过程。具体而言，O'Hara 将市场微观结构理论定义为"在确定交易规则下资产交易的过程与结果的研究"。总结文献，市场微观结构理论研究内容包括两个部分。其一，价格发现理论模型及其实证研究。研究微观结构对资产价格形成过程的影响，具体研究信息产生与传播过程、价格波动的统计分布形态、市场指令到达及执行情况等。其二，交易机制理论与实证研究。研究交易制度安排对投资者选择、价格和市场质量的影响，具体研究如集合竞价和连续竞价交易机制、做市商制度和自由竞价机制、大宗交易机制以及报价指令形式、最小变动价位、信息披露、价格熔断机制等对投资者选择及市场质量的影响。其中，市场质量就是市场有效性（效率）或市场定价效率①。而结合前述关于市场效率的文献描述，市场有效性又通过流动性、波动性、透明性和交易成本等指标反映出来。市场微观结构理论及其扩展应用作为金融理论的前沿以及与金融实践领域的紧密联系，已成为金融理论研究者与实践者关注的热点，必然成为本书研究框架设定的重要基础。

证券现货市场和与其相对应的期货市场虽然联系紧密（后者是前者的衍生产品，前者是后者的合约标的物），但两者的交易机制有着本质差别。因此，两个市场不同的交易机制必然对两者市场价格的形成过程产生不同的影响，也自然对两个市场的投资者及市场质量造成不同的影响。这样，证券现货市场与证券期货市场的关系除了标的物与衍生品的产品设计自然属性关系外，也就延伸到基于两者市场微观结构不同的比较关系上。将证券现货市场与期货市场关系纳入市场微观结构理论体系中进行研究，是微观结构理论的应用与发展。对证券现货市场与期货市场微观结构比较关系进行分析，不仅对于揭示金融市场的本质规律具有重要理论意义，而且对于金融市场制度设计与完善以及充分发挥金融衍生品对市场深化的积极作用，具有重大现实价值。国外学者在20世纪90年代就开始重视此问题的研究，建立了坚实的理论基础。

---

① 此内容借鉴了刘海龙、吴冲锋的《金融市场微观结构理论综述》[《管理评论》2003年第15（1）期] 一文的描述。

Kumar 和 Seppi（1994）建立了股票市场和股票指数期货市场的微观结构模型。该理论模型认为，两个市场的价格包含了不同的信息流，两个市场的价格彼此具有领先性或滞后性，交易时间差或者信息传递过程中的摩擦可能是导致这种结果的主要原因。其中，信息流差异的研究结论尤其具有重要价值，即期货市场交易者知晓股票现货市场的信息，而股票现货市场交易者知晓单个股票的信息，两个市场做市商根据贝叶斯规则计算各自市场价格的条件期望值设定两个市场的出清价格。做市商的信息集包括所在市场当期信息、所在市场的历史价格信息以及其他市场滞后的历史价格信息。两个市场的做市商所拥有的信息集不相等导致两个市场价格具有领先－滞后关系，从而导致两个市场价格差异，而这种价格差异使期现货市场套利成为可能。

Subrahmanyam（1991）在 Kyle（1984）、Admati 和 Pfleiderer（1988）模型的基础上撰写了《股指期货市场交易理论》一文，应用包含单个证券市场和一篮子证券市场（股票指数期货市场）的模型，研究了一篮子证券市场相对于单个证券市场的存在价值和受大量投资者青睐的主要原因，得出了证券市场与期货市场关系一个重要的结论：在期货市场交易，流动性交易者在与知情交易者的交易中损失最小，因此，流动性交易者偏好于在期货市场进行交易。该文还通过模型分析了两个市场的价格信息含量、波动影响关系与价格领先－滞后关系。这个研究为之后的理论及实证研究提供了极其重要的基础，成为股指期现货市场关系研究的典范。之后的学者在放松模型假设和加入其他制度（卖空限制等）因素后得到了大量的关于股指期现货市场微观结构关系的结论。

之后，Chan 等（1993）学者的研究结论同样表明期现货市场之间的信息不完全相同。在存在做市商的报价驱动市场中，股票价格仅与股票自身信息相关而与期货市场信息无关，某股票做市商接收到其他相关股票信息后，在价格重设过程中导致相关股票收益率存在正自相关关系，这导致股票之间存在相关关系，而这种关系与期货市场信息不相关。

Chen 等（1995）的模型分析了股指期货合约交易行为，结论表明，因为股指期货合约不能代替股票现货市场个性化的投资组合，所以，股指期货合约与标的物不能完全代替，且当市场风险增大时，股票持有人卖出对应期货合约以对冲其持有股票组合风险的行为将缩小期现货基差，并增加对应期货合约的持仓量。Koskinen 等（2000）建立了卖空限制条件下和市场间存在信息滞后的微观结构模型。模型分析结果表明股票期现货可以完全替代，而且认为期货合约价格比现货股票价格包含更多信息是因为期货市场存在卖空机制而股票现货市场存在卖空限制。股票期现货市场上的做市商如果只能观察到彼此市场的滞后价格信息，那么，同一时点股票期现货价格可能存在高低差异。这些结论也为本书提供了重要的理论支持。

除了以上关于市场效率及微观结构理论对股指期现货关系的描述，股指期现货关系还有一个在研究过程中易被忽视的问题，即到期日效应。Samuelson（1965）关于临近股指期货到期日相关的市场波动率增加的描述，被称为著名的 Samuelson 假设，引起理论界的广泛研究。Stoll 和 Whaley（1986、1987、1991、1997）及之后众多国外学者的研究表明，股指期货合约到期时，期货市场、现货市场都在收益率、波动率和成交量上产生异常，到期日效应是期现货联动的集中体现；到期日效应的根源是现金交割制度，在股指期货合约存在的条件下，套利、套期保值、资产组合保险三种交易行为的时间差异及其行为本身在期货合约到期日时导致了现货市场波动性的增加。这些研究也为本书结构设计及相关部分研究提供了重要的参考。

二 相关实证研究回顾

在上述已有理论文献的基础上，产生了大量的实证研究文献与结论。这些理论与实证研究成果共同形成了本书的研究框架设定的理论基础，并且最终形成了本书的实证与比较研究的技术路线。本书努力将涉及股指期现货市场关系的实证文献进行相对全面的回顾总结，并将其与本书研究框架相对应，以体现框架设定的思路。

（一）关于股指期货推出对现货市场价格波动性影响的实证研究成果，形成了本书第二、第三章的实证研究思路及方法基础

大量关于股指期现货市场关系的实证文献，首先集中于股指期货推出对现货市场整体波动的影响，即集中实证比较股指期货推出前后现货指数的波动性变化特征。已有主要研究的总结如表 1 - 1 所示。

从已有的主要研究的总结中可以看出，无论是成熟市场还是新兴市场，对股指期货推出对现货市场影响的研究结论并未达成一致。支持股指期货推出对股票现货市场价格波动影响不显著，或现货市场价格波动率未发生明显变化的结论为主流（占43%），而现货市场价格波动上升（占29%）和下降（占28%）的结论次之[①]；结论对样本长度及区间较为敏感，并与所采用的实证方法或统计方法也有紧密关系，且大多数文献对波动性的度

---

① 虽然还有许多文献结论未列出，但三类结论比例并没有大的改变。

表1-1　股指期货推出前后现货市场波动性主要
实证研究文献结论总结

作　者	合约标的物指数	样本区间	方　法	现货市场波动性结论
Edwards（1988）	S&P 500	1972～1987 年	均值方差检验	下降
Aggarwal（1988）	S&P 500	1981～1987 年	指数成分股、非成分股统计回归模型	不变
Harris（1989）	S&P 500	1975～1987 年	指数成分股、非成分股横截面回归模型	上升
Chan, Karolyi（1991）	Nikkei 225	1985～1987 年	GARCH-M 模型	不变
Baldauf, Santoni（1991）	S&P 500	1975～1989 年	ARCH 模型	不变
Lee, Ohk（1992）	HSI	1984～1988 年	均值方差检验	下降
Bessembinder, Seguin（1992）	S&P 500	1978～1989 年	自回归分布滞后模型	下降
Jegadeesh, Subrahmanyam（1993）	S&P 500	1981～1982 年	均值 t 检验	上升
Antoniou, Holmes（1995）	FTSE - 100	1980～1991 年	GARCH 模型	上升 上升
Pericli, Koutmos（1997）	S&P 500	1953～1994 年	E-GARCH 模型	不变
Antoniou, Holmes, Priestley（1998）	FTSE - 100 DAX - 100	1985～1991 年 1985～1991 年	GARCH 模型	不变 下降
Chang, Cheng, Pinegar（1999）	Nikkei 225	1982～1991 年	现货股票组合波动率分解法	不确定
Gulen, Mayhew（1999）	S&P 500 FTSE - 100 Nikkei 225 KOSPI 200 HIS DAX - 30	1973～1997 年 1973～1997 年 1980～1997 年 1973～1997 年 1973～1997 年 1977～1997 年	GJR-GARCH, N-GARCH, E-GARCH 模型	上升 下降 上升 不变 不变 不变
Darrat, Shafiqur, Maosen（2002）	S&P 500	1987～1997 年	E-GARCH 模型	不变

注：虽还有许多文献结论未列出，但同一市场结论类似。

量存在争议；模型多使用 ARCH 类模型，尽量考虑异方差及自相关问题，并尽量排除其他因素干扰，多方法比较的研究成果较少；分析中日内高频数据使用较少，低频数据使用较多；大多未对股指期货推出前后的不同阶段进行更为细致的研究；结合股指期货推出时段其他重大事件影响关系对比研究的就更少；针对成熟市场的研究较多，对新兴市场的研究较少，尤其是与中国内地市场相关的研究尚未开启。

另外，大量关于股指期现货市场关系的实证文献也集中于股指期货推出后现货市场是否存在理论回顾中提及的到期日效应。

20 世纪晚期，众多国外学者对到期日效应问题进行了研究。Stoll 和 Whaley（1987、1990、1991）、Herbst 和 Maberly（1990）、Hancock（1993）、Chen 和 Willams（1994）等对美国 S&P 500 合约到期日效应进行了研究。Pope 和 Yadav（1992），Karolyi（1996）、Stoll 和 Whaley（1997）、Corredor 等（2001）等进行了日经 225 指数、澳大利亚 AOI 指数、西班牙 Ibex 35 指数、香港恒生指数等股指期货合约到期日效应研究，均发现股指期货合约到期日现货指数交易量异常放大，但指数价格反转现象不明显。Day 和 Lewis（1988）、Chow 等（2003）、Illueca 和 Lafuente（2006）等研究了不同国家股指期货标的物指数在期货合约到期日时的价格波动率变化，发现股票现货指数波动率在到期日前后呈现增大或异常现象。Karolyi（1996）、Bollen 和 Whaley（1999）、Corredor 等（2001）等的研究则认为，期货合约到期日股票现货市场价格波动率并未发生明显变化。可见，海外市场对到期日效应是否存在的研究结论主要为：到期日现货指数交易量异常放大；现货指数价格可能出现反转；现货指数波动率可能增大或不变①，同时表明，不同市场到期日效应具体表现不同。

上述文献几乎都在实证检验的基础上阐述了到期日效应出现的原因，大多数文献认为到期日效应的根源是现金交割制度，在股指期货合约存在的条件下，套利、套期保值、资产组合保险三种交易行为的时间差异及其行为本身在期货合约到期日时导致了现货市场波动性的增加。大多数关于到期日效应的研究集中于成熟市场，多角度、多方法、多样本比较研究较少，以中国内地股指期货市场为样本的到期日效应研究还未开启。

关于股指期货推出对现货市场价格波动性影响的实证研究成果主要集中于上述两方面，显然这两方面已有实证文献所涉及的内容是股指期现货市场关系中不可忽视的重要组成部分。

（二）关于股指期现货市场价格引导关系的实证研究成果结合理论回顾部分内容，形成了本书第四至第六章的实证研究思路及方法基础

大量关于股指期现货市场信息效率对比关系的已有研究，将这种关系具体为期现货价格引导关系即基于信息效率的价格发现能力实证，主要实证方法为领先－滞后关系的实证和领先－滞后关系实证基础上的两个市场价格信息含量对比关系的实证。已有实证文献总结见表1－2。

---

① 部分内容参考了蒋瑛琨、彭艳《股指期货到期日效应的理论研究：效应根源、成果综述及实证方法》，国泰君安证券股指期货研究报告，2007年5月21日的相关内容并进行了整理。并参考了马龙官等《股指期货与现货联动操纵及反操纵研究》，《中国证券市场发展前沿问题研究》，中国财政经济出版社，2009年4月，第150～185页。

表 1－2 股指期现货引导关系主要文献实证结论

关系	发表时间	作者	指数及指数期货	样本数据	主要结论	实证方法
指数期货引导现货	1988	Kawaller, Paul Koch, Timothy Koch	S&P500	1984.6~1985.12 1分钟等间隔	期货领先20~45分钟	多元回归,三阶段最小二乘法
	1989	Harris	S&P500	高低频数据结合	期货领先,期货含有较现货市场更多的信息	基差统计检验及回归模型
	1990	Stoll, Whaley	S&P500 MMI	1984.7~1987.3 5分钟等间隔	期货领先5~10分钟	ARMA,双方向多元回归
	1990	Cheung, Ng	S&P500	1983.5~1987.5年 15分钟等间隔	期货领先多于15分钟	AR,分布滞后模型
	1991	Kutner, Sweeney	S&P500	1987.8~1987.12 1分钟等间隔	期货领先20分钟	分布滞后模型
	1992	Chan	S&P500 MMI	1984.8~1985.6 1987.1~1987.9 5分钟等间隔	期货领先显著;期货对市场信息反应更快,期货含有较现货市场更多的信息	多元回归,AR
	1993	Ghosh	S&P500	1988.1~1988.12 日数据	期货领先,向现货市场传递大量信息	ECM,Naïve Model

续表

关系	发表时间	作者	指数及指数期货	样本数据	主要结论	实证方法
	1994	Grunbichler, Longsatff, Schwartz	DAX 30	1990. 11～1991. 9 5分钟等间隔	期货领先15～20分钟	VAR、GARCH
	1994	Martikainen, Puttonen	FOX	1988. 5～1990. 3 5分钟等间隔	期货领先	Granger 检验
	1995	Abhyankar	FTSE 100	1986～1990 1小时等间隔	期货领先现货	EGARCH
指数期货引导现货	1995	Tse	Nikkei 225	1988. 12～1993. 1 日数据	期货领先现货	ECM
	1996	Fleming, Ostdiek	S&P 500 期货 S&P 100 期权	1988. 1～1991. 3 1分钟等间隔	期货领先5分钟、期权引导现货5分钟、期货领先期权	多元回归、ARMA、GMM
	1996	Shyy, Vijayraghavan, Scott-Quinn	CAC 40	1994. 8～1994. 8 5分钟等间隔	期货领先、期货含有较现货市场更多的信息	Granger 检验、ECM、GMM
	1996	Iihara, Kato, Tokunaga	日本 NSA	1989. 3～1991. 2 5分钟等间隔	期货领先20分钟	AR、GARCH
	1997	Guo ping-lin	S&P 500 Nikkei 225	1996. 1～1996. 12 日数据	期货领先	Granger 检验、ECM

续表

关系	发表 时间	作者	指数及 指数期货	样本数据	主要结论	实证方法
	1998	Abhyankar	FTSE 100	1992 年 4 个合约 1 分钟等间隔	期货领先 5～15 分钟	ARMA、GARCH、 Granger 检验
	1998	吴易欣	SIMEX 摩根台指	1997.3～1998.3 5 分钟等间隔	期货领先	Granger 检验
	1998	赖宏昌	台股加权指数期 货	1997.3～1998.7 5 分钟等间隔	期货领先	Granger 检验
指数 期货 引导 现货	1999	Chu, Gideon Tse	S&P 500	1993.1～1994.1 5 分钟等间隔	期货领先;期货、现货、存托凭 证三者价格具有协整关系	协整、公共因子分 解、VECM
	1999	Min, Najand	Kospi 200	1996.5～1996.10 10 分钟等间隔	期货领先 30 分钟	SEM、VAR
	2000	Frino, Walter, West	澳大利亚 AOI	1995.8～1996.12 1 分钟等间隔	期货领先显著,宏观经济和个 股信息影响领先关系	ARMA、多元回归
	2001	Gwilym, Buckle	FTSE 100	1993.1～1996.12 日内高频数据	期货、期权领先	多元回归、ARMA
	2001	Chiang, Fong	HIS	1994.1～1994.9 5 分钟等间隔	期货领先	AR

续表

关系	发表时间	作者	指数及指数期货	样本数据	主要结论	实证方法
指数期货引导现货	2002	Poope, Zurbruegg	TAIFEX 合指，SIMEX 摩根合指	1999.1~1999.6 1、5、10、60 分钟等间隔	SIMEX 市场信息反应领先于本土 TAIFEX 市场，期货较现货市场含有较现货市场更多的信息	Johansen 协整、ECM、Granger
	2004	Ryoo, Smith	Kospi200	1993.9~1998.12 日数据 1996.5~1998.12 5 分钟等间隔	期货领先，期货较现货市场含有更多信息	GARCH、ECM、ARMA
	2004	Raymond W. So, Yiuman Tse	HIS	1992.11~2002.6 1 分钟等间隔	期货领先，现货领先基金，存在期货市场向现货市场的波动溢出效应	协整、M-GARCH
	2006	Oh Nam, Young Oh, Kyung Kim, Chun Kim	Kospi200	2001.3~2003.6 1、5、10、60 分钟等间隔	期货领先，期权引导现货	GARCH、ECM、多元回归
现货引导指数期货	1993	Wahab, Lashgari	S&P500 FTSE100	1988.1~1992.5 日数据	指数现货领先	Granger 检验、Garbade-Silber 模型
	1994	廖崇豪	S&P500	1982.4~1994.1 月数据	指数现货领先	VAR、ECM、ARMA 模型

续表

关系	发表时间	作者	指数及指数期货	样本数据	主要结论	实证方法
现货引导指数期货	1997	赖瑞芬	SIMEX 摩根台指	1997.3～1997.5 5 分钟等间隔	指数现货领先	Granger 检验
	1998	李家州	SIMEX 摩根台指 CME 道琼斯台指	1997.1～1998.3 1997.1～1997.5 日数据	指数现货领先	Granger 检验、三阶段最小二乘法
	1999	蔡美华	SIMEX 台指 TAIFEX 台指	1998.10～1998.12 5 分钟等间隔	指数现货领先	AR
	2001	刘圣骏	TAIFEX 台指	1999.1～2000.10 日数据	指数现货领先	Granger 检验
股指期现货相互引导	1987	Herbst, McCormack, West	S&P500 MMI	1982.2～1991.9 多种高频数据	股指期货引导现货,现货对期货有反馈	多元回归
	1991	Chan, Chan, Karolyi	S&P500 MMI	1984～1989 年 5 分钟等间隔	期指领先 5 分钟,现货对期货有反馈	二元 GARCH
	1994	Chun, Kang, Rhee	日本 NSA	1988.9～1991.9 5 分钟等间隔	股指期货领先 20 分钟,在现货成交量极大时现货领先 15 分钟	VAR,ECM,GARCH

续表

关系	发表时间	作者	指数及指数期货	样本数据	主要结论	实证方法
股指期现货相互引导	1995	Abhyankar	FTSE 100	1986.4～1990.3 划分为三段 60分钟等间隔	不同阶段期货与现货互为引导关系	线性,非线性 Granger 检验
	1998	郭炜翎	SIMEX 摩根台指	1997.3～1998.2 日数据	股指期现货相互引导	Granger 检验,GARCH
	1998	易智伟	SIMEX 摩根台指	1997.8～1998.4 5分钟等间隔	股指期现货相互引导	Granger 检验,状态空间模型
	2001	刘圣骏	SIMEX 摩根台指	1999.1～2000.10 日数据	股指期现货相互引导	Granger 检验,GARCH
	2002	Chatrath, Christie-David, Dhanda, Koch	S&P 500	1993.1～1996.12 15分钟等间隔	牛市期货引导现货,熊市期货对现货的引导减弱,现货对期货有反馈	二元 VAR、二元 GARCH,多元回归
	2003	潘品轩	TAIFEX 台指	1998.7～2003.1 5分钟等间隔	期现货相互引导,期货含有较现货市场更多的信息	Granger 检验,ECM

注：本表参考了蒋瑛现、何苗、杨苗《股指期货对现货的引导与预测：理论、实证与案例》，载中国金融期货交易所：《股指期货应用策略与风险控制——首届金融期货与期权研究征文大赛获奖论文选编》，中国金融出版社，2009，第75～79页。

从表 1 - 2 中可以看出，已有文献主要利用日内 1 分钟、5 分钟等高频股指期现货配对数据，使用多元回归、AR 和 ARMA 模型、GARCH 类模型、Granger 关系检验以及 VAR 和 VEC 模型等方法，多数得到了股指期货领先于现货，现货指数对期货没有或有时存在反馈的结论，并实证了期货领先现货 5～45 分钟；而认为现货领先期货的文献相对较少，且使用日数据居多，结论可靠性降低，基本都不被认可。上述部分文献中同时使用脉冲响应函数和方差分解方法进行了关于信息含量关系的实证。实证结果也表明，期货含有较现货市场更多的信息。而关于信息含量关系最为经典的论述是 Garbade 和 Silber（1983）建立的 Garbade-Silber 模型用来分析期货与现货市场价格的信息含量，实证结果同样指出期货价格包含更多信息，在价格发现中处于主导地位。关于股指期现货市场价格引导关系的实证研究成果主要集中于领先滞后和信息含量对比两方面，成熟应用的模型多为多元回归、VAR、VECM 等。可见，股指期现货市场日内动态关系包含领先滞后和信息含量对比关系。

虽然信息传递关系是股指期现货市场关系的核心，但大多数研究未涉及非同步交易时段期现货市场信息传递的具体形态，多方法、多样本的比较研究也较少，涉及中国内地市场的研究刚刚开启且集中于国内投资机构的研究报告。

（三）关于股指期现货市场交易成本、流动性对比的实证研究成果结合理论回顾部分内容，形成了本书第七章的实证研究思路及方法基础

大量已有文献从交易成本、流动性等角度实证了金融衍生品与现货市场的运行效率及两个市场的运行效率对比关系。Umlauf（1993）研究发现交易成本上升导致流动性的大量损失，以 1986

年瑞典市场为样本，当证券交易税由 0.8% 上升为 2%，当日股票综合指数下降 2.2%，继而，11 家最活跃的上市公司的 60% 的交易量，所有上市公司的 30% 的交易量转移到伦敦。Lin 等（1995）以纽约证券交易所交易的股票为样本讨论了交易成本中买卖价差和股票流动性之间的关系，研究发现交易最活跃的 20% 股票价差为 0.62%，最不活跃的 20% 股票价差为 2.06%。

Bessembinder（1999）比较了纽约证券交易所和纳斯达克市场的交易成本，发现纽约证券交易所的交易成本低于纳斯达克市场，同时指出除交易制度原因外还存在两个原因导致此结果：一为纳斯达克市场上市公司特征，即纳斯达克市场集中了大量小型或成长型公司；二为纳斯达克市场做市商之间竞争不充分，可能存在共谋操纵。

Odean（1998、1999），Barber 和 Odean（2000）研究了美国某大型经纪公司从 1991 年到 1997 年近 8 万个账户的交易记录，结果发现频繁短线交易的投资者和不频繁交易的投资者所获得的总收益基本相同，而前者扣除交易成本的净收益率则明显低于后者（频繁交易者年收益率为 11.4%，非频繁交易者为 18.5%），因此，频繁短线交易使投资者的财富受损，频繁交易是非理性的，原因是由于频繁交易者进行交易的边际利润无法补偿交易成本（税费）。

上述研究集中于不同市场交易成本的对比实证以及不同交易者交易行为及交易成本的对比实证，但都试图从交易成本角度获得关于运行效率的特征。

关于运行效率中的最为重要指标流动性的研究也是理论界研究的重点。大量的国外研究比较了期现货市场的流动性，并试图通过实证获得关于期现货运行效率的差异特征。Subrahmanyam（1991）运用理论模型解释了 S&P 500 指数期货巨大的流动性及其信息作用，认为相对于股票交易而言，在股指期货交易中不知情交易者与知情交易者进行反向交易而遭受损失的可能性将会降低，因此，股指期货交易为不知情交易者提供了一个完善的交易平台。

Jegadeesh 等（1993）研究了 S&P 500 指数期货与股票现货市场流动性的关系。以价差作为流动性的判断指标证明两个假说：没有使用股指期货时，当拥有某股票内幕信息的投资者前往股票市场交易时，做市商处于信息劣势，其所设定的股票价格使价差扩大，以弥补其损失，导致股票流动性变差；当使用期货对冲时，做市商可以利用股指期货调节股票存货部位，而不需将股票价差扩大，这导致股票价差缩小，因此，股票流动性变好。实证结果发现，在 S&P 500 指数期货推出后，S&P 500 成分股的平均价差显著减小。同时，将股票价差减小结论原因解释为固定成本变化及存货部位调整而不是逆向选择。

Kuserk、Locke 和 Sayers（1992）对美国股市进行的实证研究表明，股指期货交易出现后，由于大量新增的套利者和套期保值者在进入股指期货市场的同时也大量涌入股票现货市场，从而使股票现货市场的交易规模和流动性获得大幅提升，且两个市场的交易量相互推动。股指期货市场交易规模大于股票市场，但这是额外资金大量流入造成的，而非从股票市场分离而来，这有力地增加了股票市场流动性。Tse、Bandyopadhyay 和 Shen（2006）研究了道琼斯股票指数及其相关的三种衍生产品：ETF、传统场内交易期货（FTRF）、电子交易期货（ETMF）的价格发现关系特征。结果表明，ETF 是股票价格决定机制的主导。对价格发现贡献最大的是 ETMF，对价格发现的贡献最小的是 FTRF 和道琼斯指数，ETMF 的流动性或交易量最大，ETF 次之，而 FTRF 的流动性相对较差。Roll、Schwartz 和 Subrahmanyam（2007）认为，套利行为与市场流动性相关，流动性有高低与套利行为呈正比例关系。研究通过分析股票市场流动性与股指期现货基差的动态关系来考察这种关系。结果表明，基差扩大可能导致较多的期现货套利交易，这些交易反过来影响流动性。基差的变动对未来股票市场的流动性变动具有预测能力，流动性变动增强了股指期现货定价系统的综合效率。

关于流动性的大量其他研究表明，流动性包括深度、弹性等多个方面①，不同指标可能导致流动性实证结果具有差异，但市场的资金量大小还是流动性好坏的主要指标。

较为类似的结论为，一方面，股指期货的流动性优势使得在其推出初期可能会降低股市的流动性，但一段时间以后，也正是由于股指期货的流动性优势会增加股市的流动性，股指期货的推出对股票现货市场的流动性具有先抑后扬的作用。

另一方面，股指期货的巨大流动性使股指期货价格中包含了大量系统信息。这些信息通过指数期现货市场间的对冲等机制传递到股票现货市场，从而使现货股票价格的信息含量增加，最终提高了整个股票市场的定价效率。同时，股指期货市场的出现与功能发挥，增加了现货市场的风险承受能力，间接提升了股票现货市场的流动性，保障了现货市场的稳定性，由此促使现货市场的运行效率得到提高。

显然，基于运行效率的对比是股指期现货市场关系中不可分割的一个内容，它与前述信息效率对比关系共同验证了股指期现货市场的定价效率的内在对比关系。同时，也可以看出，大多数

---

① 关于流动性指标的定义、选择及使用问题，在第七章中具体论述。

研究并未突出针对股指期现货市场的流动性指标进行比较。这种比较的结论是突出股指期现货市场运行效率的具体差异形态，而差异结论证明是保证整个股票市场具有定价效率的基础。同时，大多数已有研究成果也并未使用多方法、多样本进行比较研究，都是针对某特定市场使用某一流动性指标进行个体的研究。

三 国内相关研究回顾

与国外研究成果相比而言，国内股指期货的理论和实践研究都相对滞后，研究相对分散，缺少系统的研究。本书将参考的国内具有代表性的研究学者及研究目归类，如表1-3所示。

表1-3 国内主要研究归类

研究目的	作者	发表年份	研究方法	主要结论
国外股指期货市场借鉴研究	汪利娜	1996	定性	英国金融期货市场的发展现状、监管模式
	苏东荣	1997	定性	美国、日本、中国香港金融期货市场监管模式对比
	朱孟楠	1997	定性	香港金融衍生品发展、作用与影响，交易主要风险及监管
	钱小安等	1996	定性	股指期货概念、种类、特点以及运作模式
	杨峰	2002	定性	对多个海外股指货市场从股指货市场产生的原因、股指期货合约的设计、市场的风险管理等方面进行了比较
	邹功达	2002	定性	在调研与分析比较基础上，介绍了中国香港、新加坡、韩国、日本东京股指期货和股指期权产品的发展状况
	杨胜刚、汪琛德	2006	定性	全球股指期货与期权市场的发展动向及对中国的启示

续表

研究目的	作者	发表年份	研究方法	主要结论
中国股指期货推出可行性	王开国	2000	定性	对中国市场而言,股指期货具有非常重要的现实意义,认为中国开展股指期货的市场条件、技术条件和法律条件已经具备
	刘通	2002	定性	
	姚兴涛	2000	定性	对美国股指期货监管的研究后得出结论,中国股指期货交易应选择在证券交易所,而不是期货交易所
	徐国祥、檀向球	2001	定性	分析了中国证券市场现有股价指数的缺陷;确定了中国股指期货标的物的选择原则,编制了全国统一指数及其成分股指数,认为沪深 200 或 300 成分股指数比较适合做股指期货的标的物
	傅强	2000	定性	中国目前不宜推出股指期货
	刘建军	2002	定性	从风险的角度指出中国目前不宜推出股指期货,中国股市极可能产生市场失衡风险
	徐晓光	2003	定性	对股指期货风险与成因进行了分析,认为中国推行股票及指数期货存在外部风险和内部风险
	石慧、周伟	2003	定性	
	陈静	2005	定性	股指期货既是资本市场发展到一定阶段的产物,又能够推动资本市场的进一步完善
股指期现货微观结构关系理论研究	肖辉、刘文财	2006	理论模型与实证分析	股指期货交易成本比现货低,股指期货市场价格包含信息具有优势,股指期货价格领先于现货价格
	涂志勇、郭明	2008	理论模型	股指期货推出对股市的短期效应取决于市场跟风行为强弱,模型预测中国股指期货推出前短期抬高大盘,推出后压低大盘,并降低现货市场波动性

研究目的	作者	发表年份	研究方法	主要结论
股指期货推出对现货市场的影响实证分析	陈芳平、李松涛	2006	GARCH、EGARCH	对 SGX、OSE 和 CME 先后推出日经225 股指期货合约对日本股票市场波动性进行了实证研究,波动小幅上升
	刘凤根、王晓芳	2008	GARCH	中国台湾股指期货推出后现货市场的波动性未受到影响,日本和韩国股指期货推出后短期加剧了现货市场波动性,长期无影响
	徐凌、赵昌文	2008	统计检验、GARCH	指数期货上市短期内加剧现货市场价格波动,长期内现货市场价格波动性显著降低
	汪冬华、欧阳卫平	2009	统计检验	运用中国香港、日本和韩国 3 个市场上股指期货推出前后现货市场的数据,对股指期货推出前后股市反应的变化进行比较研究;股指期货推出前后每个市场股市受到的影响不同,取决于股指期货推出前现货市场的态势
	邢天才、张阁	2009	GARCH、TARCH、EGARCH	分析了新加坡 A50 股指期货对沪深300 指数的影响;A50 指数期货推出使现货市场的波动性轻微增大,同时信息对现货市场的冲击加强;股指期货的推出增大了现货市场的非对称效应
股指期现货价格引导关系实证	程婧、刘志奇	2003	协整、ECM	以香港恒生指数为研究对象,股指期现货之间具有协整联动关系
	肖辉、吴冲锋	2004	GARCH	股指期货先行时间比股指长,股指期货与股指对不同类型的信息反应速度存在差异
	任燕燕、李学	2006	VAR、ECM	股指期货及时有效地反映市场信息,股指期货信息领先于现货市场信息
	肖辉、吴冲锋、鲍建平	2006	脉冲响应函数、因子分解	期货市场主导价格发现过程,并且随着期货市场的发展,其定价作用不断增强,发挥了定价中心作用

研究目的	作者	发表年份	研究方法	主要结论
股指期现货价格引导关系实证	熊熊、王芳	2008	协整检验、ECM、脉冲响应、方差分解	沪深300仿真交易股指期货对沪深300指数具有价格发现功能,短期现货指数对股指期货具有一定的反馈作用
	张宗成、王郧	2009	EC-EGARCH	香港恒生指数期现货价格存在相互引导关系,期货交易信息使恒生指数波动加剧,恒生指数波动并不对期货价格的波动产生显著的影响
	严敏、巴曙松、吴博	2009	ECM、C-EGARCH、协整检验、Granger检验	对沪深300仿真股指期货市场和现货市场关系进行了实证;沪深300现货指数在价格发现中起到主导作用,两个市场不存在显著的非对称双向波动溢出效应,但但现货价格之间存在协整关系和短期双向因果关系

此外,还有部分国内券商的分析报告中研究了股指期现货市场之间的日内动态关系,在此不一一列出。

从国内研究文献来看,在早期研究中,对股指期货的研究主要集中于定性介绍海外股指期货基本理论和基本运作知识。进入21世纪后,国内学者开始围绕股指期货推出的意义、制度设计、风险等展开了定性研究,为股指期货推出奠定了一定的理论基础。从2003年开始,不少的实证分析开始出现,但也主要应用了与国外文献类似的分析方法,且使用海外市场数据为主进行研究,国内数据主要使用模拟仿真数据,主要研究内容也局限于股指期货推出的影响和领先滞后关系。同时,关于股指期货现货日内动态关系的研究相对较少,利用具有一定时间跨度的现实生产数据的研究就更少,多方法、多样本相对对比实证研究和相对完整的总结股指期现货关系的研究几乎没有,关于两个市场流动性对比等问题的研究也较少，理论研究更是滞后。可见，国内对股指期现货市场关系的研究刚刚起步，主要研究都出现在近十年，而2010年股指期货正式推出后，研究的文献也较少，处于起步阶段，这对本书研究赋予了重要的意义。

纵观国内外已有理论及实证研究，都是对股指期货与现货所呈现关系中的部分特定内容进行了分析，还未有一个对这种关系进行相对完整、系统的研究，且多方法、多样本的比较研究较少，对中国内地股指期现货市场现实生产环境中的关系研究处于起步阶段，系统研究就更少。从以上文献回顾中还可以明显看出，对于一阶矩收益率和二阶矩波动率的综合研究也相对较少，鲜有涉及非同步交易时段信息传递关系的研究；对比期现货市场具体流动性差异的研究也较少；国内研究大多停留在是否推出股指期货、国内外股指期现货关系某一具体方面等方面，研究相对滞后。因此，在已有相关文献基础上，对股指期货与现货市场关系的理论梳理和实证研究，以及基于中国市场真实生产环境的多方法、多样本比较实证研究具有重大理论和现实意义，本书就是结合文献对股指期现货关系尤其是中国新兴市场中这种关系进行全面研究的一个尝试。

第二节　研究内容和方法

一　研究目标、研究内容和拟解决的关键问题

（一）总体目标

基于金融市场微观结构理论为依据的分析框架设定，通过实证、比较研究，系统、充分地研究股指期货市场与现货市场的价

格波动影响关系和定价效率对比关系。根据结论，客观地评价股指期货市场对现货市场的影响关系，深入、客观地讨论两个市场内在的效率对比关系，评价股指期货市场与现货市场对股票市场总体定价效率作用。同时，突出中国内地市场的期现货关系特征。

（二）具体目标

（1）揭示股指期货推出前后股指期货与现货市场价格波动影响关系的存在性及特征，并尝试原因解释，突出中国市场证据。

（2）实证股指期货合约到期日效应，尝试原因解释，突出中国市场证据。

（3）实证股指期货市场与现货市场信息传递关系，分析两者信息效率客观联系，并将两者信息传递关系分为非同步和同步交易时段进行研究，突出中国市场特征。

（4）实证股指期货与现货市场价格信息含量对比关系，揭示在定价过程中两者的效率对比关系，突出中国市场证据。

（5）实证股指期货价格与现货市场价格在现货市场价格模拟外推精度上的优劣关系，以完善和夯实关于两者信息效率对比关系的结论，使结论更为严谨与完整，突出中国市场证据。

（6）实证股指期货市场与现货市场的流动性关系，揭示两者在市场运行效率上的对比关系与特点，突出中国市场证据。

（三）研究内容

紧扣研究目标，本书拟研究内容为：

（1）对已有文献进行回顾与评价，对本书的理论基础、研究意义、研究思路、研究框架的设定、拟采用的研究方法、技术路线、相关概念的界定、必要的研究数据及资料说明及创新之处等进行阐述。在此基础上，拟将具体实证研究内容在股指期货与现货市场的价格波动影响关系与定价效率对比关系分类基础上分为六章。各章研究的主要内容描述如下。

（2）第二至第三章研究股指期货与现货市场的价格波动影响关系。首先，利用统计检验方法和模型实证股指期货推出前后现货市场整体波动变化的特征，揭示股指期货推出后对现货市场波动性的影响；其次，在讨论结果过程中对上述结果的分析方法提出质疑，创新性地提出将上述实证结果与在非股指期货因素影响下现货市场波动变化特征进行对比的思路与方法，即讨论其他宏观因素、重大事件的冲击是否同样能够解释在股指期货推出时点前后的现货市场整体波动特征，以期更为客观和辩证地评价股指期货与现货市场的价格波动影响关系存在性及其原因，同时，在研究过程中着重分析多市场结论比较基础上的中国市场特征。

（3）利用多市场证据，多角度实证股指期货合约到期日效应的存在性及表现方式，借助已有文献结论分析实证结果的原因，客观评价股指期货在此问题上与现货市场的关系，同时，在研究过程中着重分析多市场结论比较基础上的中国市场特征。

（4）第四至第七章，研究定价效率对比关系。将定价效率对比关系又分为信息效率对比关系与运行效率对比关系两个方面。四至六章为信息效率对比关系的实证研究。第四章在对相关金融市场效率理论进行必要探讨基础上，利用多市场数据，多角度比较实证股指期货与现货市场价格信息传递关系，以及定价信息在两个市场的传递方向，并将信息传递关系实证研究创新地分为非同步与同步交易时段两部分，客观评价两者关系，同时，在研究过程中着重分析多市场结论比较基础上的中国市场特征。

（5）第五章利用多市场数据，多角度比较实证股指期货价格与现货市场价格的具体信息含量对比关系，说明两个市场在定价过程中的具体作用地位，即在价格发现过程中的具体效率对比关系。从而评价不同市场，尤其是中国市场在此关系上的特征，并试图解释其原因。

（6）第六章利用多市场数据、多角度对股指期货价格序列与现货价格序列在现货价格外推上的能力优劣关系进行检验，从而完善与夯实四、五章的结论，在研究过程中着重分析多市场结论比较基础上的中国市场特征。

（7）第七章在对流动性理论进行必要探讨基础上，利用多市场数据与多角度实证检验股指期货市场与现货市场的运行效率对比关系特征，通过对所选择的流动性指标的分析，评价两个市场在运行效率上的对比关系特点，并试图分析其原因，同样在研究过程中着重分析多市场结论比较基础上的中国市场特征。

（8）第八章总结主要结论，提出一定具有针对性的观点，并提出本书研究的不足之处和有待继续研究的内容。

（四）拟解决的关键问题

本书拟研究的内容都是股指期货市场与现货市场关系的微观内在特征，相对而言，从研究难度、研究方法及创新角度看，有以下拟解决的关键问题。

（1）对本书相关理论与已有实证研究成果的正确理解、深入研究与评价并进行合理的发展和应用，是研究成果具有科学性、客观性、说服力的基础。这是本书最为重要的基础和重点。

（2）比较分析基于股指期货推出时点分段和推出同期宏观经济因素及重大事件分段的现货指数波动性实证结果差异，客观评价股指期货推出前后现货市场价格波动性变化特征，是本书的创新点与难点，需对不同市场特定时期的宏观经济背景及重大事件进行大量研究并熟悉它们，以提出具有科学依据有说服力的分析结论。

（3）到期日效应、股指期货市场与现货市场流动性对比关系的实证方法选择及结果分析，由于方法众多且结果存在差异，如何根据可获得数据进行合理的方法选择以及差异结果的解释都是拟攻克的难题。

（4）非同步交易时段和同步交易时段股指期现货信息传递关系，也是本书研究的重点，尤其是非同步交易时段信息传递关系的研究是本书的一个创新点，在实证方法选择、改进与创新上也是一个难点。

（5）针对课题所分析各种股指期现货市场关系，在对比海外市场基础上突出并客观地描述中国市场特征是本书的一大创新和重要任务所在。

（6）金融时间序列实证分析结果检验方法、模型选择、样本数据极为敏感。因此，为使结论讨论更为充分、客观和更具说服力，本书贯穿始终的一项重点和难点就是所有实证分析中的检验方法、模型的正确和合理选择与设定，以及多角度分析比较方法的使用。这需要对金融领域已有的实证检验方法、模型进行全面、细致的把握。同时，本书拟使用多个市场的样本数据，而样本数据的选择、获得、质量与使用直接关系到关键结论的得出，因此，数据资料的收集整理及正确使用是本书的又一关键环节。

二 研究方法和技术路线

（一）拟使用的研究方法

本书拟采用以实证分析为主，实证分析、比较研究相结合的研究方法。实证分析借鉴并综合金融时间序列计量分析的最新进展，以及国内外已有文献中使用较为成熟、得到普遍认可的检验方法与模型并做必要的改进。本书各种实证方法选择和多方法的同时使用遵循使结论更为可靠的原则。此处对主要方法进行简要阐述，具体内容在相关章节中详细描述。

（1）在波动性度量相关研究中综合了收益率、Garman-Klass 方法、"已实现"波动率以及 GARCH 模型族的应用，尤其是 GARCH 模型族的成熟与灵活应用，并拟使用 Chow 检验思路设定虚拟变量引入波动率研究中，以研究波动性指标的结构变化问题。

（2）在波动率分段比较过程中，使用非参数方法与传统相等性统计量结合的推断方法，使结论更为可靠。

（3）在信息传导机制相关研究中综合了多元回归模型、VAR 模型、VECM 模型使用、平稳性检验、协整检验、Granger 因果引导关系检验。

（4）在信息含量研究中综合了 GS 模型、脉冲响应函数、方差分解方法等。

（5）在外推能力检验中综合比较普通 ARMA 模型与多元回归模型方法分析股指期货价格序列与现货指数价格序列对现货价格的外推效果对比关系。

（6）在流动性研究中综合了传统的成交量、成交金额指标比较分析法，同时，从方差比率、即时成交成本模型、市场深度等角度来度量和对比两个市场的流动性。

（7）本书研究所使用的时间序列数据，除流动性研究数据外，为保证研究的完整性以揭示每个时点上（短、中、长期）的股指期货与现货价格关系，各关系研究均使用日间和 1 分钟、5 分钟高频日内数据分别进行实证分析，但为节约篇幅，在结果差异不大的情况下，报告以 1 分钟数据实证结果为主。同时，对数据进行步长统一和分段并提出依据。

（二）技术路线

综合以上表述，本书技术路线如图 1-1 所示。

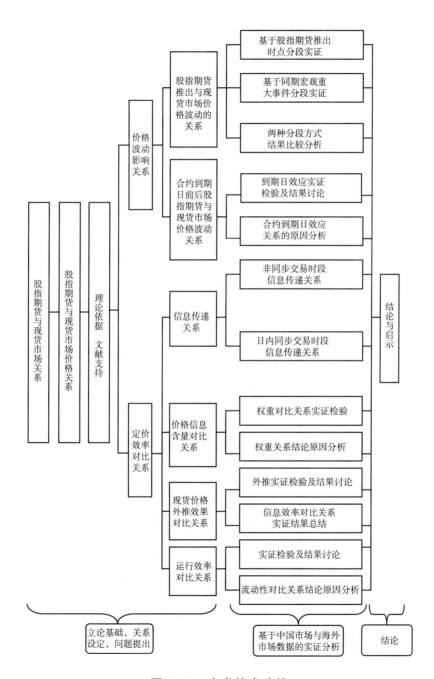

图1-1 本书技术路线

第三节　理论基础和待检验假说

在前述国内外已有研究回顾中，可以看到关于股指期现货市场关系的研究其实已有较为成熟的理论基础，已经形成了在金融市场微观结构理论体系下以 Subrahmanyam、Koskinen 等学者的研究成果为代表的拓展研究范式。一方面，改进模型放松假设，使模型更为贴近现实市场的微观结构特征以及融入市场发展的新问题、新发现；另一方面，对主要的结论观点采用计量方法进行不同市场样本的实证检验或比较。由于已有理论及模型所能诠释的股指期现货关系已较为清晰，基本能够反映现实中两者的关系的实质所在，涉及股指期现货市场关系的近期文献大都集中于实证分析，而实证分析的结论由于不同市场的微观结构不同而表现出差异，而中国的股指期货合约在 2010 年 4 月才上市，因此，对包括中国内地市场在内的多市场实证结果比较显得尤为必要，这就是本书的主要工作重心。在实证研究之前，按照规范，应首先建立理论基础并提出待检验假说才能使论证更严谨更具说服力。

一　本书的研究在市场微观结构理论范畴之内

在前述理论研究回顾部分中，已阐述市场微观结构理论拥有两部分主要研究内容：其一，价格发现理论模型及其实证研究。研究微观结构对资产价格形成过程的影响，具体研究信息产生与传播过程、价格变化的统计分布形态、市场指令到达及执行情况等；其二，交易机制理论与实证研究。研究交易制度安排对投资者选择、价格和市场质量的影响，具体研究如集合竞价和连续竞价交易机制、做市商制度和自由竞价机制、大宗交易机制以及报价指令形式、最小变动价位、信息披露、价格熔断机制等对投资者选择及市场质量的影响，其中市场质量就是市场有效性（效率）和定价效率。

本书设定的两个研究部分为股指期现货的价格波动影响关系与定价效率对比关系，价格波动影响关系包含股指期货推出对股票现货市场的价格波动影响与期货合约到期日效应研究，很显然，期货市场的推出对现货市场的信息流产生了冲击，新的交易机制将对原有市场微观结构产生影响，从而对原有信息产生与传播方式产生影响，或导致基于期货合约引入等信息产生的预期发生改变，最终可能导致股票现货市场价格统计分布发生改变。再者，无论是假设流动性分离、投机分离或是市场质量的改变，由此产生的预期与交易策略改变，都可能改变原有微观结构，导致股票市场价格波动产生变化。很明显，这些分析都在市场微观结构理论范畴之内。而如果存在到期日效应，其产生的根源就是市场不同交易者行为与策略在期货合约引入后发生了改变，这显然是在交易机制发生改变后对投资者行为及交易策略随之改变导致的结果，这也是市场微观结构理论研究的范畴。定价效率对比关系的研究本身就是市场微观结构理论研究的中心，股指期现货市场不同的交易机制必然导致整个证券市场从信息传播到市场质量发生改变，而围绕投资者交易行为及市场质量而派生的信息传播、信息含量以及流动性等有效性指标，反过来反映了原有市场微观结构的改变和期现货市场微观结构的差异，因此，对这些指标的实证也就是对市场微观结构改变或差异的实证。总之，本书的研究属于市场微观结构理论的研究范畴。

本书将股指期现货市场关系界定为两个方面就是依据金融市

场微观结构理论所探讨的两大主要问题，为使这种界定逻辑清晰化，进一步进行如下说明。

基于微观结构理论研究的第一个层面，即市场微观结构对资产价格形成过程的影响研究，产生了第一个关系的界定。股票现货市场原有微观结构基础上的价格形成过程，可能由于股指期货的推出对原有微观结构的改变而改变①，这就产生了股指期货市场推出与现货市场价格波动可能的因果关系。这种因果关系将集中体现在现货市场指数在股指期货推出前后统计分布差异上，或体现在现货市场新产生的特殊波动性特征上。前者须使用能够实证股指期货推出前后现货市场波动性差异的方法进行检验，并充分考虑其他因素的影响避免发生证伪的错误；后者最为典型的代表必然为到期日效应，须通过到期日效应的各类实证方法进行检验。

基于微观结构理论的第二个研究层面，即交易制度设计对投资者行为、价格和市场质量（效率）的影响，产生了第二个关系的界定。股指期货市场与现货市场在交易制度上具有较大区别②，这必然带来两个市场投资者行为、价格和市场质量（效率）等的差异，而股指期现货具有衍生品与标的物的自然关系属性，两个市场投资者行为、价格和市场质量（效率）差异的对比是股指期货市场存在价值的体现及功能发挥的重要保障，同时，也是多层次资本市场良性互动及运行的重要判别指标，这就产生了股指期货现货市场之间的多个对比关系，而作为金融资

---

① 股指期货推出对现货市场微观结构的影响可能包括流动性影响、投资结构改变、风险程度和对蓝筹股的投资热度、投资者的交易策略改变等。

② 两者的区别包括股指期货市场保证金交易制度、无卖空限制、当日结算、合约具有期限等方面。

产，这些对比关系本质上必然集中反映在市场定价效率对比关系上，最终产生了定价效率对比角度的股指期现货关系。定价效率理论界定了其内容包含信息效率和运行效率两方面，自然股指期现货市场的定价效率对比关系也就包含这两方面的对比关系。信息效率对比关系使用这一领域成熟的检验方法即信息传递（引导）关系和信息含量对比关系加以实证，运行效率对比关系则是使用不同市场流动性指标的检验结果加以对比论证。

为简化上述逻辑，此处以下面方程进行简要说明。

理论上，现货市场总体价格（趋势）以期货标的物指数代表，同时假设股指期现货市场价格都能充分反映各类系统信息；两个市场价格都是相同的信息集的数学期望；短期内，信息具有对价格的连续影响。定义 I_t 为 t 时刻的信息集，$E(S_t)$、$E(F_t)$ 为 t 时刻现货指数和股指期货价格相关指标如收益率、波动率的数学期望，G 为影响现货价格变动的各种因素行向量，C 为影响现货价格变动的股指期货微观结构因素向量，w_g 为与 G 对应的权重列向量，w_c 为与 C 对应的权重列向量，上标 B 表示股指期货推出前，上标 A 表示股指期货推出后，$P(\cdot)$ 为各类影响因素对现货价格影响的隐函数。信息连续影响表示为 $I_{t+n} = I_t + I_{t+n}$，上述理论基础可简单表述为以下情形。

1. 股指期现货价格波动影响关系

根据定义有式（1-1）和式（1-2）：

$$E(S_t^B \mid I_t^B) = P(w_g G_t^B) \tag{1-1}$$

$$E(S_t^A \mid I_t^A) = P(w_g G_t^A, w_c C), (w_g + w_c = 1) \tag{1-2}$$

波动影响关系即实证 $E(S_t^B \mid I_t^B) = E(S_t^A \mid I_t^A)$ 或 $E(S_t^B \mid I_t^B) - E(S_t^A \mid I_t^A)$，如果实证结果为 $E(S_t^B \mid I_t^B) \neq E(S_t^A \mid I_t^A)$，须同

时证明 $w_g < w_c$ 或 $w_g > w_c$ 来说明因果关系。t 可为特定或非特定时间。

2. 股指期现货市场定价效率对比关系

由于流动性指标表示较为直观，这里仅对信息效率关系进行描述。

信息效率关系即实证 $E\ (F_t\mid I_t)^. = E\ (S_{t+n}\mid I_{t+n})$ 或 $E\ (S_t\mid I_t) = E\ (F_{t+n}\mid I_{t+n})$，其中，由于 $t < t+n$，即可证明信息传递（引导）关系；由于 $I_{t+n} = I_t + I_{t+n}$，即可证明信息含量对比关系。以上论述构成了本书研究架构设定的理论基础。

二 股指期现货市场价格波动影响关系实证的理论基础及待检验假说

（一）股指期货推出与现货市场价格波动关系实证的理论基础及待检验假说

Subrahmanyam（1991）的模型结论分析了在引入一篮子股票（股指期货）后，股票市场的波动性变化问题，其结论为在知情交易者数量不变的情况下引入一篮子股票（股指期货）不会对股票市场的波动性产生影响，即使知情交易者数量发生改变，这种影响关系也是不确定的。此结论被之后大多数实证所证明。涂志勇和郭明（2008）在《金融研究》杂志上的《股指期货推出对现货市场价格影响的理论分析》一文，是国内关于股指期货推出对现货市场价格影响效应的主要理论研究，其他类似的理论研究较少见，且其研究结论较好地解释了已有实证研究的结果，因此，受到理论界的广泛认可。本书以这些理论模型主要结论及文献回顾部分已有实证研究结论作为实证研究的理论基础。

此处在简要对《股指期货推出对现货市场价格影响的理论

分析》一文进行描述的基础上提出待检验假说。

针对股指期货推出日程既定的情况，该文以 Subrahmanyam（1991）的模型为基础构建了一个由策略交易者、趋势跟随者、流动性提供者和套利者组成的多期决策模型。假设追求预期效用最大化的策略交易者完全理性；趋势交易者总是跟风操作，且有限理性；流动性提供者（如做市商）出清市场；而套利者则从事无风险套利。模型在只有一只股票和基于该股的期货的简化环境中通过给定第一期策略，求解第三期策略交易者效用最优化的均衡解，并通过比较有无股指期货的第三期策略交易者效用最优化问题研究股指期货推出对现货市场的影响。"模型表明股指期货的引入对股票现货市场的短期效应受市场跟风行为的强弱即羊群效应大小的影响；当跟风程度较弱时，股指在期货推出前短期下跌，推出后继续下跌；而当跟风程度较强时，股指在期货推出前短期上涨，推出后则下跌。另外，股指期货的推出也可能从总体上降低市场的波动性"①。

由 Subrahmanyam 的结论和涂志勇、郭明（2008）的研究结论及大量实证文献结论所形成的理论基础得出待检验假说：

（1）股指期货推出会使现货市场走势发生变化；

（2）股指期货的推出将影响现货市场价格的波动性，可能总体上降低现货市场的波动性。

（二）合约到期日股指期现货市场波动关系实证的理论基础及待检验假说

关于合约到期日前后股指期货现货市场波动关系的理论，大

---

① 涂志勇、郭明：《股指期货推出对现货市场价格影响的理论分析》，《金融研究》2008 年第 10 期，第 104～116 页。此处表述大多应用该文。

多数学者以实证检验的结论为基础，从交易结算制度、投资者结构上进行研究，以 Stoll 和 Whaley（1986、1987、1991、1997）的研究结论以及著名的"Samuelson 假设"为代表。对此问题的理论表述以实证多个国家市场的结果作为依据，从原因上进行研究。从微观结构上看，到期日效应产生的最根本原因是股指期货合约到期时股指期货价格与现货价格强制收敛实行现金交割，不同市场参与主体在到期日时的交易行为决定了到期日效应的发生。

因此，得出的待检验假说为：

（1）到期日效应存在，股指期货合约到期日前后，股票现货市场价格及交易量相对非到期日明显发生了异常波动。

（2）到期日效应存在的原因在于交易结算制度与不同投资者行为方式。

三 股指期现货市场定价效率对比关系实证的理论基础及待检验假说

Subrahmanyam（1991）的《股指期货市场交易理论》一文中的策略交易模型及其结论，是股指期现货市场定价效率对比关系具有代表性的理论渊源。这里在对模型进行简要描述基础上提出待检验假说。Subrahmanyam 建立了 N 只股票和 N 只股票对应的股指期货的单期博弈模型，研究策略流动性交易者在单只股票和一篮子股票（或者股指期货）交易上的交易选择问题。其中，包含四类交易者：有自由选择权的流动性交易者（Discretionary liquidity Traders），可以选择交易单只股票或一篮子股票（股指期货）；第二类是无自由选择权的流动性交易者（Nondiscretionary Traders），包含持有固定特定证券头寸的交易者和由于交易制度限制而不能进行单个证券交易的交易者（噪声交易者或者不知情交易者），只能进行特定单只股票或一篮子股票交易，交易量外生；第三类是知情交易者，知晓股票的内幕或者系统性特定消息，交易单只股票或股指期货；第四类是竞争性做市商，他们是流动性提供者，通过观察市场总的委托单数量来设定市场出清价格。所有交易者都假设为风险中性。知情交易者只会交易自己拥有内幕消息的股票和股指期货合约，由于股票的内幕信息相互独立，因此，他们买卖股指期货的指令也相互独立。当股票总数 N 很大时，知情交易者的指令相互抵消，股指期货市场中的知情交易者的净委托指令将趋于零。这使流动性交易者与知情交易者交易的损失减小或降低了逆向选择成本，从而使有自由选择权的流动性交易者选择交易股指期货而非单只股票或股票组合。同时，证明期货市场价格所包含的系统性噪声大于股票组合价格以及单只股票价格所包含的噪声，而包含了与股票组合价格以及单个股票价格相同的非系统信息。股指期货市场价格与一篮子股票市场价格之间存在相互引导关系，一篮子股票市场引导价格期货市场价格的程度大于股指期货市场价格引导一篮子股票市场价格的程度，但由于市场摩擦和信息滞后的存在，这种关系可能相反。股指期货引入将提高现货市场的流动性和定价效率，并且股指期货市场的流动性相对较高。但是，Subrahmanyam（1991）的模型并未对股票卖空限制进行假设，Koskinen 等（2000）建立了存在卖空限制和不同市场存在信息滞后的微观结构模型。模型强调只有期货市场存在卖空机制而股票现货市场存在卖空限制，因此，期货合约价格比现货股票价格包含更多信息。股票期现货市场上的做市商如果只能观察到彼此市场的滞后价格信息，那么，同一时点，股票期现货价格可能存在高低差异，对 Subrahmanyam 的理论进行了必要的补充。其间及之后，形成了大量的关于两个市场定价效率关系的实证文献及丰富的结论。

由上述理论及极为丰富的实证结论得出的待检验假说：

（1）股指期现货价格相互引导，股指期货价格引导股票现货市场价格的程度大于股票现货市场价格对股指期货价格的引导程度。

（2）股指期货市场价格包含了比股票现货市场价格更多的信息。

（3）诠释运行效率的流动性等指标表明股指期货市场质量优于股票现货市场质量。

第四节　本书创新之处

本研究在以下主要创新点及对大量实证方法进行合理改进基础上得出了较为丰富的新结论。主要特色与创新点如下。

（1）在金融市场微观结构理论基础上，股指期现货市场关系应包括价格波动影响关系和定价效率对比关系。其中，价格波动影响关系应包括股指期货推出与现货市场价格波动的关系以及到期日效应；定价效率对比关系应包括信息传递、信息含量以及市场运行效率对比关系；信息传递关系应包括非同步交易时段和同步交易时段信息传递关系。这是本书尝试为股指期现货市场关系研究提供的一个研究框架。

（2）股指期现货市场关系的实证研究方法各有优缺点，针对同一问题需使用多种方法进行实证比较才能得出较为可靠的结论；单个市场样本的股指期现货市场研究结果并不能证明股指期现货市场关系的主要待检验假说，也无法获得某一市场的期现关系特征，只有选择具有紧密联系的多个市场、同一时期的样本进行实证，进行比较才能获得较为一般性的结论，并突出某一市场的期现关系特征。因此，本研究使用多方法、多样本的实证比较研究尝试为股指期现货市场关系研究提供一个实证体系。

（3）基于股指期货推出时点与同期重大宏观因素、事件对数据分段对股指期货推出前后现货市场价格波动性差异分别进行实证并比较，对股指期货推出对现货市场的影响作用进行更为客观的解释，修正众多已有研究的立论缺陷，也是一次理论方法与研究方法的尝试。

（4）提出了股指期现货市场信息传递关系研究应包含非同步交易时段股指期现货市场信息传递关系，提供方法实证了非同步交易时段期现货引导关系的具体形态。非同步交易时段实证方法应是因果关系检验、相关性检验、当期引导关系检验、隔夜收益率变化检验的一个集合。

第二章　股指期货推出与现货市场
价格波动关系实证研究

我国股指期货合约已经于 2010 年 4 月正式上市交易，股指期货市场在我国已经正式踏上了历史的征程。虽然股指期货是否应推出的问题争论告一段落，但对股指期货推出对现货市场的影响争论却从未平息。可以看到，股指期货在任何一个国家市场推出都会在一定程度上改变原有证券市场的微观结构，同所有衍生品的推出一样，投资者的策略选择必然改变或调整，市场的组织管理也将发生改变。而投资者已有的股指期货知识，无论这种知识是积极的还是消极的（理性与非理性的、全面或非全面的），也会在股指期货的推出之前或推出之后对他们的预期产生影响。现货市场由于股指期货推出所产生的改变，将迅速反映在现货市场价格的变动特征上，而这仅是一种理论假设，需要具有说服力的证据加以证明，而不是经验判断，关于此问题的理论与实证研究从未停止。因此，一个完整的关于股指期现货关系的研究也必然要包含对这个热点问题的探讨。

第一章文献回顾部分对已有实证研究进行了总结。通过总结可以看出，以前利用中国股指期货推出前后现货市场数据样本进行此问题研究的文献较少，目前一般出现在国内证券期货公司的研究报告中；使用多种方法进行对比实证研究的文献更少，全面考虑股指期货推出和其他影响因素与现货市场波动性因果关系的实证几乎没有，对股指期货推出后不同长度时间段内的波动影响关系也大多未涉及，因此，结论较为单一且值得怀疑。

此外，大多数文献除研究股指期货推出前后现货市场价格的波动性外，还重点分析了股指期货推出前后现货市场的价格走势问题，因为此问题的研究相对直观，通过对市场走势的资料进行图形观察就可得到一般性结论，本书对此问题也予以简化。综合考察美国、英国、中国香港、日本、韩国、中国台湾与印度等国家或地区证券市场推出股指期货前后现货市场的具体运行态势，可以发现，一方面，从短期来看，在股指期货推出前1个月，绝大部分市场的现货指数呈现上涨态势；在股指期货推出后，现货指数又出现下跌态势，即在股指期货推出前后现货指数呈现"先涨后跌"的走势（英国与日本本土证券市场除外）。另一方面，从长期来看，在股指期货推出前后的6~12个月，绝大部分市场的现货指数均呈现出上涨的态势①。

本书拟使用多种方法，并根据不同方法对实证数据的要求，使用高低频数据结合，从不同角度重点针对中国内地沪深300股指期货推出前后的股票现货市场波动状况进行分析，并与海外市场已有结论进行必要的比较，在此基础上更为深入地讨论股指期货推出与现货市场波动之间的因果关系，得到比已有文献更客观和可靠的结论。本章结构如图2－1所示。

---

① 关于现货市场价格走势，大多数金融市场交易软件都可以观察到。

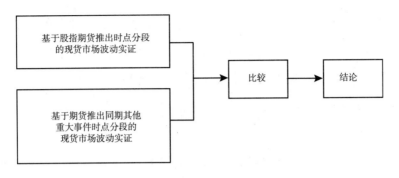

图 2 - 1　第二章结构

第一节　基于股指期货推出时点分段实证
方法选择与样本数据说明

一　实证方法选择与样本数据说明

（一）实证方法选择

除依据价格走势图对股指期货推出前后的现货市场价格趋势进行定性描述外，大多数定量研究采用了统计检验和模型实证分析方法。如本章第一部分所述，研究结果对样本长度及区间较为敏感，并与所采用的实证或统计方法也有紧密关系，而产生这些问题的关键是波动率估计。结论的说服力往往体现在波动率估计的问题上，而目前关于波动率估计的计量经济研究结论指出各种波动率估计方法各有优劣，因此，较好的解决办法就是多方法的灵活应用与比较。

金融资产是收益与风险的统一体，现代金融对资产收益的衡量一般使用收益率，对风险的衡量使用波动率。波动率是收益率的变动特征或收益率相对于其期望值的变动特征及其变动发生的可能性，从统计学上描述金融资产的收益率变动，就是探寻收益率变化的分布特征，而精确地描述这种分布特征几乎是不可能的，因此，人们通常用收益的4个矩来描述，即一阶矩收益率期望值、二阶矩波动率、三阶矩偏度和四阶矩峰度。相对于金融统计研究概念，人们对资产波动性的理解是多种多样的，有定性的描述，如上涨或下跌即趋势的走势；有的将其简单定义为收益率的方差或标准差；有的视其为某段时期内的价格最大值最小值变动关系；有的更进一步考虑到方差的时变特征将其发展为条件方差；有的将其视为收益率变动的平方等。对波动率的争论与研究从未停止过，随着现代计量经济技术、统计技术以及信息技术的发展而发展。当然，这也是金融领域涉及波动率相关问题的研究一直存在分歧的一个主要原因。本书在对波动率的估计及分析上，尽量综合考虑上述所及的波动率概念及分析方法，使分析结论更具说服力。

总结已有文献，本书对股指期货推出对现货市场价格波动影响的实证研究方法分为三类：波动率变化的统计检验、波动率模型分析、市场走势分析。以下分别讨论这三类方法。

（二）波动率变化的统计检验

本方法相对直观，首先选择波动率的估计方法对股指期货推出前后的子样本区间分别进行波动率估计，然后对股指期货推出前后的波动率进行相等性统计检验从而得到结论。

1. 收益率的计算方法

考虑到对数收益率的良好统计性质，本书将股指期货合约价格或股票现货指数价格收益率定义为对数差分收益率[①]。

---

① 除有特殊说明，本书所有收益率定义均与本章定义一致。

股指期货合约价格收益率：

$$R_t^{if} = \ln P_t^{if} - \ln P_{t-1}^{if} \qquad (2-1)$$

其中，R_t^{if} 为股指期货合约价格在 t 时刻的收益率，P_t^{if} 为 t 时刻股指期货合约的价格，P_{t-1}^{if} 为 $t-1$ 时刻股指期货合约的价格。t 可根据价格样本频率设定，可以是日、5 分钟、1 分钟等。

股票现货指数价格收益率：

$$R_t^{si} = \ln P_t^{si} - \ln P_{t-1}^{si} \qquad (2-2)$$

其中，R_t^{si} 为股票现货指数价格在 t 时刻的收益率，P_t^{si} 为 t 时刻股票现货指数的价格，P_{t-1}^{si} 为 $t-1$ 时刻股票现货指数的价格。t 可根据价格样本频率设定，可以是日、5 分钟、1 分钟等。

2. 波动率估计方法

各种关于波动率的估计方法都有优劣，本书的主要目的不是比较这些波动率估计方法的优劣，也不试图探寻精准的波动率估计方法，目的是尽可能地将多种方法估计的波动率结果呈现出来，以提升关于股指期货推出对现货市场影响结论的说服力。

目前，对金融资产波动率估计的方法主要有四类。第一类是现在常用的历史波动率模型方法。这类波动率模型是基于收益率历史数据构建的，并且这些历史收益率数据都为低频数据，如日数据、周数据及月数据等。"具有代表性及最为常见的历史波动率模型有自回归条件异方差模型（ARCH）、广义自回归条件异方差模型（GARCH）及随机波动模型（SV），随机波动模型在波动率处理上较 ARCH 模型具有更好的表现。"[①] 第二类是基于

[①]　徐正国、张世英：《调整"已实现"波动率与 GARCH 及 SV 模型对波动的预测能力的比较研究》，《系统工程》2004 年第 11（8）期，第 60～63 页。

期权定价模型及数据的隐含波动率模型方法，期权价格包含了市场波动的信息，因此，在知晓期权的准确出清价格的基础上，就可以利用期权定价模型估计波动率。而此方法建立在正确设定期权定价模型的基础上，同时要求期权市场具有较高的成熟度，因此，限制了该方法的使用范围。第三类波动率估计方法是非参数的"已实现"波动率（Realized Volatility）估计法，Andersen 和 Bollerslev（1998）指出，使用基于日内高频收益数据的已实现波动率（RV）作为波动率的测度，由于高频数据包含更为丰富的波动信息，因此，可以大大降低低频数据对波动率的测量误差及噪声，体现真实潜在的波动过程，而且随着数据频率的增加，这种测量误差将会越来越小，因此，RV 方法提供的波动率估计结果更为精确[1]。但由于市场微观结构效应（如不同步交易、闭市效应等）的影响，RV 方法同样存在误差。第四类方法是基于极差的波动率估计方法。最具代表性的就是 Garman 和 Klass（1980）提出的利用开盘价、收盘价以及最高价、最低价构建的估计方法，由于 Garman-Klass 波动率估计方法考虑了开收盘价及最高最低价，因此，包含了比其他方法更多的信息，且研究表明 Garman-Klass 估计量的误差更小，估计结果更为有效（Parkinson，1980；Wiggins，1992），但其也存在受微观结构效应影响的问题。同时，从样本数据使用频率上看，"维数灾难"的存在使得传统 ARCH、SV 类模型对高频数据难以获得参数的正确估计[2]，因此，对高频

---

[1] 详见张世英、许启发等《金融时间序列分析》，清华大学出版社，2008，第 202～208 页。

[2] 关于高频数据波动率估计问题的理论及模型描述还可参考张世英等编写的《协整理论与波动模型——金融时间序列分析及应用》第356～377 页的内容。

数据波动率的估计较为精确的方法为调整"已实现"波动率估计，以及 Garman-Klass 波动率估计。

结合国内外当前研究的成果和以上描述，本书选择 ARCH 类模型[1]、调整 RV（ARV）波动率估计以及 Garman-Klass 波动率估计方法作为波动率的基础估计及研究方法[2]。在本小节只具体列出波动率变化统计检验所使用的波动率估计方法，即 ARV 方法和 Garman-Klass 方法，而 ARCH 类模型研究法将在下一小节中具体列出并分析。

（1）ARV 方法。Andersen 和 Bollerslev（1998）定义：第 t 天资产收益率的已实现波动率 RV_t 的估计为第 t 天内所有高频收益率的平方和，即：

$$RV_t = \sum_{n=1}^{N} r_{t,n}^2 \qquad (2-3)$$

其中，$r_{t,n}$ 为资产在第 t 日内的第 n 个高频收益率，即：

$$r_{t,n} = \ln P_{t,n} - \ln P_{t,n-1} \qquad (2-4)$$

其中，$n=1$，2，3，$\cdots$，N，N 为日内交易时段等时间间隔的采样次（个）数，如使用 5 分钟等间隔高频数据，日内共交易 4 小时 30 分钟，则 $N=54$，如使用其他频率数据，方法依此类推。

Hansen 和 Lunde（2006）建议由于交易并非 24 小时连续进

---

[1] 虽然随机波动模型（SV）在波动率处理上较 ARCH 类模型具有更好的表现，但在低频数据的使用范畴内，这种差别在应用于不同市场价格波动率的比较上不大，同时考虑到操作的便利性，本章将在下节利用 ARCH 类模型并加以拓展来进行研究。

[2] 除有特殊说明，本书所使用的波动率相关概念和界定以本章描述为准。

行，因此，应考虑闭市效应而使已实现波动率更为精确地描述真实的波动性，为此，他们建议用尺度参数来调整 RV_t，尺度参数为 λ，将 RV_t 经 λ 参数调整为调整后的 ARV_t，即[①]：

$$ARV_t = \lambda RV_t \qquad (2-5)$$

其中，

$$\lambda = \frac{\dfrac{1}{D}\sum_{t=1}^{D} r_t^2}{\dfrac{1}{D}\sum_{t=1}^{D} RV_t} \qquad (2-6)$$

其中，D 为样本天数，如使用了 500 天的数据，$D = 500$，r_t 为日收益率，在本节中即为：

$$r_t = \ln P_{t,N} - \ln P_{t-1,N}$$

本书使用调整已实现波动率 ARV_t 作为股指期现货价格已实现波动率的度量。

（2）Garman-Klass 方法。根据 Garman 和 Klass（1980）的研究，定义 $\sigma(GK)_t$ 为 t 时刻资产的 Garman-Klass 标准波动率[②]。Garman-Klass 标准波动率估计模型为：

$$\sigma(GK)_t = \sqrt{0.5\,(\ln H_t - \ln L_t)^2 - (2\ln 2 - 1)(\ln O_t - \ln C_t)^2}$$

$$(2-7)$$

其中，H_t 为 t 时刻最高价，L_t 为 t 时刻最低价，O_t 为 t 时刻

---

① 本处设定参考了魏宇《沪深 300 股指期货的波动率预测模型研究》，《管理科学学报》2010 年第 13（2）期的相关研究。

② 这里使用"标准"一词的原因是国内大量研究对 Garman-Klass 标准波动率估计公式进行了简化，而本书使用其原型。参见 Garman 和 Klass（1980）和 Wiley 和 Daigler（1999）的相关描述。

开盘价，C_t 为 t 时刻收盘价。以下简称 GK 波动率。

3. 波动率统计检验方法

在所选择的波动率估计方法基础上，以股指期货推出日为分界点，对股指期货推出前后一段时期的股票现货市场数据子样本分别进行波动率估计，然后进行相等性检验。

相等性检验一般包含均值、中位数及方差的相等性检验。常用方法包括基于正态分布假设或方差相同的 t 检验、F 检验、Siegel-tukey 检验和 Levene 检验及其扩展方式等。同时，随着统计技术的发展，对数据分布假设的放宽，产生了非参数检验方法。后者较前者而言，结论的稳健性有了较大提高，避免了对总体分布过于主观的假设而导致的重大错误。常用的非参数检验包括 Mann-Whitney U 检验、Kolmogorov-Smirnov Z 检验、Wald-Wolfowitz runs 检验、Moses Test of Extreme Reactions 检验。在样本数据的统计描述前提下，选择适合的相等性检验方法。

在收益率均值相对性检验以及上述波动率相等性检验中，除使用传统的 t 检验外，根据统计描述，本书同时选择使用非参数 Mann-Whitney U 检验、Kolmogorov-Smirnov Z 检验[①]。这里只简要介绍各非参数检验原理便于对后文实证内容的理解。

Mann-Whitney U 检验是在总体分布未知的前提下，假设两样本总体分布相同，检验两样本中位数是否相等，从而判断两样本总体分布是否相同，其原假设为：两样本中位数相等。

Kolmogorov-Smirnov Z 检验同样是在总体分布未知的前提下，通过检验两个样本是否属于统一理论分布，来判断两样本的秩是

---

① 本书其他章节使用非参数检验方法均以此处描述相同，参考了薛薇《基于 SPSS 的数据分析》。

否相等，进而推断两样本是否相等，其原假设为：两独立样本总体分布相同。

上述非参数检验，通过判断各统计量是否超过临界值或通过统计量的相伴概率，推断显著性。

在收益率序列分析中，补充选择了 BFL 法进行方差相等性检验，以对波动率变化进行分析。Brown 和 Forsythe（1974）对 Levene 检验进行了改进得到 Brown-Forsythe-Levene 法（以下简称 BFL 法）[①]。Conover、M. E. Johnson 和 M. M. Johnson（1981）比较了检验方差相等的 15 种方法，发现 Brown-Forsythe-Levene 法的检验结果是最好的，其不要求收益率服从正态分布，相比普通 F 检验等其他方法与实际情况更为接近。目前这种检验收益率方差相等的方法已经被广泛应用于金融市场众多领域。同时，为便于比较，本书还进行了收益率方差 F 检验以及波动率均值检验，虽然这些方法在同方差假设上显得较为粗糙。

（三）波动率模型分析方法

本书采用 GARCH 类模型对股指期货推出前后的现货市场价格波动率进行分析，GARCH 类模型现已成为低频数据金融时间序列较为成熟的分析方法，对其原理在此不再赘述。本书也不再拘泥于其传统应用，而是对其进行一定的改进，并充分从 GARCH 类模型的变形中挖掘更多的信息，以充分说明股指期货推出对现货市场波动性的影响。

本书使用 GARCH 类模型的目的有两个。一是为通过对 GARCH 模型中的条件方差方程进行一定的改进，从而使用低频

①　详见高铁梅等《计量经济分析方法与建模——EViews 应用与实例》，清华大学出版社，2009，第 2 版，第 26 页的描述。

数据分析股指期货推出前后现货市场价格波动率变化与否的问题，这一步是对上一小节的一个补充，主要基于低频数据的利用和与高频数据研究结论的比较来完善结论。第二个目的是通过GARCH模型的变形形式充分挖掘现货市场微观结构的变化信息，以说明股指期货推出对现货市场价格形成的微观结构所产生的影响。这一步是基于微观结构理论关于信息的描述内容的实证，因为波动率包含了大量信息，波动率的变化反映了市场对信息的处理效率，信息冲击反过来必然会对波动率产生影响。股指期货的推出给现货市场带来一系列的信息冲击，股指期货市场推出是否使现货市场价格反应信息的效率发生改变，从而反过来说明股指期货市场推出对现货市场价格波动的影响，可以证明如股指期货市场推出提高了现货市场定价效率等一系列假说。这些理论都可以通过非对称的GARCH模型中的参数定义及估计结果得到一定的解释。

1. 基于 Chow 间断点检验思想的 GARCH 模型改进

Chow 检验的基本方法为本书 GARCH 模型改进提供了思路。Chow 分割点检验的思想是把模型应用于由分割点划分出来的每一个子样本区间，然后比较利用全部样本进行回归得到的残差平方和与利用每一个子区间样本所得到的加总的残差平方和，从而判断是否发生了结构变化[①]，常用 F 统计量和对数似然比统计量进行检验。而在模型中对分割点前后数据加入虚拟变量进行区分（分割点前赋值为 0，分割点后赋值为 1），Chow 检验的统计量就转化为对虚拟变量系数显著性的 t 检验。

---

① 高铁梅等：《计量经济分析方法与建模——EViews 应用及实例》，清华大学出版社，2009，第 2 版，第 85 页。对 ARCH 类模型的描述大多引用了该文献的相关内容。

如果虚拟变量系数显著，表示股指期货推出前后现货市场价格波动率存在差异。如果虚拟变量系数显著为正，表示股指期货推出后现货市场价格波动率增大；如果显著为负，则表示股指期货推出后现货市场价格波动率减小。本书使用这种思路，在GARCH 模型的条件方差方程中加入虚拟变量，区分股指期货推出前后的波动率数据，检验股指期货推出是否对现货市场价格波动性产生了影响。以 GARCH（1，1）模型[①]为例具体阐述如下。

条件方差方程为：

$$\sigma_t^2 = \omega + \alpha\varepsilon_{t-1}^2 + \beta\sigma_{t-1}^2 \qquad (2-8)$$

其中，ω 为常数项，一般为平均波动水平；ε_{t-1}^2 为均值方程扰动项平方的滞后项（ARCH 项）；σ_{t-1}^2 为上一期的预测方差（GARCH 项）。均值方程设定将在后文具体阐述。

改进的条件方差方程为：

$$\sigma_t^2 = \omega + \alpha\varepsilon_{t-1}^2 + \theta D + \beta\sigma_{t-1}^2 \qquad (2-9)$$

其中，D 为虚拟变量，$D = \begin{cases} 0 \text{—— 股指期货推出前} \\ 1 \text{—— 股指期货推出后} \end{cases}$，在非对称 GARCH 模型中也可加入虚拟变量，系数均为 θ，以下不再赘述。

2. 非对称 GARCH 模型的选择和使用方法

如前文所述，考虑到对股指期货推出前后现货市场价格对信

[①] *GARCH*（1，1）是根据 Nelson（1992）经过反复试验确定的，该模型已有很强实用性，详见莫扬（2004）《股票市场波动性的国际比较研究》的结论。

息反映变化的研究，又因为大量研究表明股票市场价格对利好利空消息反应存在非对称效应（杠杆效应），而这种杠杆效应的变化与否可以反过来揭示市场价格对信息反应效率的变化。非对称GARCH模型较好地描述了杠杆效应，因此，本书使用其进行研究。

较为成功的非对称 GARCH 模型是 Zakoïan（1990）和Glosten、Jagannathan、Runkle（1993）提出的 TARCH 模型和Nelson（1991）提出的 EGARCH 模型。本书也选择这两种模型进行实证。对两个模型具体描述如下。

相对于 $GARCH$（1，1）模型，$TARCH$（1，1）模型的条件方差方程设定为：

$$\sigma_t^2 = \omega + \alpha\varepsilon_{t-1}^2 + \gamma\varepsilon_{t-1}^2 d_{t-1} + \beta\sigma_{t-1}^2 \qquad (2-10)$$

除等式后第三项外，其他各项定义均与 $GARCH$（1，1）模型相同，d_{t-1} 为虚拟变量，当 $\varepsilon_{t-1} < 0$ 时，$d_{t-1} = 1$；否则，$d_{t-1} = 0$。如果 $\gamma \neq 0$，表示非对称效应存在。$\gamma\varepsilon_{t-1}^2 d_{t-1}$ 项就为非对称项（TARCH 项）。方程表明 σ_t^2 与前期的残差平方 ε_{t-1}^2 和条件方差 σ_{t-1}^2 的大小相关。利好消息（$\varepsilon_{t-1} > 0$）和利空消息（$\varepsilon_{t-1} < 0$）对条件方差的影响不同，利好消息有 α 倍的冲击，即 $\varepsilon_{t-1} > 0$ 时，$d_{t-1} = 0$，方程中的 TARCH 项不存在，因此，利好消息只有 α 倍的冲击；而利空消息则有（$\alpha + \gamma$）倍的冲击，因为当 $\varepsilon_{t-1} < 0$ 时，$d_{t-1} = 1$，方程中的 TARCH 项存在，因此，利空消息会带来（$\alpha + \gamma$）倍的冲击。如果 $\gamma > 0$，说明非对称效应（杠杆效应）存在，该效应使得波动上升；如果 $\gamma < 0$，非对称效应使得波动下降。

相对于 $GARCH$（1，1）模型，$EGARCH$（1，1）模型的条

件方差方程设定为[①]：

$$\ln(\sigma_t^2) = \omega + \alpha \left| \frac{\varepsilon_{t-1}}{\sigma_{t-1}} \right| + \gamma \frac{\varepsilon_{t-1}}{\sigma_{t-1}} + \beta \ln(\sigma_{t-1}^2) \qquad (2-11)$$

方程左边的条件方差为对数式，说明杠杆效应是指数的，而不是二次的，因此，条件方差一定是非负的。$\alpha + \gamma$ 大小度量冲击对波动的影响，其值越大意味波动对信息冲击反应越敏感。γ 值代表非对称效应，同样，利好消息（$\varepsilon_{t-1} > 0$）和利空消息（$\varepsilon_{t-1} < 0$）对方差方程有不同影响，若 $\gamma < 0$，$\alpha - \gamma$ 倍利空消息冲击比 $\alpha + \gamma$ 倍利好消息冲击要大，即存在非对称效应（杠杆效应）；若 $\gamma > 0$，利空消息冲击减少波动，而利好消息冲击加大波动；若 $\gamma = 0$，利空、利好消息冲击作用相同，只为 α 倍。β 就是 GARCH 项，β 大小代表波动对信息冲击的记忆性和持久性特征，也即"旧信息"对当前波动率的影响，相对而言，α 或 $\alpha + \gamma$ 就是经过过滤的有用新信息对当前波动率的冲击。相比 GARCH 模型，EGARCH 模型无须施加任何限制，使方程求解过程更为简单与灵活。

3. 均值方程的设定

在 ARCH 类模型设定中，均值方程设定形式相对灵活，可以为 AR 模型、MA 模型或是一般的回归模型等。一般在合理选择 AR 模型滞后阶数下，AR 模型可以较好地描述金融时间序列变量的动态变化路径，而 MA 过程是将证券价格时间序列写成一系列不相关的随机变量的线性组合，通常 MA 过程可以清楚地考察随机冲击因素（AR 模型残差项的滞后项）对证券价格

[①]　参见高铁梅主编《计量经济分析与建模——EViews 应用及实例》，清华大学出版社，2009，第 2 版，第 205~209 页。

当前值的影响，故在大量实证研究中，经常用 MA 过程来分析一些无法具体定义的随机扰动因素对金融（证券）价格时间序列的影响情况。因此，考虑到证券市场价格变化的影响因素，除证券价格自身所包含的信息外，还包括收入、波动溢出，市场预期，政策制度等其他因素的影响，此处将 GARCH 类模型的均值方程设定为 *ARMA* 过程形式，即股票现货指数收益率 *ARMA*（*p*，*q*）模型：

$$R_t^{si} = c + \sum_{i=1}^{p} \varphi_i R_{t-i}^{si} + \sum_{j=0}^{q} \eta_j \varepsilon_{t-j}^{si} \qquad (2-12)$$

其中，c 为常数项；$\sum_{i=1}^{p} \varphi_i R_{t-i}^{si}$ 为 AR 项；$\sum_{j=0}^{q} \eta_j \varepsilon_{t-j}^{si}$ 为移动平均项；p 和 q 为滞后阶数，须在估计前进行定阶分析；φ_i 和 η_j 为待估计参数。

在上述 GARCH 类模型的基础上，首先，对加入条件方差方程的虚拟变量系数的显著性进行检验，并从系数估计结果判断波动率的变化方向。其次，分别估计股指期货推出前后现货指数子样本的非对称 GARCH 模型，从模型方差方程系数变化判断挖掘微观结构变化信息。最后，考虑到论述的严谨性，在用上述模型分析前，需对样本收益率序列进行 ARCH 效应检验；又由于 GARCH 类模型是基于平稳时间序列进行分析的，还需进行单位根检验；还必须对 ARMA 模型定阶进行具体说明，在模型估计后还需对 ARCH 效应再检验等。这些模型前后期工作应用较为成熟，在此不做详细讨论。

（四）市场走势分析方法

本部分直接使用价格走势图进行定性分析，将样本数据直接通过统计软件生成走势图进行。

（五） 样本数据说明

中国大陆股指期货市场指由沪深 300 股指期货各月合约构成的市场，现货市场在本书中特指沪深 300 股指期货合约标的物指数沪深 300 指数①；本章与以后各章中，中国大陆和海外市场样本的实证结论比较除具体描述外均简称为中外比较。

本章用于比较的其他海外市场样本与之后各章有所不同。其一，因为实证方法除非参数检验较少使用外，国内外大多数已有关于股指期货推出对现货市场波动影响的实证文献方法与本书较为类似，且关于特定市场的结论具有一致性，因此，可以直接引用文献结果与沪深 300 市场实证结果进行比较，并可以增加比较范围，结果在第二章第一节二节中列出。其二，由于数据可获得性缘故，也无法对所选择的海外样本指数期货推出前后的现货市场表现进行实证研究。这也是本书的一个不足之处。

波动率统计分析中使用的高频数据为股指期货推出前后各一年的沪深 300 指数日内高频等间隔数据，考虑到采样频率所包含的微观结构效应及噪声的影响，分别使用日内 1 分钟、5 分钟数据做分析，1 分钟数据共 116160 个，5 分钟数据共 23136 个，分别计算高频收益率后，以我国股指期货推出日 2010 年 4 月 16 日作为分割点进行波动率统计分析。同时，考虑到股指期货推出对现货市场价格波动率的长、中、短期影响差异，以我国股指期货推出日 2010 年 4 月 16 日作为分割点，前后 15 个交易日为短期

---

① 实际股票现货市场的概念范畴比本书所表述的大得多，还应包括成分股、非成分股、现货组合、现货组合合约（如 ETF）、其他类别指数等，沪深 300 指数因为是期货合约标的物，因此，具有特殊代表性，但更细致、深入的研究应针对上述现货市场概念所包含的各部分展开相关研究，故这也是本书的一个不足及有待发展的地方。

波动率比较子样本，前后6个月为中期波动率比较子样本，全样本为长期波动率比较样本分别进行对比。GK波动率同时使用低频日数据做比较，进行全样本对比。

波动率模型分析使用沪深300现货指数2006年1月4日至2011年11月14日的日数据，共1425个。使用 EViews 6.0、SPSS统计软件进行分析。完整数据来源于中国金融期货交易所，另外高低频数据短期内均为公开数据，可在大智慧股票交易软件及文华财经交易软件中每周下载累积。

二 海外市场股指期货推出对股票现货市场波动性的影响结论

在多次总结比较已有文献结论的工作中，发现 Gulen 和 Mayhew（2000）的文献使用了 ARCH 类等多种模型对已存在的大多数海外股指期货市场的推出影响问题进行了较为全面的研究与总结，方法和本书类似，而且其结论综合了以往大多数文献的结论，具有代表性，并与本章相关问题的大多数分析具有可比性。这为本章工作提供了极大的便利，本章总结补充了 Gulen 和 Mayhew（2000）文章的结论，如表2-1所示，后文与中国市场相关分析结论进行比较而没有再对相关海外市场数据进行重复分析。关于市场走势的问题本章开篇的相关描述已提及，可直接用于比较。

表2-1 世界主要股指期货推出对现货市场波动性的影响

国家或地区	标的指数	股指期货推出日	是否增加波动性
美国	Value Line	24 February,1982	增加
	S&P 500	21 April,1982	
澳大利亚	All Ordinaries	16 February,1983	减少
英国	FT-SE 100	3 May,1984	减少

续表

国家或地区	标的指数	股指期货推出日	是否增加波动性
加拿大	TSE 300	16 January,1984	减少
巴西	BOVESPA	14 February,1986	不变
中国香港	Hang Seng	6 May,1986	减少
日本（SIMEX）	Nikkei 225	3 September,1986	增加
（Osaka）	OSE 50	9 June,1987	
（Osaka）	Nikkei 225	3 September,1988	
（Tokyo）	Topix	3 September,1988	
新西兰	Barclay Share	January,1987	不变
瑞典	OMX	3 April,1987	不变
芬兰	FOX	2 May,1988	不变
爱尔兰	AEX	24 October,1988	减少
法国	CAC 40	9 November,1988	减少
丹麦	KFX	7 December,1989	减少
南非	All Share	30 April,1990	减少
瑞士	SMI	9 November,1990	减少
德国	DAX	23 November,1990	减少
智利	IPSA	December,1990	减少
西班牙	IBEX 35	14 January,1992	不变
挪威	OBX	4 September,1992	减少
比利时	BEL 20	29 October,1993	减少
意大利	MIB 30	28 November,1994	不变
匈牙利	BSI	31 March,1995	无显著变化
以色列	Maof 25	27 October,1995	减少
马来西亚	KLCI	15 December,1995	减少
韩国	KOSPI 200	3 May,1996	无显著变化
葡萄牙	PSI－20	20 June,1996	无显著变化
俄罗斯	RTS	March,1997	无显著变化
委内瑞拉	IBC	5 September,1997	无显著变化
波兰	WIG20	16 January,1998	无显著变化
希腊	FTSE/ASE－20	27 August,1999	无显著变化
中国台湾	台湾 TWSE 加权指数	1998－07－21	无显著变化
印度	S&P CNX NIFTY	2000－06	减少

资料来源：Gulen, Mayhew，"Stock Index Futures Trading and Volatility in International Equity Markets"，*The Journal of Futures Markets* 20（7），2000.

同时，邢天才、张阁（2009）使用 GARCH、TARCH、EGARCH 模型对 A50 指数期货推出对中国沪深 300 指数的影响进行实证研究的结果为轻微加大现货市场波动性；汪冬华、欧阳卫平（2009）统计检验方法对恒生股指期货推出影响的实证结果是降低了现货市场波动性；徐凌、赵昌文（2008）使用统计研究和 GARCH 模型方法的实证结果表明，国企指数期货推出短期加大了现货市场波动，长期则减小现货市场波动。这些结果都用于本书比较。

第二节　基于股指期货推出时点分段实证
检验结果及中外比较结论

一　数据统计描述

（一）高频数据统计描述（全样本）

按照上文方法选择中的描述，在分别计算现货指数的高频收益率、GK 波动率以及在调整已实现波动率的基础上对三者进行统计描述，在计算过程中由于我国期现货交易非 24 小时连续交易，隔夜信息与日内交易信息具有显著的差异，因此，需要在计算收益率后剔除隔夜收益率，以避免异常值对分析的影响。由于我国股指期货推出前后 15 天、半年的现货价格数据统计描述与全样本类似，故此处只列出全样本数据的统计描述。

1. 收益率统计描述

从表 2 - 2 可以看出，偏度峰度均显著，两个序列明显呈偏峰厚尾形态；JB 统计量较为显著，说明股指期货推出前后现货指数两个序列均不服从正态分布假设；Q 统计量在 10 阶时（全部滞后 36 阶统计）也较为显著，说明序列存在明显自相关关系；粗略

表 2 - 2　股指期货推出前后现货 1 分钟高频收益率统计描述

阶段	均值	标准差	偏度	峰度	JB 统计量	Q 统计量(10)	样本数
推出前	0.00000414	0.000604	- 0.0171	7.301	44574.56 ***	48143.43 ***	57838
推出后	0.00000433	0.000561	0.5898	9.39	101747.99 ***	34813.68 ***	57838

"***"表示在 1% 水平上显著。

地从标准差判断推出后较推出前沪深 300 现货指数波动率明显下降，由 0.000604 下降为 0.000561。

类似的，从表 2 - 3 可以看出，偏度峰度均显著，两个序列明显呈偏峰厚尾形态；JB 统计量较为显著，说明股指期货推出前后现货指数两个序列均不服从正态分布假设；Q 统计量在 10 阶时（全部滞后 36 阶统计）也较为显著，说明序列存在明显自相关关系；粗略地从标准差判断推出后较推出前沪深 300 现货指数波动率明显下降，由 0.00222 下降为 0.00195。

表 2 - 3　股指期货推出前后现货 5 分钟高频收益率统计描述

阶段	均值	标准差	偏度	峰度	JB 统计量	Q 统计量(10)	样本数
推出前	0.0000165	0.00222	- 0.215	7.97	11745.98 ***	126.54 ***	11327
推出后	0.0000103	0.00195	0.106	6.03	4348.51 ***	30.132 ***	11327

"***"表示在 1% 水平上显著。

2. GK 波动率统计描述

从表 2 - 4 可以看出，偏度峰度均显著，两个序列明显呈偏峰厚尾形态；JB 统计量较为显著，说明股指期货推出前后现货指数两个序列均不服从正态分布假设；Q 统计量在 10 阶时（全部滞后 36 阶统计）也较为显著，说明序列存在明显自相关关系；粗略地从均值判断推出后较推出前沪深 300 现货指数 GK 波动率明显下降，由 0.00019 下降为 0.00017，而从标准差粗略判断，波动率的变动也从 0.000185 下降到 0.000124。

表 2 - 4　股指期货推出前后现货 1 分钟 GK 波动率统计描述

阶段	均值	标准差	偏度	峰度	JB 统计量	Q 统计量(10)	样本数
推出前	0.00019	0.000185	28.95	1940.34	$9.09 \times 10^9{}^{***}$	16742.91***	58080
推出后	0.00017	0.000124	3.1	22.57	$1.02 \times 10^7{}^{***}$	23659.68***	58080

"***"表示在 1% 水平上显著。

类似的，从表 2 - 5 可以看出，偏度峰度均显著，两个序列明显呈偏峰厚尾形态；JB 统计量较为显著，说明股指期货推出前后现货指数两个序列均不服从正态分布假设；Q 统计量在 10 阶时（全部滞后 36 阶统计）也较为显著，说明序列存在明显自相关关系；粗略地从均值判断推出后较推出前沪深 300 现货指数 GK 波动率明显下降，由 0.000897 下降为 0.000809，而从标准差粗略判断，波动率的变动也从 0.000673 下降到 0.000549。

表 2 - 5　股指期货推出前后现货 5 分钟 GK 波动率统计描述

阶段	均值	标准差	偏度	峰度	JB 统计量	Q 统计量(10)	样本数
推出前	0.000897	0.000673	4.14	57.78	1479456***	10658.72***	11568
推出后	0.000809	0.000549	2.24	11.52	44700.91***	4554.25***	11568

"***"表示在 1% 水平上显著。

3. 调整已实现波动率统计描述

从表 2 - 6 可以看出，偏度峰度均显著，两个序列明显呈偏峰厚尾形态；JB 统计量较为显著，说明股指期货推出前后现货指数两个序列均不服从正态分布假设；Q 统计量在 10 阶时（全部滞后 36 阶统计）也较为显著，说明序列存在明显自相关关系；粗略地从均值判断推出后较推出前沪深 300 现货指数调整已实现波动率明显下降，由 0.000329 下降为 0.000255，而从标准差粗略判断，波动率的变动也从 0.000284 下降到 0.000169。

表 2 - 6　股指期货推出前后现货 1 分钟调整已实现波动率统计描述

阶段	均值	标准差	偏度	峰度	JB 统计量	Q 统计量(10)	样本数
推出前	0.000329	0.000284	2.44	11.81	1023.514 ***	453.8734 ***	242
推出后	0.000255	0.000169	1.91	6.99	307.6298 ***	255.6678 ***	242

"＊＊＊"表示在 1% 水平上显著。

同样的，从表 2 - 7 可以看出，偏度峰度均显著，两个序列明显呈偏峰厚尾形态；JB 统计量较为显著，说明股指期货推出前后现货指数两个序列均不服从正态分布假设；Q 统计量在 10 阶时（全部滞后 36 阶统计）也较为显著，说明序列存在明显自相关关系；粗略地从均值判断推出后较推出前沪深 300 现货指数调整已实现波动率明显下降，由 0.000331 下降为 0.000257，而从标准差粗略判断，波动率的变动也从 0.000324 下降到 0.00018。

表 2 - 7　股指期货推出前后现货 5 分钟调整已实现波动率统计描述

阶段	均值	标准差	偏度	峰度	JB 统计量	Q 统计量(10)	样本数
推出前	0.000331	0.000324	4.16	32.41	9379.063 ***	262.6173 ***	242
推出后	0.000257	0.00018	2.13	8.69	506.5559 ***	228.316 ***	242

"＊＊＊"表示在 1% 水平上显著。

（二）日数据统计描述（全样本）

首先从表 2 - 8 可以看出，峰度指标为 5.14，大于 3，表示序列呈厚尾形态；偏度为 - 0.47，显著小于 0，表明序列呈左偏特征；JB 统计量显著，说明序列不服从正态分布形态。综合看，序列明显呈高峰厚尾的分布形态。Q 统计量在 10 阶时（全部滞后 36 阶统计）也较为显著，说明序列存在明显自相关关系，因此，从日数据角度可以考虑用 ARMA 模型对序列进行描述。

表 2 - 8   股指期货推出前后现货日收益率统计描述

阶段	均值	标准差	偏度	峰度	JB 统计量	Q 统计量（10）	样本数
全样本	0.000739	0.020866	- 0.47	5.14	322.9758***	17.58472**	1424

"***"表示在 1% 水平上显著，"**"表示在 5% 水平上显著。

其次，从图 2 - 2 的收益率波动走势可以确定，沪深 300 现货指数日收益率序列存在明显的集群性。这也意味着条件异方差性的存在（后文进一步进行 ARCH 效应实证检验）。

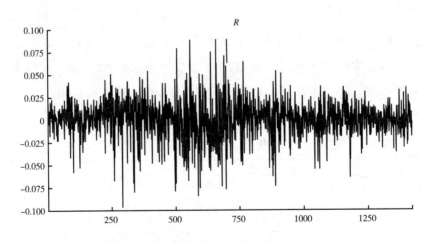

图 2 - 2   沪深 300 现货指数波动性走势

最后，通过平稳性单位根检验，发现沪深 300 现货指数日收益率序列在 1% 显著性水平上为平稳序列（见表 2 - 9）。

表 2 - 9　沪深 300 现货指数 ADF 检验结果

	t-Statistic	Prob.*
Augmented Dickey-Fuller test statistic	- 36. 7582	0. 0000
Test critical values：1% level	- 3. 43474	
5% level	- 2. 86337	
10% level	- 2. 56779	

二　高频数据波动率统计检验结论

（一）股指期货推出前后15天波动率统计检验结果

各表中 Mann-Whitney、Kolmogorov-Smirnov 非参数方法均简称 M-W 和 K-S 法，之后各章节使用这两个方法时，结果表示均按此处理。

1 分钟数据统计检验结果如表 2 - 10 所示，5 分钟数据分析结果基本相同。从表 2 - 10 中结果来看，不考虑其他因素，单从统计结果来看，在股指期货推出前后 15 天各项波动率指标都发生了显著的变化，各指标的序列相等性检验指标无论是基于方差相等和正态分布假设的 t 检验、F 统计量还是非参数 Mann-Whitney 检验统计量、Kolmogorov-Smirnov 检验统计量，或者考虑了异方差和非正态分布情况的 BFL 法统计量均在 1% 水平上显著，说明股指期货推出前后 15 天股指现货波动率存在显著差异。从收益率方差以及 GK 波动率、ARV 均值上看，在股指期货推出后现货指数波动率明显上升。

（二）股指期货推出前后60天波动率统计检验结果

1 分钟数据统计检验结果如表 2 - 11 所示，5 分钟数据分析结果基本相同。从表 2 - 11 的结果看，不考虑其他因素，单从统计结果来看，在股指期货推出前后 60 天各项波动率指标统计结果存

表 2 - 10　股指期货推出前后 15 天沪深 300 现货指数 1 分钟高频数据相等性检验结果

类别	时间	均值	方差	均值相等检验方法对应检验值			方差相等检验方法	
				t值	M－W法Z值	K－S法Z值	F值	BFLF值
R	推出前	0.0000043	0.0003234					
	推出后	-0.000023	0.0005759	2.458***	-4.259***	6.295***	3.170***	583.692***
GK	推出前	0.000116	0.000111					
	推出后	0.000172	0.000119	-20.544***	-26.371***	11.597***	1.154***	168.079***
ARV	推出前	0.00012	0.000084					
	推出后	0.000482	0.000223	5.874***	-4.417***	2.556***	7.068***	10.482***

"***" 表示在 1% 水平上显著，"**" 表示在 5% 水平上显著，"*" 表示在 10% 水平上显著。

表 2 - 11　股指期货推出前后 60 天沪深 300 现货指数 1 分钟高频数据相等性检验结果

类别	时间	均值	方差	均值相等检验方法对应检验值			方差相等检验方法	
				t值	M－W法Z值	K－S法Z值	F值	BFLF值
R	推出前	-0.0000004	0.000534					
	推出后	0.0000039	0.000577	-0.988	-1.338	2.585***	1.170	86.330***
GK	推出前	0.000169	0.000203					
	推出后	0.000182	0.000124	-9.404***	-20.553***	9.529***	2.663***	2.006
ARV	推出前	0.00024	0.000181					
	推出后	0.000315	0.000203	-3.295***	-4.183***	2.322***	1.261	0.317

"***" 表示在 1% 水平上显著，"**" 表示在 5% 水平上显著，"*" 表示在 10% 水平上显著。

在差异，收益率序列均值相等性 t 检验和 Mann-Whitney 检验不显著，但 Kolmogorov-Smirnov 检验显著，而方差相等性 F 检验、BFL 检验显著，表明推出前后现货波动率仍旧存在差异，从方差值来看虽然推出后方差增大，但推出前后方差差异明显缩小；GK 波动率序列和 ARV 序列均值相等性 t 检验和 Mann-Whitney 检验、Kolmogorov-Smirnov 检验各统计量结果均显著，表明股指期货推出前后波动率仍旧存在差异，且推出后的波动率均值显著大于推出前，但从波动率变动（方差）指标的分析结果来看，除 GK 波动率的 F 检验值显著外，更为精确的 BFL 检验值均不显著，表明从 60 天高频数据分析结果来看，股指期货推出前后 60 天的波动率变动差异几乎无变化。综合而言，根据推出前后 60 天高频数据的分析结果，股指期货推出后沪深 300 现货指数波动率略大于推出前，但两者差异明显缩小。

（三）股指期货推出前后 1 年波动率统计检验结果

1 分钟数据统计检验结果如表 2 – 12 所示，5 分钟数据分析结果基本相同。从表 2 – 12 的结果看，不考虑其他因素，单从统计结果来看，在股指期货推出前后一年除收益率均值指标外，其他各项波动率指标都发生了显著的变化，各指标的序列相等性检验指标无论基于方差相等和正态分布假设的 t、F 统计量，还是非参数 Mann-Whitney 检验、Kolmogorov-Smirnov 检验 Z 统计量和 BFL 法统计量均在 1% 水平上显著，说明股指期货推出前后一年股指现货波动率存在显著差异。从收益率方差以及 GK 波动率、ARV 均值上看，与推出前后 15 天以及 60 天统计分析结果不同，在股指期货推出后现货指数波动率明显下降。

综合而言，在不考虑其他因素影响的情况下，基于高频数据统计分析，中国沪深 300 股指期货推出在短期、中期、长期

表 2 – 12　股指期货推出前后 1 年沪深 300 现货指数 1 分钟

高频数据相等性检验结果

类别	时间	均值	方差	均值相等检验方法			方差相等检验方法	
				t 值	M – W 法 Z 值	K – S 法 Z 值	F 值	BFLF 值
R	推出前	0.0000041	0.000604	– 0.055	– 3.070 ***	3.697 ***	1.161 ***	297.536 ***
	推出后	0.0000043	0.000561					
GK	推出前	0.00019	0.000185	18.596 ***	– 15.421 ***	6.421 ***	2.225 ***	142.780 ***
	推出后	0.000173	0.000124					
ARV	推出前	0.000329	0.000284	3.471 ***	– 2.242 **	1.773 ***	2.834 ***	16.116 ***
	推出后	0.000255	0.000169					

"＊＊＊"表示在 1% 水平上显著，"＊＊"表示在 5% 水平上显著，"＊"表示在 10% 水平上显著。

对现货市场价格波动率的影响是不同的。表现为短期股指期货推出加大了现货市场价格的波动性；中期略微加大现货市场价格波动性，但无显著影响；长期看，股指期货推出充分发挥了风险规避功能，较好地平抑了现货市场的波动，降低了现货市场价格的波动性。

对结果的解释，在排除其他因素影响的情况下，如果只针对股指期货对现货影响关系进行分析，可以从微观结构理论得到一些启示。对于短期分析结果，首先，由于中国股指期货每日结算价的计算采用合约最后一小时成交量的加权平均价计算，因此，已经使利用两市价差套利操作导致现货市场波动加大的可能性大为降低。其次，中国内地股指期货合约上市首月参与股指期货的主要是中小散户，开户数为 2 万左右，且投资者开户门槛较高，日均交易户数约占 50%。2010 年 5 月 13 日才有首批机构获得套保额度。由于机构大户套期保值通常以做空为主，并可能出现资金的转移，可能导致市场波动加剧，但推出 15 天内机构未入市，其影响可以排除。另外，由于股指期货采取保证金交易，在交易首月冻结保证金约 150 亿元，来自现货市场的估计最多占到 80 亿元，也未产生大量资金由现货市场转移至期货市场的问题①。最有可能的解释是上文文献综述以及本章开篇提到的市场跟风以及投资者预期所致，而且当机构大户未参与股指期货交易时，市场交易数据本身不能反映真实的完整参与者行为，因此，不具有说服力。中期分析结果表明，即使股指期货合约上市初期存在导致现货市场异常波动的套利、投机以及资金转移效应，随着包括机构交易者在内的交易认知度与成熟度不断提高，股指期货本身的制度优势开始显现，也即期货的财富效应显现，投资者尤其是机构投资者可以利用股指期货进行保值等操作，而不用频繁调整现货仓位而达到投资目的，从而使投资者尤其是机构大户投资者参与现货市场（尤其是权重股）的热情提高，股指期货市场反而开始起到稳定现货市场价格的作用。对于长期分析结果，股指期货合约的推出不但没有增加现货市场价格波动，反而降低了现货市场波动，证明了股指期货应有的理论功能，也说明了我国股指期货市场制度设计的合理性以及股指期货投资者的理性。

三　低频数据波动率模型分析结论

按照本章实证方法选择中的描述，本节进行股指期货推出前后沪深 300 现货指数日收益率波动模型分析。

---

① 此处数据来源于中国金融期货交易所内参研究报告。

(一) 均值方程设定与估计

在上节日数据统计描述的基础上,经过综合考虑沪深 300 指数样本日收益率序列的自相关和偏自相关函数的截尾阶数和各期 Q 统计量,并反复试验剔除不显著参数后,将均值方程设定为 $ARMA$（4,4）形式,并首先使用 LS 法进行估计,确定其残差序列的 ARCH 效应显著性。结果如表 2 - 13 所示。

表 2 - 13 股指期货推出前后沪深 300 现货指数日收益率样本

均值方程 $ARMA$（4,4）估计结果

$AR(1)$	$AR(2)$	$AR(3)$	$AR(4)$
0.505	- 0.426 ***	0.398 ***	- 0.838 ***
(7.12)	(- 4.73)	(4.60)	(- 13.02)
AIC	SC	对数似然值	
- 4.907	- 4.873	3490.16	
$MA(1)$	$MA(2)$	$MA(3)$	$MA(4)$
- 0.477 ***	0.407 ***	- 0.359 ***	0.878 ***
(- 7.18)	(4.89)	(- 4.51)	(14.53)
ARCH LM(1)F 统计量		$T \times R^2$	
24.16 ***		23.79 ***	

" *** "表示在 1% 水平上显著,( ) 内为 t 统计量。

在估计基础上,对 $ARMA$（4,4）模型残差进行 Q 统计量检验,发现基本不存在序列相关现象,说明均值方程设定可靠,并且从表中可以看出,ARCH LM 检验结果滞后 1 阶的 F 统计量和 $T \times R^2$ 估计值显著,在 1% 的显著性水平上拒绝不存在 ARCH 效应的零假设,可以进行 GARCH 类模型建模。股指期货推出前后现货指数子样本均值方程设定与估计与此类似,为节约篇幅不再列出。

（二）基于 Chow 间断点检验思想的改进 GARCH 类模型实证结果

估计结果如表 2 – 14 所示。从中可以看到，首先，ARMA-GARCH、ARMA-TARCH 和 ARMA-EGARCH 模型的 ARCH LM 检验均不显著，接受了不存在 ARCH 效应的原假设，且 AIC 值、SC 值比 LS 估计结果中的对应值均不同程度减小，而对数似然值均上升，大部分参数估计均显著，表明各类 GARCH 模型拟合效果明显优于 ARMA 模型，有效地捕捉了条件异方差和序列分布的高峰厚尾特征，使参数估计结果更加可靠，尤其是 ARMA-EGARCH 模型的估计结果更是优于其他两类模型。

表 2 – 14 加入虚拟变量后沪深 300 现货日收益率样本 GARCH 类模型估计结果

$GARCH(1,1)$		$TARCH(1.1)$		$EGARCH(1,1)$	
$AR(1)$	NA	$AR(1)$	NA	$AR(1)$	0.439879018 *** (7.463293)
$AR(2)$	0.602210469 * (1.526506)	$AR(2)$	NA	$AR(2)$	– 0.324094923 *** (– 4.64722)
$AR(3)$	– 0.573470612 *** (– 2.85992)	$AR(3)$	0.301995067 *** (2.761193)	$AR(3)$	0.33250138 *** (5.481868)
$AR(4)$	NA	$AR(4)$	0.817814355 *** (6.302431)	$AR(4)$	– 0.854916098 *** (– 18.3481)
$MA(1)$	NA	$MA(1)$	NA	$MA(1)$	– 0.406258683 *** (– 7.76509)
$MA(2)$	– 0.610453367 * (– 1.63257)	$MA(2)$	NA	$MA(2)$	0.317159111 *** (5.395588)
$MA(3)$	0.624755498 *** (2.923068)	$MA(3)$	– 0.263431647 *** (– 2.61321)	$MA(3)$	– 0.309115071 *** (– 6.03867)
$MA(4)$	NA	$MA(4)$	– 0.837086542 *** (– 7.09625)	$MA(4)$	0.896497786 *** (21.90176)

GARCH(1,1)		TARCH(1.1)		EGARCH(1,1)	
α	0.050052921 *** (6.46089)	α	0.045707519 *** (4.262239)	α	0.120650653 *** (6.657114)
β	0.940123905 *** (104.0587)	γ	0.001428182 (0.126518)	γ	−0.012685999 (−1.42613)
θ	−0.0000021 ** (−1.91356)	β	0.943677903 *** (105.018)	β	0.980979396 *** (197.8732)
—	—	θ	−0.0000020 ** (−1.85381)	θ	−0.016316651 *** (−2.67432)
AIC	−5.073993	AIC	−5.06596005	AIC	−5.078749863
SC	−5.025825	SC	−5.01408697	SC	−5.026876778
对数似然值	3612.998192	对数似然值	3608.298657	对数似然值	3617.373028
ARCH LM(1)F统计量	0.016458	ARCH LM(1)F统计量	0.017258	ARCH LM(1)F统计量	0.000502
T×R²	0.016481	T×R²	0.017282	T×R²	0.000503

"***"表示在1%水平上显著，"**"表示在5%水平上显著，"*"表示在10%水平上显著。（）内为z统计量。NA为不显著参数，已被删除。

其次，从非对称项系数估计的不显著性看，市场价格波动面对外部信息冲击的敏感度不高，杠杆效应不强，说明中国沪深300现货市场吸收和消化信息冲击的能力有了成熟市场的特征。这一点将在下一小节内容中详细讨论。

最后，也是本书波动模型分析的主要目的，就是加入虚拟变量后虚拟变量前系数的估计结果，从3个模型的系数θ估计结果来看，均在5%、1%水平上显著，说明股指期货推出前后沪深300现货指数（市场）价格波动率存在差异，且θ值的符号均为负，可以明确说明股指期货推出后，现货市场的波动率明显下降，这再一次印证了第二章第一节一中的长期关系结论，如果不考虑其他具体因素的影响，股指期货的推出的确降低了股指现货市场的波动性。

（三）股指期货推出前后现货指数子样本 GARCH 类模型实证及比较结果

从上小节可以看出，ARMA-EGARCH 模型系统估计结果在各类 GARCH 模型中估计效果较好，故本节使用其进行实证比较，其他结论因类似而略去。结果如表 2 - 15 所示。

表 2 - 15　股指期货推出前后沪深 300 现货指数子样本
EGARCH 模型估计结果[①]

	推出前		推出后
α	0. 15683679 *** （6. 675833）	α	- 0. 3067 *** （- 3. 13668）
γ	- 0. 0125975 （- 0. 97982）	γ	0. 099227 （1. 607964）
β	0. 98125988 *** （164. 0814）	β	- 0. 33331 （- 1. 34883）

"＊＊＊"表示在 1% 水平上显著，"＊＊"表示在 5% 水平上显著，"＊"表示在 10% 水平上显著。（）内为 z 统计量。

①为简明扼要，不列出均值 ARMA 模型结果及 AIC 等部分参数。

从表 2 - 15 中可以看到，与全样本的估计结果类似，γ 系数仍然都不显著，表明基本不存在利好利空新息冲击非对称效应；在第二章第一节一中的（三）2. 方法讨论中已说明，α 系数代表利好利空新息冲击对当前价格波动率的影响，而代表记忆特征的"旧信息"对当前价格波动的影响，对比股指期货推出前后两个系数的变化能够揭示一定微观结构变化的信息，α 系数在股指期货推出后相对于推出前明显减小，由 0.157 下降到 -0.31，说明利好、利空新息冲击对于现货市场的影响有所减弱；系数 β 在股指期货推出后相对于推出前明显减小，由 0.98 下降到 -0.33，且推出后的系数 β 已不显著，说明"旧信息"对现货市场的影响和相关性减弱。α 系数的减弱说明了股指期货推出通过功能发挥平滑了现货市场由于新息冲击而带来的波动性，系数 β 的减小说明新旧价格波动相关性的减小，现货市场价格波动反映了更多新息，说明波动更趋于随机游走，也即市场更为有效。这些结论与上述全样本以及高频数据长期统计检验分析结论保持了一致。

四 市场走势分析结论

由股指期货推出前后 1 年日收盘价格生成沪深 300 现货指数价格走势（见图 2-3）。

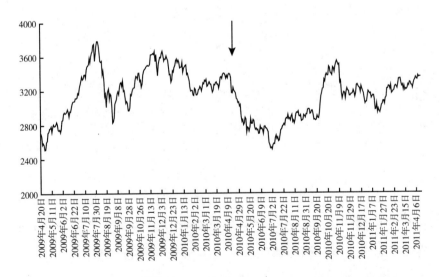

图 2-3 股指期货推出前后 1 年沪深 300 现货指数价格走势

资料来源：大智慧股票行情软件。

图 2 - 3 中标注区域为股指期货推出前后分割点区域，从图中可以看出，股指期货推出前沪深 300 指数上升了 2 个月，之后下降了 4 个月左右。

五　与海外主要股指期货推出前后现货指数波动率及走势变化的比较结论

与表 2 - 1 中的结果以及本章开篇综述中关于趋势的描述进行比较，首先，从波动率变化角度来看，与表 2 - 1 中的一般性结论不同，在短期、中期、长期中，沪深 300 股指期货标的现货市场价格波动性表现出不同特征，短期内波动率上升，中期略有上升但不显著，长期下降。就综合波动率模型分析结果而言，中长期（1 年内）沪深 300 现货指数波动率在股指期货推出后下降，这与大部分市场的研究结论类似，单从统计及计量分析角度看，我国股指期货推出的制度设计严谨，较好地发挥了其规避风险、平抑标的现货波动的作用，提高了现货市场的效率。其次，从走势看，我国股指期货标的现货市场价格走势与大多数市场推出股指期货前后的现货走势类似，即呈现了"先涨后跌"的走势特征。

关于结论的原因解释，大多数研究认为，由于股指期货推出使期现套利交易以及投机等交易活动活跃，并加大了股市做空的动能，甚至有较大的机构利用股指期货推出初期的不完善性进行操纵获利等行为，形成了所谓的"股指期货推出效应"命题，但这些结论都缺乏强有力的证据支持。在我国推出股指期货推出初期，甚至有股指期货助涨助跌的观点，将股市的短期波动和下跌归咎于股指期货的推出，本章上述实证内容有力地反驳了一些关于我国股指期货推出前后期现市场关系的悖论，同时，也引致了对本章第三节内容的讨论。

第三节　基于宏观经济因素及重大事件分段
实证检验结果及中外比较结论

在不考虑其他因素影响的情况下，本章上述实证内容已经利用统计检验及模型方法论证了股指期货推出前后期现市场的关系，达到了本书对实证及比较股指期现货关系第一项工作的目的，但为更为充分地厘清股指期货推出这一事件对标的现货市场的影响关系的逻辑，本书将这一问题进一步深入地进行了研究。

按照前述各节论述内容与结果以及关于此问题的众多文献内容，可以表达这样一个逻辑，即无论（不考虑）具体影响方式和路径如何，股指期货推出使标的现货指数市场价格波动率和走势发生了改变，这种改变结果或好或坏。这种逻辑实际上隐含了股指期货推出与现货指数市场价格波动率和走势的因果关系，如果这种因果关系确实成立，则上述结论可以成为某个具体市场的确定性规律；但如果这种因果关系存在不确定性，则上述结论就是也仅是关于股指期货推出前后时间段股指现货市场价格波动率和走势特征可能的一种原因而不是全部原因。本节以此论述为出发点，试图说明另一个逻辑，即如果可能有其他原因导致股指期货推出前后时间段现货指数市场价格的波动率和走势发生改变，而且不能具体证明这种其他原因相对于股指期货推出事件具有对股指现货市场更大的影响作用的前提下，股指期货推出最多是现货指数市场价格波动率和走势发生改变的一个充分条件，而非必要条件，最终得到一个更为科学、具有逻辑性和可靠程度较高的股指期货推出前后期现关系结论。

首先，逻辑学中的充分必要条件定义：如果有事物情况 A，则必然有事物情况 B；如果没有事物情况 A，则必然没有事物情况 B，A 就是 B 的充分必要条件。从数学逻辑上讲，如果作为结果或因变量的 B 与原因或自变量 A 不是一对一的映射关系，那么，这种一对一因果关系或函数关系就不能完全成立，也即 A 不是 B 的充分必要条件。A 可能是 B 的充分条件，也有可能是必要条件，也有可能不存在任何关系。其次，计量经济学中模型建立的一个重要基础就是当确定影响因变量的解释变量时，如果遗漏重要解释变量，则分析结果就不是实际情况的无偏估计结果，结论就不可靠甚至是错误的。基于这两个理论基础，本节试图找出可能导致股指期货推出前后时间段现货指数市场价格的波动率和走势发生改变的其他重大事件，并进行一定的定性和定量分析证明上述逻辑，从而厘清股指期货推出前后期现关系。

影响股票现货总体市场价格波动和走势的根本原因是系统性风险的存在，关于此理论从 William Sharpe 1964 年创立资本资产定价模型（CAPM）开始，大量关于系统性风险的研究深入探讨了股票市场波动走势的根本原因，系统风险是由有别于非系统风险的各种宏观事件引起的，它是表示股票整体市场波动性的指数标的股本身所不能控制的，所有成分股都将受系统性风险的影响，从而导致整体市场出现波动和趋势变化。这些宏观事件包括宏观经济事件、政治事件，如经济金融危机、政局变化等以及突发的重大事件，如海啸、地震等，也包括日常的宏观经济走势、宏观经济政策的变动以及影响指数权重股的行业动态变化信息等。本节依据宏观重大事件的性质和公认影响力选择符合研究目的的部分重大宏观事件。同时，这些重大宏观经济事件的影响时间段与相关股指期货推出时间段基本吻合。下面针对中国内地的重大宏观经济事件对股票现货市场的波动率及走势影响做一简要的实证分析，同时，对海外主要市场的相同问题进行定性的总结以完成本节的论述。

一 基于重大宏观经济事件分段的股票现货指数波动率统计比较分析

本小节只做简要分析，方法使用上文中高频数据的统计检验方法，除数据分段依据不同外，其他方法均相同。

在中国内地股指期货推出时间段，也即 2009 ~ 2010 年，随着金融危机后一系列宏观经济宽松政策的刺激，我国经济增长势头重拾强劲，通货膨胀压力开始增大，居民住宅价格迅猛上涨是当时整个中国经济面临的两个重大问题。从宏观经济角度讲，中国经济面临的挑战是经济过热后的硬着陆和极有可能的恶性通货膨胀，因此，在此区间，公认的影响宏观经济的重大事件是中国内地宏观经济政策调整措施，其中最为重要的是货币流动性收紧（货币紧缩政策）和房地产调控政策。从 2010 年 1 月起至股指期货推出运行 3 周就有 3 次密集的上调存款准备金率的措施，分别为 2010 年 1 月 18 日、2 月 25 日和 5 月 10 日，每次上调 0.5 个百分点，尤其是在 5 月 10 日上调后，商业银行的存款准备金率达到 17%，逼近历史最高点 17.5%，一次性冻结流动性超过 3000 亿元人民币，同时，还伴随着中国人民银行通过公开市场发行央票进行资金回笼的操作，仅 2010 年 1 月至 4 月 30 日央行公开市场操作已累计净回笼资金量达 1.1 万亿元。这些货币政策必然对沪深股票现货市场尤其是沪深 300 现货指数市场带来巨大的冲击。

同期，自 2009 年 12 月 14 日至 2010 年 4 月 17 日，政府出台了连续 9 个调控房地产价格的措施，分别为：2010 年 1 月 7 日，国务院办公厅发布的《国务院办公厅关于促进房地产市场平稳健康发展的通知》。2010 年 1 月 14 日，国土资源部发布的《国土资源部关于改进报国务院批准城市建设用地申报与实施工作的通知》。2010 年 3 月 8 日，国土资源部再次出台了 19 条土地调控新政，即《关于加强房地产用地供应和监管有关问题的通知》。2010 年 3 月 9 日，财政部、国家税务总局联合下发的《关于首次购买普通住房有关契税政策的通知》。2010 年 4 月 13 日住房和城乡建设部发布实施《关于进一步加强房地产市场监管完善商品住房预售制度有关问题的通知》。2010 年 4 月 14 日，时任国务院总理温家宝主持召开国务院常务会议，研究部署遏制部分城市房价过快上涨的政策措施。其中，提出了 4 项措施，被称为"新国四条"。4 月 17 日，国务院下发了《国务院关于坚决遏制部分城市房价过快上涨的通知》。由于房地产行业涉及钢铁等数百行业及上市公司，因此，调控政策必然对中国经济造成重大的影响。从 2010 年 1 月 18 日起沪深 300 指数开始剧烈的下挫，虽中间经历横盘调整，但从 2 月底起开启长达 5 个月的下跌趋势，并于 2010 年 7 月初达到金融危机后的最低点位 2462.20 点[1]。

本节以与中国内地股指期货推出时间最为接近的重大宏观经济事件密集发生阶段 2010 年 3 月 9 日与 5 月 10 日的中点 4 月 6 日为分割点进行了波动率统计检验[2]。结果如表 2 - 16 所示。

---

[1]　中国宏观经济政策内容及数据根据中国新闻网（http：//www. chinanews. com/）2010 年资料整理。

[2]　利用这一时期的其他重大事件发生日作为分割点的分析结论类似，以 ARCH 类模型分析的结论类似，在此不再重复。

表2-16 2010年4月6日前后沪深300现货指数1分钟高频数据波动性、相等性检验结果

4月6日前后15天检验结果

类别	时间	均值	方差	均值相等检验方法			方差相等检验方法	
				t值	M-W法 Z值	K-S法 Z值	F值	BFLF值
R	前	0.0000079	0.000318	2.909***	-2.881***	2.905***	1.774***	112.669***
	后	-0.0000178	0.000423					
GK	前	0.000118	0.000111	-6.605***	-8.200***	4.031***	1.548***	21.144***
	后	0.000134	0.000089					
ARV	前	0.0000910	0.000037	-2.160489**	-1.638	1.095	7.713***	5.327**
	后	0.0001512	0.000102					

4月6日前后60天检验结果

类别	时间	均值	方差	均值相等检验方法			方差相等检验方法	
				t值	M-W法 Z值	K-S法 Z值	F值	BFLF值
R	前	-0.0000033	0.00046	0.638	-4.184***	6.112***	1.755***	511.014***
	后	-0.0000074	0.00061					
GK	前	0.000154	0.000255	-14.280***	-31.517***	13.750***	3.605***	45.281***
	后	0.000188	0.000134					

续表

4月6日前后60天检验结果

类别	时间	均值	方差	均值相等检验方法			方差相等检验方法	
				t值	M－W法 Z值	K－S法 Z值	F值	BFLF值
ARV	前	0.000191	0.000137	-3.797***	-3.921**	2.008***	1.789**	2.547
	后	0.000304	0.000184					

4月6日前后1年检验结果

类别	时间	均值	方差	均值相等检验方法			方差相等检验方法	
				t值	M－W法 Z值	K－S法 Z值	F值	BFLF值
R	前	0.0000045	0.000611	0.236	-3.617***	4.525***	1.172***	336.894***
	后	0.0000037	0.000564					
GK	前	0.000193	0.000187	21.417***	-18.294***	7.525***	2.264***	154.984***
	后	0.000173	0.000124					
ARV	前	0.000337	0.000285	3.568***	-2.494**	1.710***	2.793***	14.685***
	后	0.000259	0.000171					

"***"表示在1%水平上显著,"**"表示在5%水平上显著,"*"表示在10%水平上显著。

5 分钟数据的分析结果类似。从表 2 – 16 的结果可以清晰地看到，总体上，无论短期、中期和长期的分析结果与第二章第二节二中对应内容除具体数据不同外，无论从收益率方差、GK 波动率均值、ARV 均值相等性检验结果上看，还是从 GK 波动率和 ARV 的变化率检验结果上看，沪深 300 现货指数波动率在 4 月 6 日前后的变化特征都与沪深 300 股指期货推出前后的变化特征极为类似，唯一存在差异的地方就是短期（15 天）ARV 非参数统计量检验值不显著，这可能是短期内股指期货推出加大了现货市场波动的唯一证据，但综合其他检验结果，并没有绝对的定论。短期内在宏观经济政策变化的影响下，沪深 300 现货市场价格波动率显著上升；中期内在宏观经济政策变化的影响下，沪深 300 现货市场价格波动率虽然显著上升，但波动率变化程度减弱；长期内在宏观经济政策变化的影响下，沪深 300 现货市场波动率显著下降。短中期的结果与大多数对股市利空政策的研究较为相符，利空宏观经济政策的出台的确会加剧股市的波动，并配合市场指数下跌的趋势，因此，从逻辑上看，在相同时间段将现货股票市场的波动加剧归咎于股指期货的推出是一个悖论，尤其是在投机限制和严控操纵的期货制度设计较为完善的情况下，更不可能将市场波动加剧归因于股指期货的推出，即使股指期货推出影响预期而由羊群效应引致股市波动加剧，也仅能解释为短期内各种利空信息（包括利空宏观经济政策）的短暂叠加。长期来看，如果利空的宏观经济政策不断密集出台，将继续导致股市的波动加剧，在此情况下市场波动率反而下降，必然需要某种稳定机制的存在，而在利好政策未正式出台前，股指期货则是重要的稳定机制。

从现货指数价格走势角度看，图 2 – 3 已经能够说明，在众多利空政策的背景下，股市呈下降趋势，从各种政策出台的时间段来看，更不能将股市的下降趋势归咎于股指期货的推出。

同时，从反向看，也没有完美的证据来证明股指期货的推出没有加剧现货市场波动和对现货市场助涨助跌。因此，综合而言，股指期货推出不是标的物现货市场波动率变化的充分必要条件，在没有明确证据的条件下，股指期货推出最多为现货市场波动率变化的充分条件。

二　基于重大宏观经济事件分段的股票现货指数波动率变化的海外市场定性分析[①]

依据前述逻辑，本节将与股指期货推出时间段基本相同的，可能影响部分主要海外股指期货标的物股票市场的重大宏观经济事件进行了梳理（如表 2 - 17 所示）。

表 2 - 17　股指期货推出时段主要海外股指期货标的物指数
市场相关重大宏观事件对照

海外股指期货合约及标的指数名称	推出时间	推出前后现货市场表现		推出时间段重大宏观事件
		推出后波动率变化	推出前后走势（中长期）	
S&P 500	1982 年 4 月 21 日	增加	前降后升	1982 年 3～4 月，美联储将联邦利率 15% 大幅下调至 13%
日经 225	1986 年 9 月 3 日	增加	前后均升	1986 年 1 月至 1987 年 2 月日本政府将基准利率 4.5% 连续四次大幅下调至 2.5%

---

① 本节部分论述参考了袁鲲《股指期货推出对现货市场走势的影响》，《中国金融》2010 年第 1 期。

续表

海外股指期货合约及标的指数名称	推出时间	推出前后现货市场表现		推出时间段重大宏观事件
		推出后波动率变化	推出前后走势(中长期)	
恒生指数	1986 年 5 月 6 日	减小	前后均升	1986 年 3 月 27 日,四家交易所正式合并组成香港联合交易所,大量吸引海外投资
Kospi 200	1996 年 5 月 3 日	无显著变化	前升后降	经济拐点出现,同时伴随亚洲金融危机发生
S&P CNX Nifty	2000 年 6 月 12 日	减小	前升后降	通胀率高企,2000 年 2～8 月连续调高存款准备金率至 14.5%
国企指数	2003 年 12 月 8 日	减小	前升后降	2003 下半年 SARS 禁令解除,国际大宗商品价格飙升,2004 年中国内地加息进行宏观调控
A50 指数	2006 年 9 月 6 日	增加	前后均升	A50 期货交易规模仅为上证股票交易规模 0.02%,且中国 A 股并未对外开放

注:此处只列出两个成熟市场和两个相对新兴市场的证据,其他市场同样能够列举类似证据。

从表 2－17 中可以看出,首先,不同市场在股指期货推出前后的不同变化表现,表明股指期货推出与标的物现货市场价格波动率变化及走势没有必然联系。其次,不可能排除重大宏观经济事件对股票现货市场的影响,相反,股票市场较为准确地反映了宏观经济背景及政策调控结果,且类似宏观经济事件发生后的股票市场反应具有较高一致性,这一点大多数股市事件研究文献结论都具有一致性。可见,宏观经济及政策出台事件对股票市场的影响较为明显,也是股票市场表现变化的更为重要的原因。综合而言,主要海外市场的证据支持了第二章第一节三的结论。

第四节　两种分段方式实证结果比较分析结论

综上所述，在不考虑其他因素影响的前提下，单利用统计检验和时间序列模型方法对股指期货推出前后不同时间跨度的股票现货市场价格波动率及走势进行实证分析，可以看到股指期货推出对现货股票市场波动及走势产生了一定的影响，但不同市场、不同时间跨度具有不同的具体影响结果，可能表现为现货市场波动率的上升、下降或无显著变化，这与股指期货推出前的市场走势和相关宏观经济基本面以及不同市场的微观结构、制度设计具有一定的联系，同时，也与分析所使用的方法具有密切关系。一般而言，没有完整和一致的证据支持股指期货的推出与现货市场价格波动和走势之间具有因果关系，股指期货推出并不是现货市场波动和走势变化的充分必要条件，而与股指期货推出时期相近的重大宏观经济事件是股票现货市场波动和走势变化的更为重要的原因与基础，股指期货的推出在短期内与其他重要影响因素叠加可能对现货市场产生一定影响，至多是现货市场波动及走势变化的充分条件。

与海外主要市场比较后，在多方法、高低频数据结合及多时间跨度比较的实证分析基础上，中国内地股指期货推出前后期现市场关系具有如下特征。

（1）沪深300股指期货推出在短期、中期、长期对现货市场价格波动率的影响是不同的。短期股指期货推出加大了现货市场价格的波动性；中期略微加大现货市场价格波动性，但无显著影响；长期看，股指期货推出充分发挥了风险规避功能，较好地平抑了现货市场的波动，降低了现货市场价格的波动性。

（2）对于短期分析结果，由于我国股指期货每日结算价的计算采用合约最后一小时成交量的加权平均价计算，因此，首先，基本可以排除利用两市操作套利导致现货市场波动加大的可能性；其次，由于机构大户套期保值通常以做空为主，并可能出现资金的转移，可能导致市场波动加剧，但推出15天内机构未入市，其影响可以排除；未产生大量资金由现货市场转移至期市场的现象。因此，最有可能的解释是上文文献综述中以及本章开篇提到的市场跟风以及投资者预期所致，而且当机构大户未参与股指期货交易时，市场交易数据本身不能反映真实的参与者行为，因此，不具说服力。

（3）对于中期分析结果，即使股指期货合约上市初期存在导致现货市场异常波动的套利、投机以及资金转移效应，随着包括机构交易者在内的交易认知度与成熟度不断提高，股指期货本身的制度优势开始显现，也即期货的财富效应显现，投资者尤其是机构投资者可以利用股指期货进行保值等操作，而不用频繁调整现货仓位而达到投资目的，从而使投资者尤其是机构大户投资者参与现货市场（尤其是权重股）的热情提高，股指期货市场反而开始起到稳定现货市场价格的作用。

（4）对于长期分析结果，股指期货合约的推出不但没有增加现货市场的价格波动，反而降低了现货市场价格波动，证明了股指期货应有的理论功能，也说明了我国股指期货市场制度设计的合理性以及股指期货投资者的理性。

（5）同其他市场类似，从股票现货市场走势角度，虽然中国内地股票现货市场中长期在股指期货推出前后呈下跌、略微上涨盘整再下跌的态势，但股指期货推出并不是这种走势的充分必要条件和主要原因。总体而言，股指期货推出前后中国的宏观经济背景与事件才是更为主要的原因。

第五节　小结

本章通过利用高低频数据结合的波动率统计检验与改进的时间序列模型，多角度实证了中国内地股指期货推出与现货市场价格波动的关系，统计检验方法与模型分析方法结论基本一致。同时，利用基于重大宏观经济事件分段的定量、定性方法进一步研究了这一关系的更为深入合理的性质，并在与海外主要市场比较分析的基础上得出了关于此问题基于实证角度和一般性的结论，突出了中国内地市场的特征。股指期货推出前后股票现货市场价格波动和走势变化在实证上没有唯一一致的结论，一般的，没有完整和一致的证据支持股指期货的推出与现货市场价格波动和走势之间具有因果关系，股指期货推出并不是现货市场波动和走势变化的充分必要条件。从统计分析方法与模型方法结果来看，沪深 300 股指期货推出在短期加大了现货市场价格的波动性，中期略微加大现货市场价格波动性，但无显著影响；长期看，股指期货推出充分发挥了风险规避功能，较好地平抑了现货市场的波动，降低了现货市场价格的波动；非对称 EGARCH 模型系数在推出后的变化表明，股指期货推出后利好、利空信息冲击对于沪深 300 现货市场的影响有所减弱，股指期货通过自身功能发挥平滑了现货市场由于新息冲击而带来的波动性；现货市场新旧价格波动相关性减小，波动反映了更多信息，说明波动更趋于随机游走，也即市场更为有效。关于股指期货推出前后期现市场关系的研究应更为细致地深入指数权重股、非权重股、其他现货指数产品如 ETF 等与股指期货市场的关系上，同时，也应更为深入地比较股指期现货市场两类制度的关系。这些都是本书研究的不足与今后待完善之处。

第三章　合约到期日股指期现货市场波动关系实证研究

合约到期日股指期货与现货市场价格波动关系及到期日效应（Expiration Effect），是指股指期货合约到期时发生的由于交易中买卖失衡而导致标的股票价格和交易量暂时扭曲（异常变动）的现象。第一章实证文献回顾部分对已有结论进行了总结，显然，到期日效应是股指期现货价格波动影响关系的一个典型体现。

我国对到期日效应的研究刚刚开始，目前涉及此问题的研究大多以券商报告的形式出现，且主要以定性分析与国外样本实证为主，以我国股指期货正式推出后的数据为基础的实证研究极为少见。因此，本书侧重在我国股指期货合约到期日效应的实证基础上，结合与同期海外主要市场到期日效应实证结果的比较分析来阐述目前到期日效应的主要特征，并通过相关制度比较对实证比较结果进行尝试性的原因分析。

本章结构如图 3 – 1 所示。

第一节　到期日效应实证方法选择与样本数据说明

本书将股指期货合约到期日效应实证方法同第二章实证方法

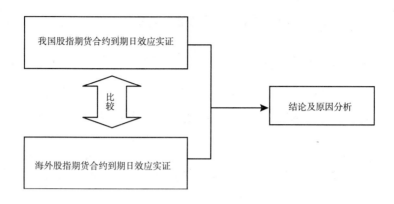

图 3 - 1　第三章结构

一样分为两个部分，即统计检验方法和模型分析方法。借鉴国内外文献的结论，实证内容主要围绕 3 个假说展开，第一为关于股票现货市场成交量在到期日的异常表现；第二为到期日前后，股票现货市场价格反转的表现；第三为到期日前后，股票现货市场价格波动率变化的表现。此处本书扩大了合约到期日前后股指期货与现货市场价格波动关系的内涵，包括了价格波动关系本身，并将其扩展至价格反转以及成交量的波动问题。考虑到国内对此问题的实证研究极少并处于起步阶段，因此，本书在对国外相关领域实证方法进行一定改进的基础上，拟为国内股指期货到期日效应研究提供一个分析框架。

实证方法选择和改进的思路其实较为直观与清晰，关键问题在于方法设定的可靠程度。到期日效应的实证围绕一个中心思想，即将到期日或到期日前后的股票现货市场高低频数据、指标与非到期日的数据、指标进行对比。而方法设定的可靠性来源于检验或模型设定时考虑的影响因素是否相对全面以及各种方法、不同角度的比较使用。

一 到期日效应统计检验方法选择

依据上文描述,基于检验指标将到期日效应的统计检验分析分为 3 个部分,即与股票现货市场交易量指标、股票现货市场价格反转指标和股票现货市场价格波动率指标相对应的到期日效应统计检验分析。

(一) 基于股票现货市场交易量指标的到期日效应统计检验方法

(1) 交易量增长率检验。根据 Bollen 和 Whaley (1999) 的论述,股指期货合约到期日,股票现货市场交易量增长率与非到期日不同。在计算到期日、非到期日股票现货市场交易量的日增长率基础上,对两个序列进行了均值 t 检验,检验两个序列均值是否相等。对增长率序列进行统计描述,计算两个序列的均值与方差并判断两个序列的分布函数,然后根据分布函数特点选择均值相等检验方法。本书也按此步骤对现货交易量进行检验,但进行了一定的改进。首先,根据所能获得的数据,只有成交量指标的数据使用成交量序列进行检验,而有成交额指标的使用成交额序列进行检验,这主要考虑到很多市场因为总流通股本数量经常受到股票 IPO、增发、配股及解禁等因素影响导致成交量指标的非内生波动干扰增加,从而不能较好地反映市场因真实需求变化而带来的真实交易量波动。使用成交额指标则能较好解决这一问题①。其次,在均值检验方法上除了传统的 t 检验外,根据序列分布情况采用了非参数检验方法。由于均值检验方法都较为成熟②,故

---

① 大量外盘股票指数可获得的数据只有成交量指标。
② 非参数检验方法第二章中已介绍。

在此只定义成交量（额）增长率指标，而不具体介绍均值检验方法。

定义股票现货市场成交量（额）增长率指标为：

$$DAMO_t = \frac{AMO_t - AMO_{t-1}}{AMO_{t-1}} \qquad (3-1)$$

其中，$DAMO_t$ 为成交量（额）增长率，AMO_t 为第 t 日收盘成交量（额），AMO_{t-1} 为第 $t-1$ 日收盘成交量（额）。按此式计算到期日、非到期日成交量（额）增长率序列，然后进行均值检验。

本法除利用 t 检验外，还使用了第二章中介绍过的非参数检验方法及 BFL 法来考虑非正态分布情况下成交量（额）增长率方差来进行比较，但结论仍然可能不可靠，因为其不能考察其他对影响交易量波动的影响因素，如节日效应等微观因素以及流动性收紧等宏观因素。

（2）相对交易量（额）检验。根据 Stoll 和 Whaley（1997）的论述，在股指期货合约到期日，股指期货合约最后交割价确定之前，股票现货市场相对交易量与非到期日不同。在计算相对交易量的基础上，对到期日与非到期日相对交易量进行均值相等检验。相对交易量定义为股指期货到期日最后交割价确定前半小时的股票现货交易量占当日总交易量的比例，非到期日也以相同时段的现货交易量占非到期日当日总交易量的比例作为相对交易量。此方法要求使用日内高频数据，本书考虑在数据可获得情况下，使用该方法对部分市场进行检验。对交易量序列的选择参照前面的交易量增长率检验。

定义现货市场相对交易量（额）为：

$$RAMO_t = \frac{AMO_t^{fsp30}}{AMO_t^{day}} \qquad (3-2)$$

其中，$RAMO_t$ 为现货市场相对交易量；AMO_t^{fsp30} 为股指期货到期日最后交割价确定前 30 分钟的股票现货交易量或非到期日相同时段的现货交易量；AMO_t^{day} 为到期日或非到期日当日的股票现货市场总交易量。分别计算到期日和非到期日两个相对交易量序列，然后进行均值相等检验。此方法结论同样较为粗糙，因为仍然没有考虑其他影响交易量的因素。

（二） 基于股票现货市场价格反转指标的统计检验方法

根据 Stoll 和 Whaley（1991） 的论述，套利交易在股指期货到期日将引起股票现货市场收益率的短暂异常波动，随着套利时股票及组合的频繁交易，现货市场价格指数将出现反转。应用对比最后交易日①当日结算价开始确定之前若干分钟的股票现货指数收益率与最后交易日次日股票现货指数开盘收益率进行符号对比来确认价格是否反转，如果两个收益率符号相反则发生反转，反之则未发生反转。如果价格反转，则是由期现套利引起的，未反转则是正常信息导致的波动持续效应。参照 Stoll 和 Whaley（1991） 的方法，并依据本书所能获得的数据，使用对原方法简单改进的方法进行股票现货市场价格反转指标检验。

定义高频数据股票现货价格反转指标为：

$$HPREV_t = \begin{cases} 1 & \text{if } IHR_{t+1} > 0, \text{when } IHR_t < 0; \text{or if } IHR_{t+1} < 0, \\ & \text{when } IHR_t > 0 \\ 0 & \text{if } IHR_{t+1} > 0, \text{when } IHR_t > 0; \text{or if } IHR_{t+1} < 0, \\ & \text{when } IHR_t < 0 \end{cases}$$

$$(3-3)$$

---

① 最后交易日可能与最后结算日相同，也可能不同，以各国市场股指期货合约规定为准。

其中，$HPREV_t$ 为反转指标；IHR_{t+1} 为第 t 日次日现货指数开盘收益率；IHR_t 为第 t 日股指期货合约结算价确定之前 30 分钟现货指数收益率。$HPREV_t = 1$，表示出现反转；$HPREV_t = 0$，表明未出现反转。IHR_{t+1}、IHR_t 具体定义为[①]：

$$IHR_{t+1} = \ln P_{t+1}^{open} - \ln P_t^{close} \qquad (3-4)$$

其中，P_{t+1}^{open} 为第 t 日次日现货指数开盘价；P_t^{close} 为第 t 日现货指数收盘价。

$$IHR_t = \ln P_t^{bsp30close} - \ln P_t^{bsp30open} \qquad (3-5)$$

其中，$P_t^{bsp30close}$ 为第 t 日期货合约结算价开始确定前 30 分钟现货指数收盘价；$P_t^{bsp30open}$ 为第 t 日期货合约结算价开始确定前 30 分钟现货指数开盘价[②]。

在价格反转指标序列计算的基础上，当第 t 日为某合约最后交易日时，可以获得合约到期日现货价格反转指标；当第 t 日为非合约到期日其他正常交易日时[③]，可以获得现货指数相应时段正常价格反转指标。根据到期日现货价格反转指标可以分析到期日效应的具体微观表现；而现货指数相应时段正常价格反转指标用于与到期日现货价格反转指标进行对比检验，即计算反转比例

---

① 原方法使用了简单净收益计算收益率，考虑到对数收益率的良好统计性质，本书修改为自然对数收益率。

② 考虑到许多市场不是以股指期货合约日收盘价作为结算价，而是以收盘之前若干时间段的合约加权平均价作为收盘价，此处对收益率计算进行了改进，但未改变原方法含义。

③ 据文献，现货指数价格正常反转指标可定义为对应期货合约到期日前一个或两个星期之前的指标值，但并未设定具体周期，可视情况调整，本章使用剔除最后交易日次日反转指标后的剩余全样本进行正常反转指标计算。

进行对比以确定合约到期日效应的存在性，同时，本章使用存在反转时的反转程度指标计算到期日与非到期日现货指数反转程度，在此基础上，进行相等性检验具体判断反转程度的大小，从而证明到期日反转程度是否和非到期日反转程度存在显著差异，更进一步说明到期日效应的存在性及具体表现。反转比例及反转程度指标计算定义如下：

$$RREV = \frac{1}{n} \sum_{t=1}^{n} HPREV_t \times 100\% \qquad (3-6)$$

其中，$RREV$ 为反转比例；$HPREV_t$ 为上述的反转指标；n 为研究对象反转指标数量；这里 t 为第 t 个研究对象，如第 t 个最后交易日。按此公式分别计算到期日和非到期日的反转比例后进行比较。

$$SREV_t = |IHR_{t+1}| - |IHR_t|, \ when \ HPREV_t = 1 \qquad (3-7)$$

其中，$SREV_t$ 为第 t 日的反转程度指标；IHR_{t+1}、IHR_t 同上述定义，同时取绝对值。分别计算 t 为最后交易日和非到期日的反转程度指标后进行相等性检验。

定义低频数据股票现货价格反转指标为[①]：

$$LPREV_t = \begin{cases} 1 & if \ ILR_{t+n} > 0, when \ ILR_t < 0; or \ if \ ILR_{t+n} < 0, \\ & when \ ILR_t > 0 \\ 0 & if \ ILR_{t+n} > 0, when \ ILR_t > 0; or \ if \ ILR_{t+n} < 0, \\ & when \ ILR_t < 0 \end{cases}$$

$$(3-8)$$

---

① 此方法是在原方法上结合低频数据的改进方法。

其中, $LPREV_t$ 为反转指标; ILR_{t+n} 为第 t 日之后 n 日现货指数收益率; ILR_t 为第 t 日现货指数收益率。同样, $LPREV_t = 1$, 表示出现反转; $LPREV_t = 0$, 表明未出现反转。ILR_{t+n}、ILR_t 具体定义为:

$$ILR_{t+n} = \ln P_{t+n}^{open} - \ln P_t^{close} \qquad (3-9)$$

其中, P_{t+n}^{open} 为第 t 日之后 n 日现货指数开盘价; P_t^{close} 为第 t 日现货指数收盘价。

$$ILR_t = \ln P_t^{close} - \ln P_t^{open} \qquad (3-10)$$

其中, P_t^{close} 为第 t 日现货指数收盘价; P_t^{open} 为第 t 日现货指数开盘价。

同样, 在价格反转指标序列计算的基础上, 当第 t 日为某合约最后交易日, $t+n$ 为某合约最后结算日时[①], 或当最后交易日与最后结算日为同一天时, $n=1$, 即最后交易日 (最后结算日) 次日时, 可以获得合约到期日现货价格反转指标; 当第 t 日为某合约到期日前一星期或两星期某交易日, $t+n$ 为与该合约最后结算日与最后交易日间隔等步长的交易日时, 可以获得现货指数相应时段正常价格反转指标。同样, 根据到期日现货价格反转指标可以分析到期日效应的具体微观表现; 而现货指数相应时段正常价格反转指标用于与到期日现货价格反转指标进行对比检验, 对比检验方法同高频数据反转检验。当然, 使用低频数据的统计检验方法要比基于高频数据的统计分析方法结论粗糙。

---

① 不同国家股指期货市场的最后交易日与最后结算日间隔不同, 因此, 用 $t+n$ 来表示这种间隔关系。

（三）基于股票现货市场价格波动率指标的统计检验方法

关于股指期货到期日股票现货市场价格波动率指标的统计检验基于时间序列的基本统计检验方法，关键问题在于对波动率指标的选择。在第二章中已对本书使用的收益率、波动率指标进行了较为详细的描述，在此只对本章波动率指标的选择进行讨论，而不对指标本身重复进行描述。

基于股票现货市场价格波动率指标的到期日效应统计分析的基本思路也较为简单，即在计算股指期货合约到期日与非到期日的股票现货指数波动相关指标的基础上进行均值或方差相等性检验。结合数据可获得性，必须比较多个波动率指标后，才能获得较为可靠的结论。同样，使用高低频数据的统计方法不尽相同。

结合低频数据使用，选择日收益率指标和 Garman-Klass 波动率指标进行统计分析。首先分别计算合约到期日（最后结算日）和非到期日现货指数对数收益率[1]，其次进行均值和 BFL 方差相等性检验。其次，分别利用合约到期日当日和非到期日现货指数开收盘及最高最低价格计算 Garman-Klass 波动率，然后进行均值 t 检验、非参数检验和 BFL 方差相等性检验[2]。结合高频数据使用，选择 ARV 波动率指标进行统计分析。首先分别计算合约到期日（最后结算日）和非到期日现货指数日内高频收益率，其次计算各自的 ARV 波动率，最后进行均值和 BFL 方差相等性检验。

二 到期日效应模型分析方法选择

在到期日效应的统计检验方法中，很难考察其他因素对股票

---

[1]　合约到期日与非到期日现货指数收益率序列长度可相等或不等。

[2]　波动率的方差应理解为波动率的变动程度。

现货指数波动的影响，而忽略如交易量、股票市场周期效应以及宏观经济等其他重要因素对股票现货指数波动的影响，会使得结论的可靠程度大为降低，因此，统计检验方法的粗略性是无法避免的。考虑到这些因素，近期的大多数文献已经将其他因素作为解释变量引入模型的分析中，以控制这些因素对到期日效应模型分析的干扰。本书在借鉴主要文献方法的基础上，尽可能考虑其他影响因素对模型分析的影响，对部分原有方法进行了有益的改进。总结已有文献，到期日效应模型分析方法分为两部分，一是基于现货指数成交量模型的分析，二是基于现货指数波动率模型的分析。

（一）基于现货指数成交量模型的到期日效应分析

根据 Illueca 和 Lafuente（2006）的论述，现货指数成交量在对应股指期货合约到期日与周末可能存在异常的波动，并构建了趋势平滑交易量的自回归分布滞后模型，引入关于到期日和周末效应的虚拟变量，进行了以西班牙股票指数为样本的实证研究。本书对该方法进行了一定的改进。考虑到自回归模型对残差的非自相关假设过于苛刻，同时，为控制其他因素的影响，本书将模型设定为 $ARMA（p，q）$ 模型形式[①]，即：

$$VOL_t = \alpha + \beta_1 D_1 + \beta_2 D_2 + \sum_{i=1}^{p} \gamma_i VOL_{t-i} + \sum_{j=1}^{q} \lambda_j \varepsilon_{t-j} \quad （3-11）$$

其中，VOL_t 为股票指数现货日平滑成交量[②]，具体为：

$$VOL_t = \frac{VOL_t^{day}}{\dfrac{1}{N} \displaystyle\sum_{k=-\left(\frac{N-1}{2}\right)}^{\frac{N-1}{2}} VOL_{t+k}^{day}} \quad （3-12）$$

---

① 对移动平均项的描述可参见第二章的相关讨论。同时，滞后阶数采用 AIC 等方法确定。
② 考虑对数成交量的良好统计性质，也可以取对数成交量。

VOL_t^{day} 为第 t 日日交易量；N 为序列趋势的观察值数，日数据取 $N=31$，该式给出了去掉趋势后的成交量序列，通常为平稳序列①；D 为虚拟变量，

$$D_1 = \begin{cases} 1 & \text{到期日} \\ 0 & \text{非到期日} \end{cases}$$

$$D_2 = \begin{cases} 1 & \text{星期五} \\ 0 & \text{其他天} \end{cases}$$

最后两项为 AR 项和 MA 项。

模型通过系数 β_1 的估计和显著性来观察到期日成交量有无异常波动。该模型的不足在于未充分考虑财富效应及价格波动对成交量的影响，但其提供了一种探讨到期日效应的方式。

（二）基于现货指数波动率模型的到期日效应分析

Karolyi（1996）、Stoll 和 Whaley（1997）、Chow 等（2003）利用无条件波动率，检验了到期日日内数据与相对应的非到期日数据之间的差异，但无条件波动率模型在解释变量中只设定了关于到期日、周末效应及季节性的虚拟变量，忽略了成交量等重要解释变量，使得结论可靠性大打折扣。Illueca 和 Lafuente（2006）同时使用无条件与条件波动率模型分析了到期日效应，发现条件波动率模型结果优于无条件波动率模型。Tauchen 和 Pitts（1983）、Karpoff（1987）、Amdersem（1996）从不同角度研究了信息到达、交易量与证券价格波动率之间的关系，指出证券价格波动率与滞后成交量之间存在正相关关系。因此，之后文献大多数将成交量作为条件波动率模型中的解释变量。随着 ARCH 类模型的发展与完善，使用低频数据对波动率的估计与分

---

① 在实际估计时，可以使用 Holt-Winters 指数平滑法去除趋势。

析大多采用了此类模型。由于 ARCH 类模型充分考虑了异方差和波动集聚等问题，相对于其他模型的结论更具可靠性，因此，后期国内外文献利用股票现货价格波动率对到期日效应的分析基本都使用了该方法及其变形，Illueca 和 Lafuente（2006）的研究也使用了该方法。本书参考了这些文献所使用的方法，并结合数据获得情况，选择考虑成交量因素的两个条件波动率模型以及改进的 GARCH 模型对到期日效应进行实证。

1. 使用低频数据的条件波动率模型

$$CV_t = \alpha + \beta_1 D_1 + \beta_2 D_2 + \sum_{i=1}^{p} \gamma_i VOL_{t-i} + \sum_{i=1}^{p} \delta_i CV_{t-i} + \varepsilon_t$$

$$(3-13)$$

其中，CV_t 为第 t 日股票现货指数的 Garman-Klass 波动率；VOL_{t-i} 为滞后的股票现货指数日成交量增长率；CV_{t-i} 为滞后的股票现货指数的 Garman-Klass 波动率；D_1、D_2 与式（3-11）的定义相同。模型为 $AR(p)$ 形式。

2. 使用高频数据的条件波动率模型

$$ARV_t = \alpha + \beta_1 D_1 + \beta_2 D_2 + \sum_{i=1}^{p} \gamma_i VOL_{t-i} + \sum_{i=1}^{p} \eta_i ARV_{t-i} + \varepsilon_t$$

$$(3-14)$$

其中，ARV_t 为第 t 日股票现货指数的日内调整已实现波动率[①]；VOL_{t-i} 为滞后的股票现货指数日间成交量增长率；ARV_{t-i} 为滞后的股票现货指数的日内已实现波动率；D_1、D_2 与式（3-11）的定义相同。模型也为 $AR(p)$ 形式。

――――――――――

① 日内已实现波动率估计同第二章相关描述。

为与 GARCH 模型结果比较，方法①、②均使用 Newey-West 异方差、自相关一致协方差方法估计①。

同时，方法①也可使用高频数据。使用高频数据时，VOL_{t-i} 为日内等间隔高频成交量增长率。

3. 改进的 GARCH 模型

综合考虑成交量因素以及为控制其他未考虑到的因素，均值方程使用 $ARMA$（p，q）形式，并加入当期及滞后成交量作为解释变量，即：

$$R_t^{si} = c + \sum_{i=1}^{p} \varphi_i R_{t-i}^{si} + \sum_{n=0}^{p} \lambda_i VOL_{t-n}^{si} + \sum_{j=0}^{q} \eta_j \varepsilon_{t-j}^{si} \qquad (3-15)$$

其中，R_t^{si} 为现货指数日收益率；$\sum_{i=1}^{p} \varphi_i R_{t-i}^{si}$、$\sum_{j=0}^{q} \eta_j \varepsilon_{t-j}^{si}$ 分别为 AR 项和 MA 项；VOL_{t-n}^{si} 为当期及滞后的现货指数日成交量增长率。

在考虑到期日、周末效应以及非对称效应的基础上将方差方程设为带虚拟变量的 EGARCH 模型形式，即：

$$\ln(\sigma_t^2) = \omega + \beta_1 D_1 + \beta_2 D_2 + \alpha \left| \frac{\varepsilon_{t-1}}{\sigma_{t-1}} \right| + \gamma \frac{\varepsilon_{t-1}}{\sigma_{t-1}} + \beta \ln(\sigma_{t-1}^2)$$

$$(3-16)$$

其中，D_1、D_2 与式（3-11）的定义相同，其他各变量与第二章对 EGARCH 模型的描述相同。同时，以上各收益率、增长率序列均采用对数差分形式计算。

同样，以上 3 个模型通过系数 β_1 的估计和显著性来观察到期日成交量有无异常波动。

---

① 参见高铁梅主编《计量经济分析与建模——EViews 应用及实例》，清华大学出版社，2009，第 2 版，第 106~107 页。

三　样本数据说明

中国内地市场使用所有方法分析，其他海外市场视数据获得情况进行相应分析。从本章开始，选取日经 225 股指期货、恒生指数期货、恒生国企指数期货、新加坡 A50 股指期货合约及其标的物样本进行实证，并与中国内地沪深 300 股指期现货实证结果进行比较（以下二级标题均简称为中外比较）。一方面，以多市场证据揭示所讨论的股指期现货价格波动影响关系问题；另一方面，在比较基础上突出中国内地股指期现货关系及尽量阐述产生这种关系差异的微观结构特征。

比较样本选择的依据主要考虑样本指数及期货在全球股指期货市场的代表性，以及与中国内地市场的关联性。一方面，样本指数及期货代表了区域及全球主要成熟股指期现货市场的特征。日经 225 股指期货、恒生指数期货及其标的物指数都具有推出时间早、成交量大、流动性高的特征，比较符合研究目的。日经 225 股指期货、恒生指数期货不仅具有上述特征，而且与中国同处亚洲，又能体现出时区及经济上的较高关联性。本书选取这两个样本指数及期货来代表和体现世界主要成熟股指期货市场及其运行特征，并与新兴中国市场进行比较。另一方面，由于证券市场微观结构以及宏观经济背景的较大差异，中国内地股指期现货市场与欧美等主要股指期现货市场的比较可能存在可比性及比较意义上的弱点。例如，股指期现货市场价格所包含信息所涉及的背景、事件、经济发展阶段及法律基础等宏观层面的冲击具有重大差异，指数权重股所涉及的企业在性质、规模、发展阶段等方面的巨大差异，以及证券期货市场交易机制、市场参与者构成等微观结构的较大差异，都会使比较的价值有所降低，因此，与中国内地市场具有较高关联性，包括在经济贸易、时区等宏观层面上的关联性，以及在指数权重股涉及企业在交易机制等微观方面存在相似性的市场样本选择，必然提升比较的价值及意义。同时，可以尽量降低其他因素对股指期现货市场关系的影响，而且更能在对比中体现出中国内地市场的特征。恒生指数期货、恒生国企指数期货、新加坡 A50 股指期货合约及其标的物样本较好地体现了上述关联性特征，其中又以恒生指数期货、恒生国企指数期货、新加坡 A50 股指期货合约及其标的物与中国内地市场的关联尤为突出，因为其标的物指数权重股就包含中国内地上市企业或海外上市企业[①]。综合代表性以及与中国内地市场的关联程度，本书选择上述 5 个期货合约及标的物指数进行实证比较[②]。

考虑到各个市场的发展变迁以及本书对股指期现货关系问题的研究时点及可比性，各个市场数据样本都选择近期或与中国内地股指期货市场交易时间尽量趋同的数据进行实证。本章数据选择具体为见 3 - 1。

表 3 - 1　到期日效应实证样本说明

合约标的物	高频数据			低频数据		
	频率	时间跨度	数据个数	频率	时间跨度	数据个数
沪深 300	1 分钟	2010 年 4 月 16 日至 2011 年 11 月 25 日	94320	日间	2010 年 4 月 15 日至 2011 年 11 月 25 日	394
日经 225	5 分钟	2010 年 4 月 1 日至 2011 年 11 月 25 日	22960	日间	2010 年 4 月 1 日至 2011 年 11 月 25 日	410

---

① 较多的文献已经实证了这种关联性，而且对中国内地市场交易具有现实的指导意义，在此不一一列出，由于所选各合约较为普及与成熟，故在此节约篇幅，也不对每个合约进行描述。

② 本章及之后各章使用的比较样本选择均以此处的描述为基础。

续表

合约标的物	高频数据			低频数据		
	频率	时间跨度	数据个数	频率	时间跨度	数据个数
恒生指数	5 分钟	2009 年 9 月 15 日至 2011 年 11 月 28 日	32880	日间	2009 年 9 月 15 日至 2011 年 11 月 28 日	548
国企指数	5 分钟	2010 年 9 月 9 日至 2011 年 11 月 30 日	18360	日间	2010 年 9 月 9 日至 2011 年 11 月 30 日	306
A50 指数（A50ETF）[①]	5 分钟	2010 年 9 月 9 日至 2011 年 11 月 30 日	18360	日间	2010 年 9 月 9 日至 2011 年 11 月 30 日	306

注：数据个数是指每类数据的分别个数，含开盘价、收盘价、最高价、最低价、成交量、成交额。

①由于中国股票市场对海外投资者有严格限制，A50 股指期货与标的沪深 A 股无法进行直接套利，研究 A50 指数在此没有现实意义，同时，ETF 等指数产品可以等同于标的指数权重股的现货组合，相对于个股组成的组合，ETF 更能简便地实现期现组合的各种投资策略，因此，检验 ETF 产品的相关指标可能更能体现期现联动的特征。本书基于此特别选择 A50ETF 进行分析，以期对结论做一有效补充。

数据来源：沪深 300，中国金融期货交易所；其他样本，文华财经行情软件，并使用 Bloomberg 对部分缺失数据进行补充与修正。同样，沪深 300 高低频数据短期均为公开数据，可在大智慧或文华财经交易软件每周下载累积，其他样本数据均可在文华财经交易软件下载。

第二节 到期日效应中外样本实证检验结果及比较

一 各样本指数期货合约到期日及结算价确定方法

各样本指数期货合约到期日及结算价确定方法如表3－2所示。

表 3 - 2   各样本指数期货合约到期日及结算价确定方法

合约名称	最后交易日	最后结算日	结算价确定方法
沪深 300	合约到期月份的第三个星期五,遇法定节假日顺延	同最后交易日	最后交易日现货指数最后两小时所有指数点算术平均价
日经 225(SGX)	合约月份第二个星期五前一个交易日	最后交易日次日	特别开盘价
恒生指数	合约月份最后营业日前一个交易日	最后交易日次营业日	由结算公司(SEHK)计算决定的最后交易日每 5 分钟指数点平均价
国企(H 股)指数	合约月份最后营业日前一个交易日	最后交易日次营业日	由结算公司(SEHK)计算决定的最后交易日每 5 分钟指数点平均价
新华富时中国A50 股指期货	合约月份最后倒数第二个营业日	最后交易日次日	A50 指数精确到两位小数点的官方收盘价

资料来源:各期货合约交易所网站。

按表 3 - 2 各合约最后交易日确定各合约样本到期日进行各项实证分析。

二　到期日效应统计检验结果及比较

为节约篇幅,此处不一一列出原序列及按方法要求估计和计算的各序列统计描述,各序列经检验均不服从正态分布、同方差假设,因此,需具体列出均值检验的各项结果进行比较得出初步结论。各合约统计检验结果见表 3 - 3 至表 3 - 6。

从表 3 - 3 可以初步看出,除恒生指数的 t 检验和非参数 Mann-Whitney Z 检验值结果在 10% 水平上拒绝原假设外,其他各合约标的物检验均为接受了到期日、非到期日成交量增长率序列相等的原假设。初步说明,除恒生指数现货市场外,包括沪深 300 指数现货市场在内的各标的物现货市场均不存在股指期货合约到期日的成交量异常效应。虽然恒生指数现货市场的到期日成交量效应的存在性检验结果与众多已有文献结果一致，而且从成交量增长率均值上看，均值由非到期日的 - 0.00278 上升到到期日的 0.066674，说明恒生指数现货成交量在到期日明显放大，但 Kolmogorov-Smirnov Z 检验值和 BFL 检验值并不显著，而且仅从增长率序列统计检验结果得出结论并不完全可靠。其他结果同样需要进一步与其他方法的结果进行对比。

表 3 - 3　各合约到期日、非到期日标的物现货指数
成交量增长率相等性检验结果

样本指数	t 检验值	M - W 法 Z 检验值	K - S 法 Z 检验值	BFLF 检验值
沪深 300	- 0.76968 (0.441958)	- 0.543 (0.587)	0.680 (0.744)	0.32698 (0.567772)
日经 225	0.728401109 (0.466786)	- 0.252 (0.801)	0.665 (0.768)	0.007757 (0.929863)
恒生指数	1.881241* (0.060472)	- 1.723* (0.085)	0.997 (0.273)	0.106348 (0.744466)
国企指数	0.905513 (0.365913)	- 0.522 (0.601)	0.721 (0.677)	3.082163* (0.080166)
A50ETE	0.017704 (0.985891)	- 0.175 (0.861)	0.458 (0.985)	0.303435 (0.582278)

"＊＊＊"表示在 1% 水平上显著，"＊＊"表示在 5% 水平上显著，"＊"表示在 10% 水平上显著。"（）"内为相伴概率。

从表 3 - 4 可以进一步看出，沪深 300 现货指数市场 t 检验和两个非参数检验值都显著，国企指数现货市场和 A50ETF 市场 t 检验值在 10% 水平上显著，说明沪深 300 现货市场、国企指数现货市场以及 A50ETF 市场在最后交易日收盘前 30 分钟内，也就是构成估算确定合约最后结算价格时间区间的最后 30 分钟内，存在

表 3 - 4　各合约到期日、非到期日标的物现货指数相对
成交量相等性检验结果

样本指数	t 检验值	M - W 法 Z 检验值	K - S 法 Z 检验值	BFLF 检验值
沪深 300	2.107896 **	-2.358 **	1.625 ***	0.212269
	(0.035676)	(0.018)	(0.010)	(0.645251)
日经 225	-0.81929	-0.970	0.951	1.388337
	(0.415363)	(0.332)	(0.326)	(0.24262)
恒生指数	-0.77694	-0.579	0.601	1.000991
	(0.438909)	(0.562)	(0.863)	(0.319328)
国企指数	-1.98046 *	-1.255	0.773	1.072476
	(0.050639)	(0.209)	(0.589)	(0.303101)
A50ETF	1.786263 *	-1.272	1.077	2.397331
	(0.075397)	(0.203)	(0.196)	(0.122942)

"***"表示在 1% 水平上显著，"**"表示在 5% 水平上显著，"*"表示在 10% 水平上显著。"()"内为相伴概率。

现货成交量发生明显变化的概率。从均值上看，沪深 300 现货市场最后 30 分钟成交量当日占比从非到期日的 0.15556 上升到到期日的 0.168348；A50ETF 市场最后 30 分钟成交量当日占比也从非到期日的 0.121265 上升到到期日的 0.144267，但国企指数（H股）现货市场最后 30 分钟成交量当日占比却从非到期日的 0.219369 下降到到期日的 0.175428。首先，从成交量变化的数值上看，绝对变化值都不大；其次，结合成交量增长率来看，这种变化并未显著引起成交量较大异常变化，因此，结果具有不确定性。单从此结果看，可以用股指期货交易者在到期日进行现货仓位调整导致的跟风行为以及由于结算价设定方法带来的仓位调整困难导致的提前调整等多种原因解释，不能简单地解释为由到期日的期现货联动（套利）所造成。最为重要的是此结果还必须和价格效应结合起来，看是否量能变化造成价格剧烈波动或反转，

才能确认到期日效应的真实存在性。因为价格是结算依据，如果价格未发生显著异常变化，也就无法证实期现联动或操纵的存在，即量能变化并未改变价格走势，不能证明这种量能变化具有特定的目的和存在异常。因此，还需进一步采用价格指标相关方法来验证。

表 3 - 5　各合约到期日标的物现货价格反转检验结果

数据类别	样本指数	RREV（%）		到期日、非到期日 SREV$_t$ 均值检验			均值	
		到期日	非到期日	t 值	M - W 法 Z 值	K - S 法 Z 值	到期日	非到期日
高频数据检验	沪深 300	0.47	0.49	- 0.53988	- 0.562	0.967	0.000739	0.001609
	日经 225	0.64	0.51	- 0.35605	- 0.246	0.549	0.004818	0.005522
	恒生指数	0.80	0.52	- 1.66884 *	- 1.906 *	0.982	0.000964	0.010414
	国企指数	0.8	0.44	- 2.6569 ***	- 2.718 ***	1.429 **	- 0.00026	0.013874
	A50ETF	0.83	0.45	- 1.12752	- 2.119 **	1.342 *	0.002306	0.005209
低频数据检验	沪深 300	0.53	0.48	0.804303	- 0.933	0.897	- 0.002	- 0.00444
	日经 225	0.37	0.48	0.853182	- 0.693	0.698	0.00494	0.001102
	恒生指数	0.62	0.51	- 1.0227	- 1.181	1.011	- 0.002322	- 0.000023
	国企指数	0.53	0.46	3.6384 ***	- 3.946 ***	2.358 ***	0.008985	- 0.00694
	A50ETF	0.67	0.46	- 0.99027	- 1.420	1.129	- 0.00678	- 0.00249

"＊＊＊"表示在1%水平上显著，"＊＊"表示在5%水平上显著，"＊"表示在10%水平上显著。"（）"内为相伴概率。

从表 3 - 5 可以看出，综合高频数据价格反转各检验结果，除沪深 300、日经 225 指数外，其他样本现货市场到期日价格反转概率明显大于非到期日，而且恒生指数、国企指数和 A50ETF 现货市场的高频价格反转程度在到期日和非到期日存在相对显著的差异；同时，从低频数据价格反转检验结果上看，沪深 300 指数、日经 225 指数、恒生指数及 A50ETF 价格反转表现不明显，其中，沪深 300 现货市场的 RREV 指标虽然在到期日大于非到期日，但从均值绝对值上看，反转程度小于非到期日且不显著，日经 225 指数、恒生指数及 A50ETF 样本现货市场的到期日低频价格反转概率同样与非到期日相近。国企指数现货市场的价格反转程度在到期日和非到期日存在显著差异。因此，综合高低频价格反转指标的检验结果，国企指数现货市场存在到期日效应的概率最大，A50ETF 及恒生指数现货市场次之，而沪深 300 指数、日经 225 现货市场则基本不存在到期日效应。除价格反转指标外，还必须同时检验价格波动性是否存在异常表现才能相对更为全面地确认到期日的价格异常效应，检验结果如表 3 - 6 所示。

表 3 - 6　各合约到期日、非到期日标的物现货价格波动性检验结果

数据类别	样本指数	到期日、非到期日现货价格序列相等性检验				均　值	
		t 值	M - W 法 Z 值	K - S 法 Z 值	BFLF 值	到期日	非到期日
高频 ARV 检验	沪深 300	0.918548	- 0.534	0.567	0.860219	0.000255	0.00022
	日经 225	- 0.43451	- 0.183	0.537	0.216967	0.000162	0.000271
	恒生指数	- 0.65224	- 0.979	0.859	0.236004	0.000182	0.000225
	国企指数	- 0.40943	- 0.181	0.369	0.153237	0.000475	0.000552
	A50ETF	- 0.76555	- 0.247	0.643	1.289281	0.000271	0.000336
低频 GK 波动率检验	沪深 300	- 0.07064	- 0.580	0.856	0.870736	0.010609	0.010686
	日经 225	- 0.7579	- 0.735	0.727	0.635934	0.005922	0.006767
	恒生指数	0.165847	- 0.395	0.565	0.037185	0.007894	0.007765
	国企指数	- 0.24226	- 0.094	0.727	0.002416	0.011076	0.011432
	A50ETF	- 0.68957	- 0.597	0.614	0.050811	0.010381	0.011614
低频日收益率检验	沪深 300	0.131811	- 0.010	0.449	0.491269	0.0129	0.015008
	日经 225	0.322234	- 0.291	0.598	0.290455	0.012745	0.014628
	恒生指数	0.710131	- 1.269	0.933	0.094723	0.015747	0.013906
	国企指数	1.429062	- 1.705 *	1.077	2.642857 *	0.01057	0.018774
	A50ETF	0.300001	0.090	0.653	1.827368	0.009721	0.0168

"＊＊＊"表示在 1% 水平上显著，"＊＊"表示在 5% 水平上显著，"＊"表示在 10% 水平上显著。"（ ）"内为相伴概率。低频收益率均值为标准差值。

表 3 - 6 中，除国企指数现货收益率统计检验略微显著外，其他各指数现货市场价格波动率均未在到期日和非到期日存在显著差异，表明样本各现货市场均不存在到期日价格异常波动效应，各市场在价格波动性上均呈现成熟高效特征，但结合成交量及价格反转指标来看，部分市场并不能完全排除到期日效应的存在。

结合上述量价统计检验结果，单从统计检验角度，可以得出初步结论，即沪深 300 现货市场不存在到期日的成交量及价格异常效应，但从相对交易量及 RREV 统计指标上看，随着股指期货参与者数量结构发生变化，并不排除未来存在到期日效应的可能；日经 225 指数现货市场也不存在到期日成交量及价格异常效应；国企指数现货市场存在到期日效应的概率最大，A50ETF 及恒生指数现货市场次之。其中，国企指数、恒生指数现货市场存在成交量和价格异常效应的概率相对较大，A50ETF 市场次之，都弱于国企、恒生指数市场。到期日效应统计检验结果对方法选择具有一定的敏感度，而且未充分考虑其他因素对序列变动的影响，而考虑其他影响因素的实证检验需使用模型分析方法，因此，在对以上初步结论与下列模型分析结论比较后，才能够得出本章最终相对可靠的结论。

三　到期日效应模型分析结果及比较

在使用模型分析前，需对序列进行一些预处理，包括序列统计描述、单位根检验、序列相关检验、异常值剔除、ARMA 模型定阶①等；在模型估计后还需要对残差进行检验以确定时间序列模型稳定性，EGARCH 模型需进行均值方程残差的 ARCH 效应

---

① 反复检验，对比模型拟合效果、对数似然值、AIC、SC 值后确定。

检验，以及模型估计后 ARCH 效应检验。本节在这些基础工作的基础上将模型形式和 β_1、β_2 估计结果进行分类列表，而不将上述基础工作结果一一列出。

从平滑成交量模型估计结果（见表 3 - 7）看，所有股票现货市场 β_1、β_2 系数均不显著，即均不存在成交量在到期日异常变化的情形，也不存在周末效应。

表 3 - 7　现货市场平滑成交量模型估计结果

模型形式	沪深 300	日经 225	恒生指数	国企指数	A50ETF
	AR(2)	AR(1)	AR(2)	AR(1)AR(3)	AR(2)
β_1	- 0.00523 (- 0.24688)	- 0.00433 (- 0.23289)	- 0.01876 (- 1.44478)	- 0.00754 (- 0.50205)	- 0.01115 (- 0.40564)
β_2	0.010075 (0.973861)	0.000925 (0.101732)	- 0.00096 (- 0.14968)	0.006155 (0.81299)	0.020031 (1.415539)

"（）"内为对应 t 统计值。

GK 波动率模型估计结果（见表 3 - 8）表明，所有股票现货市场 β_1、β_2 系数均不显著，即各指数现货市场价格均不存在到期日波动异常情形，而且大多数市场成交量变动对价格波动具有显著作用，但未造成到期日现货价格波动的显著变化，补充说明了上节统计检验结果中虽然成交量显著变化即具有到期日成交量异常效应，但这种效应不一定改变现货价格波动特征，即到期日成交量异常效应存在不一定使得到期日价格波动异常效应必然存在，也就说明可能存在到期日的超常期现联动交易（如套利、投机等），但这些交易行为并未产生明显的价格波动，从另一个侧面反映了当前各指数现货市场具有深度与较好的运行效率。此外，除国企指数市场外，其他各市场也并不存在显著的周末效应。

表 3 - 8　低频条件波动率模型估计结果

模型形式	沪深 300	日经 225	恒生指数	国企指数	A50ETF
	$AR(1)AR(2)$ $AR(5)$,VOL 滞后三期	$AR(2)$, VOL 当期	$AR(1)AR(2)$ $AR(3)AR(5)$, VOL 当期及滞后两期	$AR(2)$, VOL 当期	$AR(1)AR(2)$ $AR(5)AR(10)$ VOL 各期不显著
β_1	- 0.00054 (- 0.53312)	- 0.00105 (- 1.12415)	- 0.00023 (- 0.43166)	- 0.00071 (- 0.84536)	- 0.00064 (- 0.60084)
β_2	0.00005 (0.078724)	- 0.00017 (- 0.36585)	- 0.00032 (- 0.9954)	- 0.00102** (- 2.16198)	- 0.00088 (- 1.08349)

"**"表示在 5% 水平上显著。"( )"内为对应 t 统计值。

ARV 波动率模型估计结果（见表 3 - 9）表明，除恒生指数、A50ETF 市场外，其他股票现货市场 β_1、β_2 系数均不显著，即不存在到期日的波动异常情形；从精确度来看，高频条件波动率能够更好地描述现实的价格波动率，因此，恒生指数的估计结果印证了上节统计检验的结果，A50ETF 的结果补充证明了 A50ETF 市场存在到期日的价格波动效应。

表 3 - 9　高频条件波动率模型估计结果

模型形式	沪深 300	日经 225	恒生指数	国企指数	A50ETF
	$AR(1)AR(2)$ $AR(5)$,VOL 滞后第二、三期	$AR(1)$, VOL 当期	$AR(1)AR(2)$, VOL 当期	$AR(1)AR(2)$, VOL 滞后两期	$AR(1)AR(7)$, VOL 当期
β_1	0.000008 (0.282267)	- 0.000096 (- 1.1493)	- 0.000027* (- 1.63254)	- 0.000055 (- 0.78509)	- 0.000051* (- 1.75455)
β_2	0.000006 (0.351636)	- 0.000060 (- 1.022)	- 0.000008 (- 0.31911)	- 0.000041 (- 0.49812)	- 0.000013 (- 0.58281)

"*"表示在 10% 水平上显著。"( )"内为对应 t 统计值。

同样的，成交量变化对价格波动产生了显著影响，并在量价关系的配合中在不同市场产生不同结果。另外，各市场均不存在周末效应。

EGARCH 模型估计结果（见表 3 - 10）表明，除恒生指数市场外，其他股票现货市场 β_1、β_2 系数均不显著，即不存在到期日波动异常情形，EGARCH 模型估计结果再次证明了恒生指数现货市场存在到期日价格波动效应。另外，沪深 300 存在一定的周末效应。

表 3 - 10　波动率 ARMA-EGARCH 模型估计结果

均值方程形式	沪深 300	日经 225	恒生指数	国企指数[①]	A50ETF
	VOL 当期及滞后二期	$AR(4)AR(6)$，VOL 当期且方差方程为 $EGARCH(1,2)$	VOL 滞后一期	—	$AR(3)AR(6)$，VOL 各期均不显著
β_1	- 0. 12652 (- 0. 51596)	- 0. 05388 (- 0. 21261)	0. 393201[*] (1. 810761)	—	- 0. 04101 (- 0. 13878)
β_2	- 0. 21409[**] (- 2. 09327)	- 0. 09008 (- 0. 38082)	0. 055451 (0. 373486)	—	- 0. 18732 (- 0. 73636)

　　"**"表示在 5% 水平上显著，"*"表示在 10% 水平上显著。"（）"内为对应 z 统计值。

　　①经检验，国企指数样本收益率序列 ARMA 模型 ARCH 效应不显著，因此，估计结果参考上述两种模型估计结果。

总结上述统计检验及模型检验结果，可以得出样本区间内的到期日效应的实证检验结论。

（1）到期日效应表现在股指期货合约到期日现货市场交易量及价格波动较非到期日的异常变动效应两个方面；部分市场表现为其中某个方面效应显著，部分市场则表现为两个方面效应都显著。

（2）到期日成交量异常效应存在不一定使得到期日价格波动异常效应必然存在，也就说明可能存在到期日的超常期现联动交易（如套利、投机等），但这些交易行为并未产生明显的价格波动，从另一个侧面反映了当前各指数现货市场具有深度与较好的运行效率。

（3）比较而言，国企指数现货市场具有较为显著的到期日成交量异动及价格波动效应，恒生指数、A50ETF 现货市场存在到期日效应的概率较大，但各检验结果存在不确定性。

（4）沪深 300 指数、日经 225 指数均不存在到期日效应，但从相对交易量及 RREV 统计指标上看，随着沪深 300 股指期货参与者数量结构发生变化，并不排除未来存在到期日效应的可能。

（5）到期日效应的实证检验结果对分析方法、样本数据选择具有一定敏感性，多方法、多种数据分析结果具有较高的一致性，才能得出较为可靠的结论，而所使用的实证方法应包括统计检验方法和充分考虑其他影响因素的模型检验方法。

第三节　到期日效应关系实证结论原因分析

结合合约最后结算价确定等制度安排，本章试图对上述结论进行基于市场微观结构理论的解释。

一　结算制度角度的解释

从最后结算价确定方法上看，世界主要股指期货市场主要采用单一价和平均价的最后结算价确定方法，同时采用最后交易日结算与最后交易日次日或隔日进行到期合约最终结算，本章所选择的市场样本包含了以单一价确定最终结算价的日经225、A50指数股指期现货市场，也包含了以平均价确定最终合约结算价的沪深300、恒生指数、国企指数股指期现货市场。同时，沪深300最后交易日与结算日相同，而其他样本合约均采用最后交易日次日进行结算的方法。各种结算方法都试图降低套利交易、期现联动操纵等带来的期现货市场的剧烈波动。单一价格便于交易者在开盘前或收盘后进行套利、对冲操作，但由于连续交易易被一些雄厚资金操纵；而平均价方式，尤其平均价计算时段较长，就会使操纵难度加大，操纵可能性大大降低，但同时，这种结算价的不确定性也会导致正常套利、对冲交易的进行，从而加大交易者交易行为的盲目性和交易操作难度。单从本章实证结果来看，总体而言，与最后交易日同日结算的沪深300指数现货市场到期日量价相对稳定性优于其他非同日的指数现货市场，因其可能具有较好较快的期现货价格收敛性从而降低操纵可能性；单一价确定结算价方式中，特别是开盘价确定方式到期日量价稳定性优于单一收盘价确定方式，显然特别开盘价相对单一收盘价更不易操纵；平均价确定结算价方式中，最后交易日收盘前一段时间内平均价确定方式到期日量价稳定性优于全时段平均价确定方式。这一结果还需结合其他因素进行解释，因为相对而言，确定所需时段越长，期现货被操纵的可能性越低。而对于单一价和平均价最终结算价确定方式的差异具有不确定性。这一点可从上述两者优缺点讨论中得到解释，尽管沪深300的平均价结算方式总体表现较好，但相对交易量和RREV指标上仍然表现出一定的异常，且随着投资者结构及数量变化，这种结果可能出现变化。

二　其他角度的解释

首先，沪深 300 股指期货的投资者适当性制度限制了大量散户投资者的进入，从而使参与者偏重理性；同时，设定了"套期保值额度申请制度以及较为严格的持仓限制，如进行投机交易的客户某一合约单边持仓限额为 100 手；某一合约结算后单边总持仓量超过 10 万手的，结算会员下一交易日该合约单边持仓量不得超过该合约单边总持仓量的 25%"[1] 等，同时，对大户规定了较为复杂苛刻的持仓量规定。这些制度都与其他样本指数期货市场制度存在较大差异，相对而言，其他 6 个市场的相同限制都大大低于沪深 300 指数期货。这些制度限制差异也可能促使沪深 300 指数现货市场在到期日表现较为稳定。其次，与其他样本股指期货市场的高度开放性不同，沪深 300 股指期货目前只允许国内投资者和获批的 QFII 投资者参与交易，大大限制了大量套利、投机力量的介入，而且对机构投资者实行投机、套利限制只允许进行套期保值业务，因此，大大降低了到期日效应发生的可能性。另外，国企指数期货除较为开放外，不设定价格涨跌幅限制，也是其存在到期日效应特征的重要原因。除结算制度外的其他交易制度的设定也是股指期货到期日效应产生的原因，因此，沪深 300 股指期货到期日效应特征并不能只从结算制度层面与其他市场进行比较。综上，到期日效应存在的原因以及不同市场的表现，不仅由合约到期最终结算制度所决定，而且还与其他交易制度设定以及市场开放度有关。

---

[1]　沪深 300 具体交易规则参阅中国金融期货交易所的《沪深 300 股指期货交易规则》的相关规定。

从本章实证结果看，一般而言，合约到期最终结算制度的不同设定导致了到期日效应在不同市场的表现存在差异；对投机、套利限制较为严格的制度规定降低了到期日效应发生的可能性；市场开放程度决定了套利、投机规模与数量，从而也将影响到期日效应的存在性与表现程度。

当然，本书对到期日效应产生原因的探讨远不及现实原因的复杂程度，本书的主要目的是实证检验股指期现货关系，关于交易制度的差异以及对交易的影响还需另文进行详细讨论。

第四节　小结

本章使用高低频数据结合的多种统计检验和模型检验方法，从多个角度对沪深 300、日经 225 指数、恒生指数、国企指数、A50 指数股指期货合约标的物现货市场到期日效应进行了实证分析，对各种检验方法进行了必要的改进，并尝试了价格反转程度检验方法，并对不同市场到期日效应的存在及表现差异原因进行了简要的，与已有文献差别化的解释，同时，为以后到期日效应分析提出了一个新的研究框架。主要结论包括如下几点。

（1）到期日效应表现在股指期货合约到期日现货市场交易量及价格波动较非到期日的异常变动两个方面；部分市场表现为其中某个方面效应显著，部分市场则表现为两个方面效应都显著。

（2）到期日成交量异常效应存在不一定使得到期日价格波动异常效应必然存在，也就说明可能存在到期日的超常期现联动交易（如套利、投机等），但这些交易行为并未产生明显的价格波动，从另一个侧面反映了当前各指数现货市场具有深度或较好的运行效率。

（3）比较而言，国企指数现货市场具有较为显著的到期日成交量异动及价格波动效应，恒生指数、A50ETF现货市场存在到期日效应的概率较大，但各检验结果存在不确定性。

（4）沪深300指数、日经225指数均不存在到期日效应，但从相对交易量及RREV统计指标上看，随着沪深300股指期货参与者数量结构变化，并不排除未来存在到期日效应的可能。

（5）合约到期最终结算制度的不同设定导致了到期日效应在不同市场的表现存在差异；对投机、套利限制较为严格的制度规定降低了到期日效应发生的可能性；市场开放程度决定了套利投机规模与数量，从而也将影响到期日效应的存在性与表现程度。

（6）到期日效应的实证检验结果与分析方法、样本数据选择具有较强关系，多方法、多种数据分析结果具有较高一致性时，才能得出较为可靠的结论，而所使用的实证方法应包括统计检验方法和充分考虑其他影响因素的模型检验方法。

第四章 股指期货与现货市场信息 传递关系实证研究[*]

从本章开始，本书讨论股指期现货关系中定价效率对比关系。从前两章相关讨论中可以看出，股指期现货价格波动影响关系体现为特定时期或时段的股指期货对现货市场价格波动的影响关系，与之不同，股指期现货定价效率对比关系贯穿于日常每个交易时段中，因此，对其讨论将是对股指期现货关系更为一般性的研究，研究的结论可为投资者的日常交易策略、监管者的日常监管提供依据。

在第一章"文献回顾"中可以看到，资本市场效率最终体现为资产定价效率，而市场微观结构影响了资本市场效率，从而反映到资产定价效率上。市场微观结构的差异，必然带来市场效率的差异，股指期货市场与现货市场不同的微观结构，也就必然反映到两者的定价效率差异上。Fama、West 等学者将定价效率定义为资产价格在任何时候都能充分反映与资产定价相关的所有可获得的信息，或者资产价格能根据相关信息做出及时、快速的调整，从而使资产市场价格成为资产交易的准确信号。而如

＊ 本章部分内容经整理后已在《价格理论与实践》（2011 年第 7 期）发表。

West（1975）所述，市场效率由运作效率和信息效率决定。具体而言，运作效率为信息效率的体现提供了微观实现基础，而信息效率是实现定价效率的前提条件。从现实市场运营过程解释就是交易时间和成本决定市场流动性，而市场流动性直接影响交易者依据市场信息调整交易策略的速度和能力，并影响资产价格反映信息流的能力，即定价效率。因此，结合 O'Hara（1992）以及其他学者的观点，此处总结了这种关系（见图4－1）。

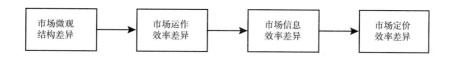

图4－1　市场微观结构差异与定价效率差异关系

由于股指期现货之间标的物与衍生品的自然属性关系，两者在定价过程中所反映的信息集合实际上具有极大的相似性，从Subrahmanyam（1991）等的文献中可以清晰地看到，股指期现货微观结构不同导致股指期货市场对相同市场系统信息的反应效率（速度）优于现货市场（如期货市场没有卖空限制，期货市场更能即时地反映空方的信息，也拥有比现货市场更大的信息流），因此，新信息到达时，期货市场便先于现货市场揭示该信息，而在存在期货市场的情况下，这种信息也就必然形成由期货市场向现货市场传递的顺序；非系统新信息则由于首先在指数相关成分股价格上被揭示，进而通过权重与信息扩散影响到期货市场。同时，股指期现货市场信息（反映）效率的差异关系的形态当然也和各自不同的运作效率有直接关系。综上，这些论述揭示了由于股指期现货市场定价效率不同而派生出的股指期货与现货市场间的信息传递关系、信息含量关系以及作为信息效率关系基础的运作效率（流动性）对比关系①。

需要进一步说明的是，股指期货作为衍生品家族一员，其设计之初的功能同其他期货产品类似，即套期保值、价格发现、信息传递，而价格发现是期货的一个最为重要的经济功能，是套期保值、风险规避、信息传递功能实现的基础。基于此公理，对期货市场研究一直以来最为热门的议题就是期货的价格发现功能。需要指出的是，价格发现功能不是期货市场的特有功能，资本市场设计和建设的重要目标就是最优化价格发现功能，无论是期货市场还是其他证券市场，其有效性的判别核心就是价格是否快速并充分反映信息，而这表达了价格发现的本质含义，也是市场定价信息效率所要表达的中心思想。简言之，本书强调的是经常在期货领域探讨的价格发现功能，其理论根基其实就是市场定价信息效率。市场定价信息效率的真正含义就是要求市场具有价格发现功能，这是市场具有定价信息效率的表现。

继而，如果某个市场的交易行为将信息反映在其交易标的的价格上的过程（价格发现过程）顺畅无障碍，其结果必然是价格快速并充分反映信息。多个相关或联系市场存在的情况下，其中某个或某几个市场的价格反映信息速度经常（日常）领先于其他某个或某几个市场，就称此或这些市场定价信息效率（价格发现功能）优于其他某个或某几个市场。反过来说，比较不同市场有效性的主要方法之一是比较不同市场的价格发现（定价）过程。价格发现过程的比较在微观结构理论框架下，通常

---

① 本书讨论的侧重点是信息效率关系，而不是讨论信息效率程度与差异，因此，不对信息效率强弱做其他实证检验，而从信息传递和含量分析中反映这种强弱关系。而依据已有文献，运作效率的研究由流动性指标的研究体现。

包括两个方面的比较，其一为信息反应速度的比较，其二为新信息在市场价格中的比例比较。

　　从第一个方面即信息反应速度看，理论上讲，股指期货市场与其相对应的股指现货市场，在市场有效性前提下，应同步反映信息，因为两者都是依据可获得的信息和对未来指数走势的判断而进行交易的，两个市场的交易者面对同样或近似的信息集，应同时反应信息，不存在领先－滞后关系，但现实是股指期货与现货市场在处理信息的效率上存在先天差异，股指期货交易的是指数整体，而现货指数交易则是依据指数成分股的交易来进行定价，后者由于个股交易噪声的存在而自然在反映市场整体信息上落后于前者。当然，这归根结底是两者市场微观结构差异所致。关于此问题的讨论引致了大量的实证研究，这些研究都试图揭示这种期现货的领先－滞后规律，突出期货市场的优势。同时，也试图通过研究对现实交易策略的选择与调整提供依据。第二个方面即新信息在市场价格中的比例比较是对第一个方面研究的延续，在领先－滞后关系的基础上，进一步深入探讨股指期现货市场在股票指数市场价格发现中的具体贡献度问题。新信息在某个市场价格中所占比例较大，这个市场的价格就在整个市场价格发现中发挥主导作用，简言之，如果期货价格所包含的信息量大于现货市场价格所包含的信息量，那么，期货价格在整个股票市场价格发现过程中发挥作用的程度也较大。本书将市场信息效率与价格发现功能概念进行了融合，将股指期现货信息效率对比关系具体分为股指期现货市场信息传递关系和信息含量关系。

　　作为实证分析，如果通过实证检验得出了某种形态的股指期现货市场信息传递关系、信息含量关系以及流动性对比关系特征，也就反过来验证了股指期现货市场的定价效率差异关系，以及进一步验证了两者市场微观结构的差异关系。结合图4-1，本书将股指期现货定价效率对比关系实证分析逻辑总结如图4-2所示。

图4-2　股指期现货市场定价效率对比关系实证分析逻辑

本章对逻辑第一部分，即股指期现货市场信息传递关系进行实证研究。由于价格及其相关收益率、波动率序列就是信息的载体，因此，信息传递关系的实证实质上就是两个市场价格领先-滞后引导关系的实证。

在本书第一章理论基础中已经述及关于股指期现货引导关系的假说，大量的海外市场的实证分析围绕假说展开，由于结论并未取得完全的一致，因此，实证研究还在不断继续。总结起来，可以从已有研究中发现两个未取得一致的原因，也是后来学者所不断完善的方向，一是样本选择，二是方法选择。对文献的研究带来了两个对本书的启示：启示一，对文献的总结或是结论的集合其实就是一个完整的关于各国市场和不同方法的股指期现货引导关系的例证，后续的研究是对这个例证的不断补充和完善，如改变样本区间、改变国别市场或改进分析方法都可能获得新的结论，而这正好说明了样本区间、国别市场以及某种方法有别于其他样本区间、国别市场及方法的特征；启示二，多国别样本比较、方法的使用与改进可能增加结论的说服力。

另外，从第一章实证文献回顾部分的总结看，国内关于股指期货现货日内动态关系的研究相对较少，利用具有一定时间跨度的现实生产数据的研究就更少；国内外大多数文献集中使用同步交易时段期现货价格配对数据进行分析，而大多数成熟股指期货市场和我国股指期货交易时间都有较现货交易市场有所延长的制度设计，而股指期货延长交易时段的制度设计有其重要的功能目的，因此，仍然是日内交易中的重要环节，现有文献都未对期货交易延长交易时段与现货价格的引导关系及其具体形态进行有针对性的研究，因此，对非同步交易时段期现货信息传递关系的实证是本书一个重要创新点；国内外文献中，大多数文献集中利用对数价格以及收益率等一阶矩变量探讨股指期现货关系，除少数学者（如肖辉，2004）外，很少应用二阶矩波动率变量进行分析，而 Ross（1989），Engle、Ito 和 Lin（1990）等学者早已研究表明，波动率可以更为深入地揭示动态金融产品价格序列的特征信息，包含更多的信息流。综合本领域的已有文献发现，完整的股指期现货引导关系应包含股指期现货非同步交易时段、同步交易时段的动态引导关系，而且较为严谨的实证研究应包含一阶矩价格关系和二阶矩波动率关系。同时，从已有文献结论中也可得到一个重要的提示，即使用低频日间数据的研究结论大多不被接受也缺乏合理性。

基于上述分析，本书创新地利用我国股指期货合约上市两年跨度和海外主要市场同期的高低频数据结合，在对已有方法进行一定改进的基础上，对股指期现货日内非同步交易阶段、同步交易时段的一阶矩价格和二阶矩波动率动态引导关系进行了实证研究，完善了股指期货日内动态关系的研究方法框架，为股指期现货市场信息传递关系的规律提供了更为有效的佐证，并为投资者提供完善投资策略的更为科学的依据。

本章结构如图 4-3 所示。

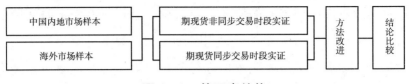

图 4 - 3　第四章结构

第一节　信息传递关系实证方法选择与
样本数据说明

一　实证方法选择

股指期现货同步交易时段引导关系的实证检验方法较为成熟，本书在借鉴目前较为成熟的实证方法的基础上，按照本章的创新表述，选择了多种检验方法对股指期现货非同步交易时段也即开收盘阶段引导关系进行实证，为以后关于类似问题的实证提供了借鉴；在每个阶段的实证过程中均采用了一阶矩收益率和二阶矩波动率数据进行检验，弥补了以往研究的不足；使用了第二章中已经介绍的多种波动率估计方法对波动率进行估计；考虑到低频数据检验结果的粗糙性，本书不考虑使用低频波动率估计的 ARCH 类模型，而集中使用日内高频数据所适合的模型进行研究。本书将信息传递实证方法分为日内非同步交易时段、日内同步交易时段两个部分来进行阐述。

（一）非同步交易时段（开收盘阶段）股指期货与现货的动态引导关系分析方法①

股指期货"早开晚收"的制度设计目的在各国市场都具有

---

① 常用检验方法，如 Granger 引导关系检验、相关系数及均值方差相等性检验。为节约篇幅，不在此具体说明，可参考相关计量经济学文献。

相同性，其一是为了使投资者在开盘前和收盘后能够有充分机会调整期货头寸进行对冲和投资策略选择。其二是为了更好地使期现货投资者能够有效消化现货非交易时段的利空利好信息，以期能够平滑现货市场的大幅波动。简言之，就是能够在开盘前和收盘后利用股指期货的基本功能，促进投资者投资策略的实现以及现货市场的稳定。

根据微观结构理论的思路，在制度设计下的现实交易行为将形成信息流，反映在股指期货市场开收盘阶段的价格变动中。现货开盘前股指期货为投资者提供了提前消化隔夜利空利好信息的机会，因此，股指期货价格中包含着隔夜信息，在没有股指期货存在的条件下，这些信息将包含在股票现货市场开盘价中，这样在股指期货相对现货提前交易的制度安排下，应该必然存在股指期货开盘价格引导现货指数开盘价格，同时，股指现货市场对隔夜信息的反应效率也应该提高，即现货市场隔夜收益率在股指期货推出前后应具有有利的变化；而现货收盘后，股指期货延长交易为交易者提供了根据现货市场收盘结果进行对冲和投资策略调整的机会，这些交易行为信息同样将包含在期货价格中。因此，应该存在股票现货市场价格引导股指期货市场价格的关系。这些讨论都是本书基于微观结构理论对开收盘阶段股指期现货信息传递关系的假设，必须有实证结果支持，同时，这些实证结果实际上也就是证明上述股指期货"早开晚收"的制度设计目的是否达到的依据。基于上述思路与假设，本书创新地选择和设定了如下实证方法进行分析。

1. 开收盘阶段股指期货与现货收益率的相互引导关系检验方法

由于大多数股指期货早于或晚于现货市场 15 分钟开盘或收盘，同时，为充分突出沪深 300 股指期现货开收盘信息传递关系特征，因此，对股指期货开收盘时段样本价格数据均选择距离现货开收盘时间 15 分钟内的数据，股票现货开收盘样本价格数据均选择开收盘 15 分钟和 30 分钟数据，本小节及下一小节开收盘检验数据均以此为标准选择。定义 $RIFO_{15}$、$RSIO_{15}$、$RSIO_{30}$ 分别为日内股指期货开盘 15 分钟收益率、日内现货开盘 15 分钟收益率、日内现货开盘 30 分钟收益率序列；$RIFC_{15}$、$RSIC_{15}$、$RSIC_{30}$ 分别为日内股指期货收盘 15 分钟收益率、日内现货收盘 15 分钟收益率、日内现货收盘 30 分钟收益率序列，分别用样本第 t 天相应时段日内对数开收盘价格之差计算得到[①]。

首先，应用 Granger 引导关系检验方法，粗略地检验日内股指期货早开盘 15 分钟收益率与现货市场开盘阶段收益率的引导关系和检验日内股指期货晚收盘 15 分钟收益率与现货市场收盘阶段收益率的引导关系，但 Granger 检验不能考虑当期的引导关系，使结果在解释上遇到困难。因此，更为可靠的方法是必须对当期的引导关系进行检验。由于股指期货市场较现货市场早开晚收或拥有较长的延长交易时段，股指期货的开收盘时间本身就早于和晚于现货市场开收盘时间，因此，相对于现货市场，股指期货市场的当期开收盘收益率在这里是指当日股指期货市场早晚于现货指数开收盘时间段的收益率，也就是 $RIFO_{15}$、$RIFC_{15}$ 序列的当日数据（即第 0 个滞后期）。在检验方法上，由于股指期货价格与标的物现货指数价格受到共同的系统信息和风险的影响，多种影响证券市场波动的因素通过股指期现货价格的波动反映

---

① 全球大多数股指期货交易时间较现货指数交易时间有所延长，基本是早于现货开盘晚于现货收盘，还有大部分合约为 24 小时交易（如 S&P 500 等），为考虑比较问题，依据中国股指期货相对于现货指数早开晚收时间确定实证时间段。

出来，股指期货价格序列中包含了影响市场变动的信息，而这些信息也最终影响到现货市场的波动，因此，可以使用期货价格序列作为市场波动影响因素的代理变量，与现货市场价格进行回归分析。第一章实证回顾部分的总结中已提及，Stoll 和 Whaley（1990）、Chan（1992）、Fleming 和 Ostdiek（1996）等众多学者使用多元回归方法对股指期现货价格的领先－滞后关系进行实证，就是在考虑分布滞后的因素下，用包括当期在内的多期不同的滞后或先行股指期货价格分别与相应现货指数价格配对进行多元回归分析，从不同滞后或先行的股指期货价格因变量的系数显著性上判断股指期现货价格的先行－滞后关系。更进一步说，已有绝大多数实证文献和本章同步交易时段的实证结果也证明股指期现货市场价格序列之间存在协整关系，这也是在回归模型中使用期货市场价格作为解释变量的一个重要原因。本节和下节部分内容也在此方法的基础上，使用回归方法对期现货当期引导关系进行分析。需要强调的是，基于股指期现货价格序列之间的回归模型分析并不同于经济结构模型的分析目的，即强调回归系数的大小和显著性来判别解释变量与因变量的实际经济关系，期现货价格序列之间的回归分析主要通过期货价格解释变量系数的显著性，来推断某个价格序列中所包含信息对另一个价格序列的解释力度，即如当期货价格作为解释变量时的系数显著，则表明期货价格中所包含信息对于现货价格具有解释及预测能力；反之，现货价格中的信息对期货价格具有一定解释和预测能力，在现实时间先后关系的基础上就可以作为引导关系的一个依据。按以上论述，为检验本节开始部分所述及的期货早开晚收的制度设计效果，设定如下分布滞后回归模型，由于期货相对于现货早开晚收的逻辑关系，开盘阶段以现货收益率为因变量，考查期货为解释变量时的系数显著性，反方向无须检验；收盘阶段以期货收益率为因变量，考查现货为解释变量时的系数显著性，模型如下。

模型假设：股指期现货市场均为有效市场，系统信息充分融入各价格序列。

（1）开盘阶段检验模型如式（4-1）、式（4-2）所示。

$$RSIO_t^{15} = \alpha + \beta_{15}^o RIFO_t^{15} + \sum_{n=1}^n \chi RSIO_{t-n}^{15} + \sum_{m=1}^m \delta RIFO_{t-m}^{15} + \varepsilon_t$$

$$(4-1)$$

$$RSIO_t^{30} = \alpha + \beta_{30}^o RIFO_t^{15} + \sum_{n=1}^n \chi RSIO_{t-n}^{30} + \sum_{m=1}^m \delta RIFO_{t-m}^{15} + \varepsilon_t$$

$$(4-2)$$

其中，$RSIO_t^{15}$、$RSIO_t^{30}$、$RIFO_t^{15}$ 分别为第 t 日内现货开盘 15 分钟收益率、现货开盘 30 分钟收益率序列和股指期货开盘 15 分钟收益率；n、m 为滞后阶数，计算方法同前；ε_t 为残差；α、β_{15}^o、β_{30}^o、χ、δ 为待估计系数。

（2）收盘阶段检验模型如式（4-3）、式（4-4）所示。

$$RIFC_t^{15} = \alpha + \beta_{15}^c RSIC_t^{15} + \sum_{n=1}^n \chi RSIC_{t-n}^{15} + \sum_{m=1}^m \delta RIFC_{t-m}^{15} + \varepsilon_t$$

$$(4-3)$$

$$RIFC_t^{30} = \alpha + \beta_{30}^c RSIC_t^{30} + \sum_{n=1}^n \chi RSIC_{t-n}^{30} + \sum_{m=1}^m \delta RIFC_{t-m}^{15} + \varepsilon_t$$

$$(4-4)$$

其中，$RIFC_t^{15}$、$RSIC_t^{15}$、$RSIC_t^{30}$ 分别为第 t 日股指期货收盘 15 分钟收益率、现货收盘 15 分钟收益率、现货收盘 30 分钟收益率序列，n、m 为滞后阶数，ε_t 为残差，α、β_{15}^c、β_{30}^c、χ、δ 为待估计系数。

系数估计前对两序列进行平稳性检验，估计后进行残差平稳性检验。同时，为消除时间趋势提高拟合度，对各收益率序列首先进行指数平滑处理，在得出平滑后序列的基础上依据序列自相关和偏自相关函数确定除解释变量当期值外包含在解释变量中的因变量和解释变量的滞后项，最后对残差进行自相关检验确定模型的合理性[①]。

2. 开收盘阶段股指期货与现货价格波动率的相关性及引导关系检验方法

此处采用标准的 Garman-Klass 波动率估计方法估计股指期现货相关波动率序列[②]，并定义 $VIFO_{15}$、$VIFC_{15}$ 为日内股指期货开收盘 15 分钟波动率序列；$VSIO_{15}$、$VSIO_{30}$ 为日内现货指数开盘 15 分钟、30 分钟波动率序列；$VSIC_{15}$、$VSIC_{30}$ 为日内现货指数股指期货收盘 15 分钟、30 分钟波动率序列。首先，由 Garman-Klass 波动率估计方法分别估计以上波动率序列，并分别计算开收盘阶段股指期现货相关系数来讨论当期波动率相关关系。继而，本章开篇及第二章中已讨论过波动率序列中包含的信息量更为丰富，故能反映相对更为精确的结果。同时，按照本书的逻辑，对非同步交易时段的期现货引导关系研究必须包含波动率序列的实证结果才能使结论更为可靠。因此，本小节仍然使用上节中的当期影响关系实证模型对对应波动率序列进行实证，进而得出最终结论。模型形式同上节，对应变量更

---

① 除特殊情况需要外，为节约篇幅模型估计前后期工作结果不予列出，指数平滑方法的应用使用 Holt-Winters 无季节模型，具体使用方法见高铁梅等《计量经济分析方法与建模——EViews 应用及实例》，清华大学出版社，2009，第 2 版，第 50～52 页。

② 考虑到数据使用情况，其他波动率估计方法在此不适用。

换为 $VIFO_{15}$、$VSIO_{15}$、$VSIO_{30}$、$VIFC_{15}$、$VSIC_{15}$、$VSIC_{30}$ 序列及其滞后项，此处为节约篇幅不再列出模型具体形式，且模型估计前后的工作也与上节相同。

3. 现货隔夜收益率变化检验方法

定义：

$$|PM_t| = |PO_t - PC_{t-1}| \qquad (4-5)$$

其中，PM_t 为第 t 天的隔夜收益，PO_t 为第 t 天现货市场开盘价格，PC_{t-1} 为第 $t-1$ 天现货市场收盘价格。

$$|RSIM_t| = |\ln SIO_t - \ln SIC_{t-1}| \qquad (4-6)$$

其中，$RSIM_t$ 为第 t 天的隔夜收益率，$\ln SIO_t$ 为第 t 天现货市场对数开盘价格，$\ln SIC_{t-1}$ 为第 $t-1$ 天现货市场对数收盘价格。同时定义 PM_{BE}、PM_{AF} 为股指期货上市前后的收益绝对值均值，$RSIM_{BE}$、$RSIM_{AF}$ 为股指期货上市前后的收益率绝对值均值。以现货隔夜收益及收益率绝对值变化代表股票市场对隔夜信息反应效率的变化，通过对股指期货推出前后一年的现货隔夜收益及收益率绝对值的均值相等性检验来检验股指期货对现货隔夜信息反应效率变化的影响，间接反映股指期货开收盘延长交易对股票市场开盘的指引。由于数据可获得性限制，只对沪深 300 指数进行实证。

（二）日内同步交易时段股指期货与现货的动态引导关系分析方法

基于第一章的待假设检验说明，高效的股指期货市场由于信息效率高于现货市场，在同步交易时段应该具有股指期货价格相关序列引导股票现货价格相关序列的关系，基于此假设，借鉴已有文献并进行相应改进，本书选择了如下实证方法。

1. 股指期货与现货价格及收益率动态关系分析方法

定义 $\ln IF_t$ 为股指期货日内 t 时刻的高频对数价格，$\ln SI_t$ 为股指现货日内 t 时刻的高频对数价格。对 $\ln IF_t$、$\ln SI_t$ 序列进行平稳性检验；如果两序列都为 I（1）序列，则建立日内同步交易时段股指期货与现货的向量自回归模型（VAR），并进行模型定阶；用 Johansen 协整检验来检验 $\ln IF_t$、$\ln SI_t$ 序列是否存在协整关系；如协整关系存在则建立 VEC 模型研究两序列长短期关系，也即分析股指期货与现货收益率之间的关系[1]；进行 Granger 引导关系检验进一步讨论两者关系。

在此，仅列出 VAR、VEC 模型形式，序列平稳性检验使用 ADF 和 PP 法进行，协整使用 Johansen 协整检验，引导关系使用 Granger 引导关系检验，这些方法都较为成熟，不具体描述。

由于只考虑 $\ln IF_t$、$\ln SI_t$ 序列间的协整及引导关系，因此，构建一个二元 p 阶的 VAR 模型，即：

$$
\begin{bmatrix} \ln IF_t \\ \ln SI_t \end{bmatrix} = \begin{bmatrix} \varphi_{10} \\ \varphi_{20} \end{bmatrix} + \begin{bmatrix} \varphi_{11}^{(1)} & \varphi_{12}^{(1)} \\ \varphi_{21}^{(1)} & \varphi_{22}^{(1)} \end{bmatrix} \begin{bmatrix} \ln IF_{t-1} \\ \ln SI_{t-1} \end{bmatrix} + \begin{bmatrix} \varphi_{11}^{(2)} & \varphi_{12}^{(2)} \\ \varphi_{21}^{(2)} & \varphi_{22}^{(2)} \end{bmatrix} \begin{bmatrix} \ln IF_{t-2} \\ \ln SI_{t-2} \end{bmatrix} + \cdots
$$
$$
+ \begin{bmatrix} \varphi_{11}^{(p)} & \varphi_{12}^{(p)} \\ \varphi_{21}^{(p)} & \varphi_{22}^{(p)} \end{bmatrix} \begin{bmatrix} \ln IF_{t-p} \\ \ln SI_{t-p} \end{bmatrix} + \begin{bmatrix} \varepsilon_{1t} \\ \varepsilon_{2t} \end{bmatrix} \qquad (4-7)
$$

基于上式进行模型定阶，即确定当 LR、FPE、AIC、SC、HQ 各项指标均为最小时的 p 值，并确定此时 VAR 模型所有根模的倒数是否均小于 1，即位于单位圆内来确定 VAR（p）模型

---

[1]　部分文献直接采用对数收益率序列分析，应剔除隔夜收益率数据及非同步交易数据。

是否稳定。然后，使用 Johansen 协整检验来检验 $\ln IFt$、$\ln SIt$ 序列是否存在协整关系，如协整关系存在，则建立 VEC 模型，即：

$$
\begin{bmatrix} \Delta\ln IF_t \\ \Delta\ln SI_t \end{bmatrix} = \begin{bmatrix} \alpha_{if} \\ \alpha_{si} \end{bmatrix} ecm_{t-1} + \begin{bmatrix} \beta_{11}^{(1)} & \beta_{12}^{(1)} \\ \beta_{21}^{(1)} & \beta_{22}^{(1)} \end{bmatrix} \begin{bmatrix} \Delta\ln IF_{t-1} \\ \Delta\ln SI_{t-1} \end{bmatrix} +
$$

$$
\begin{bmatrix} \beta_{11}^{(2)} & \beta_{12}^{(2)} \\ \beta_{21}^{(2)} & \beta_{22}^{(2)} \end{bmatrix} \begin{bmatrix} \Delta\ln IF_{t-1} \\ \Delta\ln SI_{t-1} \end{bmatrix} + \cdots + \begin{bmatrix} \beta_{11}^{(p-1)} & \beta_{12}^{(p-1)} \\ \beta_{21}^{(p-1)} & \beta_{22}^{(p-1)} \end{bmatrix} \begin{bmatrix} \Delta\ln IF_{t-(p-1)} \\ \Delta\ln SI_{t-(p-1)} \end{bmatrix} + \begin{bmatrix} \varepsilon_{1t} \\ \varepsilon_{2t} \end{bmatrix}
$$

$$(4-8)$$

其中，Δ 为一阶差分，故 $\Delta\ln IF$、$\Delta\ln SI$ 其实就是股指期货和现货指数的收益率序列；ecm_{t-1} 为误差修正项，反映股指期现货收益率的长期均衡关系；α_{if}、α_{si} 反映股指期现货收益率之间偏离长期均衡状态时，将其调整到均衡状态的调整速度；各个 β 系数反映股指期现货收益率短期波动对股指期现货收益率短期变化的影响。

Granger 引导关系检验的前提是序列平稳，故如果 $\Delta\ln IF$、$\Delta\ln SI$ 序列为平稳序列，就可以对 VEC 模型滞后结构进行 Granger 引导关系检验以防止伪回归。

2. 股指期货与现货价格波动率动态关系分析方法

首先，使用第二章中波动率序列的估计方法分别估计股指期现货的 Garman-Klass 波动率序列和 ARV 波动率序列，定义 VIF_t^{GK}、VSI_t^{GK} 为股指期货和现货在同步交易时段 t 时刻的 Garman-Klass 波动率[1]；对 VIF_t^{GK}、VSI_t^{GK} 序列进行平稳性检验；如果平稳[2]，则

---

[1] 其他波动率序列属于日间波动率，在此不适合，因此，只对 GK 波动率进行检验。

[2] 大部分波动率序列为平稳序列。

直接建立 VIF_t^{GK}、VSI_t^{GK} 序列的 VAR 模型，进行 Granger 引导关系检验。VAR 模型的形式同上，在此不具体列出。

二　样本数据说明

实证比较样本市场选取及选择理由同第三章样本数据选择的说明，由于更为早期时间段对信息传导的实证检验成果较为丰富，而且本书主要的一个目的是比较中国及相关海外市场的实证结果，因此，数据时间跨度都是中国沪深 300 股指期货推出后的近期时间段。股指期货须使用主力合约价格作为实证样本才能充分反映股指期货市场的微观结构特征，而各股指期货市场的主力合约即从交易量、换手率、持仓量指标衡量的主力合约都为近月合约，而各市场都已在交易说明中明确合约当月连续价格即是主力合约价格，故本书所使用的股指期货数据都为各合约的当月连续价格相关数据。具体数据样本见表 4 - 1。

表 4 - 1　第四章样本数据说明

单位：个

股指期货及标的物	时间跨度	现货开收盘15 分钟数据（共）	现货开收盘30 分钟数据（共）	日内高频期现货配对数据	
				1 分钟	5 分钟
沪深 300	2010.4.16 ~ 2011.12.2	796	796	95520	19104
日经 225	2010.4.16 ~ 2011.12.2	742	742	36300	7260
恒生指数	2010.4.16 ~ 2011.12.2	782	782	67200	13440
国企指数	2010.4.16 ~ 2011.12.2	782	782	67200	13440
A50 指数	2010.4.16 ~ 2011.12.2	703	703	—	5424

资料来源：沪深 300，中国金融期货交易所，其他样本，文华财经行情软件，并使用 Bloomberg 部分缺失数据进行补充与修正，同样，沪深 300 高低频数据短期均为公开数据，可在大智慧或文华财经交易软件每周下载累积，其他样本数据均可在文华财经交易软件下载。

第二节 非同步交易时段信息传递关系
中外样本实证结果及比较

一 各样本股指期现货市场开收盘时间段描述

各样本股指期现货市场交易时间对照见表 4 − 2。

表 4 − 2 各样本股指期现货市场开收盘时间对照 (北京时间)

	股指期货交易时段	标的物指数交易时段
沪深 300	早盘:9:15 ~ 11:30 午盘:13:00 ~ 15:45	早盘:9:30 ~ 11:30 午盘:13:00 ~ 15:00
日经 225[①]	7:45 ~ 14:25	早盘:8:00 ~ 10:30 午盘:11:30 ~ 14:00
恒生指数	早盘:9:15 ~ 12:00 午盘:13:30 ~ 16:15	早盘:9:30 ~ 12:00 午盘:13:30 ~ 16:00
国企指数	早盘:9:15 ~ 12:00 午盘:13:30 ~ 16:15	早盘:9:30 ~ 12:00 午盘:13:30 ~ 16:00
A50 指数[②]	9:00 ~ 15:25	早盘:9:45 ~ 11:45 午盘:13:15 ~ 15:15

①本书使用新加坡交易所交易的日经 225 股指期货合约连续价格作为样本，交易时段为 $T + 0$ 时段。

②本书使用新加坡交易所交易的 A50 股指期货合约连续价格作为样本，交易时段为 $T + 0$ 时段。

资料来源：各样本合约所在交易所网站。

从表 4 − 2 可以看出，绝大多数股指期货市场开盘时间早于标的指数现货市场开盘时间，收盘时间晚于标的指数现货市场收盘时间。

二 实证结果及比较

分别计算出各样本市场的 $RIFO_{15}$、$RSIO_{15}$、$RSIO_{30}$、$RIFC_{15}$、$RSIC_{15}$、$RSIC_{30}$ 序列，并进行 ADF 单位根检验，发现样本各市场 6 个序列及指数平滑后的序列都在 1% 的显著水平下拒绝了存在单位根的原假设，都为平稳序列，回归检验模型残差均为平稳序列且不存在自相关①。

（一）收益率 Granger 引导关系检验结果

结果见表 4 - 3②。

表 4 - 3 样本股指期现货开收盘收益率 Granger 引导关系检验结果

指数期/现货样本	沪深 300	恒生	国企	日经 225	A50
原假设	F 统计量				
$RIFO_{15}$ 不是 $RSIO_{15}$ 的 Granger 原因	6.677***	0.59411	0.00699	0.05062	0.16855
$RSIO_{15}$ 不是 $RIFO_{15}$ 的 Granger 原因	0.627	0.17409	0.18455	6.56794***	0.12156
$RIFO_{15}$ 不是 $RSIO_{30}$ 的 Granger 原因	13.062***	0.45243	0.00757	0.00169	0.15432
$RSIO_{30}$ 不是 $RIFO_{15}$ 的 Granger 原因	0.446	0.44996	0.50978	7.96345***	0.13975
$RIFC_{15}$ 不是 $RSIC_{15}$ 的 Granger 原因	0.711	0.14127	2.64905	5.05012**	0.0794

---

① 为节约篇幅，检验结果略去。

② 本节 Granger 检验均检验了滞后 15 期，由于只是粗略进行判断，均只列出滞后 1 期的结果。

指数期/现货样本	沪深 300	恒生	国企	日经 225	A50
$RSIC_{15}$ 不是 $RIFC_{15}$ 的 Granger 原因	1.862	12.2546 ***	4.05667 **	15.8722 ***	0.95348
$RIFC_{15}$ 不是 $RSIC_{30}$ 的 Granger 原因	0.0402	0.81252	0.00129	2.18404	0.06245
$RSIC_{30}$ 不是 $RIFC_{15}$ 的 Granger 原因	1.498	7.59328 ***	1.95109	16.0258 ***	0.87694

" *** " 表明在 1% 的显著性水平下拒绝原假设，" ** " 表明在 5% 的显著性水平下拒绝原假设。

从表 4-3 结果看，Granger 检验结果只相当粗略地显示了开收盘的引导关系，即沪深 300 股指期货开盘对现货开盘 15 分钟、30 分钟收益率具有指引作用，其他各市场均未表现出这种关系。收盘阶段恒生、国企及日经 225 现货指数对指数期货具有指引作用，沪深 300 和 A50 市场则不存在这种关系。由于 Granger 检验原理应用的是解释变量的滞后项，使此处结果难以解释，因此，Granger 检验结果只能作为一个粗略和直觉性的判断，并不能代表最终结论。

（二）收益率当期引导关系检验结果

由于只考虑当期引导关系，因此，在表 4-4 中将滞后因变量和解释变量的系数检验结果略去，在综合考虑模型拟合优度、AIC、SC 等指标情况下，除沪深 300 期现货开盘 15 分钟检验模型为包含 AR（1）和 $RIFO_{t-1}^{15}$ 项外，其他模型均只包含 AR（1）项。结果见表 4-4。

从表 4-4 结果看，可以从收益率引导关系层面得到以下初步结论。

表 4 – 4　各样本市场股指期现货开收盘阶段
收益率当期引导关系估计结果

指数期现货样本		沪深 300	恒生	国企	日经 225	A50
当期影响关系系数	β_{15}^{o}	0.225368 *** (3.430543) [0.918575]	– 0.09496 (– 0.37037) [0.919441]	0.251288 *** (3.11601) [0.895927]	– 0.00026 (– 0.80705) [0.940299]	0.975547 *** (4.346809) [0.900297]
	β_{30}^{o}	0.168593 ** (2.419951) [0.920709]	– 0.03685 (– 0.11282) [0.919044]	0.350421 *** (2.699571) [0.894062]	0.150417 *** (4.803292) [0.959563]	1.07489 *** (4.388777) [0.884409]
	β_{15}^{c}	0.819781 *** (2.900588) [0.910482]	0.018644 (0.071633) [0.924074]	– 0.30102 (– 0.61088) [0.908552]	– 0.00584 (– 0.18333) [0.979301]	0.563599 ** (2.378306) [0.891653]
	β_{30}^{c}	0.302635 *** (4.157651) [0.913374]	– 0.07169 (– 0.93588) [0.924502]	0.165459 (0.414653) [0.908443]	– 0.13887 (– 0.90065) [0.936755]	0.472332 ** (2.003198) [0.89088]

" *** "表示在 1% 水平上显著，" ** "表示在 5% 水平上显著，" * "表示在 10% 水平上显著。( ) 内为 t 值，[ ] 内为模型估计的 $\bar{R}^2$。

（1）沪深 300、国企、A50 指数期货日内早开盘阶段 15 分钟的收益率可以用作现货开盘阶段 15 分钟、30 分钟收益率的预测；日经 225 指数期货早开盘阶段 15 分钟的收益率对现货开盘 15 分钟收益率无指引作用，而对现货开盘 30 分钟收益率具有指引作用，表明开盘信息传递具有一定的滞后性。综合来看，除恒生指数外，其他各市场股指期货早开盘阶段收益率对现货开盘收益率具有指引作用，这 4 个市场开盘阶段期现收益率动态关系充分体现了股指期货的价格发现功能，让投资者提前对隔夜信息做出反应并进行消化。恒生指数期货市场开盘收益率引导关系结果不确定，需要进一步论证。

（2）包含有中国内地及企业股票市场概念的市场，即包括沪深300在内的，国企指数、A50指数期现货市场收益率均表现出开盘阶段显著的指数期货对现货的引导关系。从一定程度上说明，3个期货市场开盘阶段的信息共同作用于类似的现货市场，也表现出较中国内地现货市场更高的效率。

（3）日内收盘时段，沪深300指数、A50指数样本市场收益率表现出显著的现货引导期货的期现引导关系特征，只是引导强弱略有差别，而这种差别不影响结果解释。沪深300现货日内收盘阶段15分钟的收益率可以用作沪深300指数、A50指数期货晚收盘15分钟收益率的预测。而恒生、国企及日经225指数样本市场收益率检验结果没有表现出这一特征。结果只从沪深300指数、A50指数样本市场收益率引导关系印证了本节开始的微观结构理论假设。恒生、国企及日经225指数期货市场收盘收益率引导关系结果不确定，需要进一步论证。

（4）A50指数期货合约的标的物就是沪深300指数的权重A股，因此，从沪深300指数和A50指数的上述收益率引导关系检验结果看，比较而言，具有中国内地A股市场概念的股指期货产品，在晚收盘阶段受到来自现货市场的影响力度较大，而其他市场不具有此特征。

（5）具有较长延长时段交易的品种，收盘收益率引导关系也不明确。新加坡交易所交易的日经225指数期货合约较现货有较长延长时段交易，而且该合约存在$T+0$和$T+1$交易时段，因此，相对于没有较长延长交易时段的品种，这类合约的交易相对分散，各类交易者在不同时段实现不同的交易策略与头寸调整。

（6）综合比较非同步交易时段股指期现货收益率的引导关系实证结果，从微观结构联系角度也可获得一定的解释，即样本市场内，沪深300及A50指数的衍生产品较为单一，期现货联动的交易策略只能通过单一衍生品实现，而其他 3 个标的物指数具有多种衍生产品存在，期现联动交易策略可以在不同的衍生产品上实现，故可以解释上述结果；沪深 300 及 A50 指数市场开收盘阶段的期现货收益率相互引导关系较为显著，国企及日经 225 指数市场虽然开盘阶段期货收益率对现货收益率引导关系显著，但收盘阶段并未表现出现货收益率引导期货收益率的微观结构特征，恒生指数市场在开收盘阶段期现货收益率均具有相对更为显著的独立性特征。

以上检验结论需要结合波动率分析进一步确认。

（三）　波动率相关关系及引导关系实证结果

（1）股指期现货开收盘阶段波动率相关关系检验结果见表 4 - 5。

表 4 - 5　开收盘阶段股指期现货价格波动率相关关系

配对指标		$\rho(VIFO_{15}, VSIO_{15})$	$\rho(VIFO_{15}, VSIO_{30})$	$\rho(VIFC_{15}, VSIC_{15})$	$\rho(VIFC_{15}, VSIC_{30})$
相关关系数值	沪深 300	0.406	0.410	0.362	0.402
	日经 225	0.774928	0.807986	0.520261	0.517903
	恒生指数	0.32269	0.316168	0.695304	0.725828
	国企指数	0.369975	0.335029	0.694987	0.73453
	A50 指数	0.491684	0.490138	0.104108	0.976484

表 4 - 5 中的结果表明，开收盘阶段各样本股指期现货价格波动率存在紧密的当期相关关系，而期货先于现货开盘，晚于现货收盘，但从此结果看，可以证明本节开篇的微观结构假设，但与上一小节收益率序列的相互引导关系检验结果存在差异，虽然波动率具有相关性，但具体的收益率引导关系不确定。由于 Garman-Klass 波动率序列包含的信息更为丰富，因此，需要进一

步使用当期股指期现货价格的 Garman-Klass 波动率序列开收盘引导关系结果来确认最终结论。

（2）波动率当期引导关系检验结果见表 4-6。

同样，由于只考虑当期引导关系，因此，在表 4-6 中将滞后因变量和解释变量的系数检验结果略去，在综合考虑模型拟合优度、AIC、SC 等指标情况下，恒生指数、国企指数期现货开盘15 分钟、30 分钟检验模型，日经 225 指数期现货开盘15 分钟检验模型，国企指数、日经 225 指数期现货收盘 15 分钟、30 分钟检验模型及 A50 指数期现货收盘 15 分钟检验模型解释变量为包含 AR（1）和解释变量滞后 1 期项外，其余检验模型解释变量均只包含 AR（1）项。

表 4-6 各样本市场股指期现货开收盘阶段波动率当期引导关系检验结果

指数期现货样本		沪深 300	恒生	国企	日经 225	A50
当期影响关系系数	β_{15}^{o}	0.188411 *** (4.230021) [0.906485]	0.373423 *** (3.134253) [0.892543]	0.586138 *** (3.124007) [0.894405]	0.748158 *** (12.53064) [0.854506]	1.001903 *** (7.623344) [0.873304]
	β_{30}^{o}	0.215066 *** (4.275106) [0.930687]	0.464731 *** (3.201047) [0.883554]	0.35116 ** (2.336576) [0.92398]	1.231792 *** (15.76512) [0.859858]	0.943558 *** (7.64056) [0.883159]
	β_{15}^{c}	0.424587 *** (4.753344) [0.938491]	0.827018 *** (9.581093) [0.937403]	0.638777 *** (8.280667) [0.959456]	0.326645 *** (7.945232) [0.884119]	0.071578 (0.812686) [0.986749]
	β_{30}^{c}	0.284328 *** (5.307088) [0.940025]	0.691947 *** (11.15321) [0.940589]	0.474084 *** (10.2884) [0.962889]	0.126841 *** (7.494208) [0.880915]	0.066409 *** (63.20977) [0.999381]

"***"表示在 1% 水平上显著，"**"表示在 5% 水平上显著，"*"表示在 10% 水平上显著。（）内为 t 值，[ ] 内为模型估计的 $\bar{R}^2$。

由表 4 - 6 结果，可以从波动率引导关系层面得出如下结论。

（1）从波动率引导关系角度，所有样本均说明日内早开盘阶段 15 分钟的股指期货价格波动率可以用作现货开盘阶段 15 分钟、30 分钟价格波动率的预测，完全证明了开盘阶段期现货价格波动率的动态关系充分体现了股指期货的价格发现功能，让投资者提前对隔夜信息做出反应并进行消化。

（2）日内收盘时段，除 A50 指数期现货价格波动率收盘引导关系略有滞后性外，现货市场收盘 15 分钟、30 分钟波动率可用作晚收盘延长交易时段的股指期货市场波动率的预测，从波动率引导关系层面完全印证了本节开始的微观结构理论假设，即在现货市场收盘后，股指期货为投资者提供了依据现货市场盈亏等信息进行对冲（套期保值）的工具，并同时给予投资者充分调整套期保值、套利头寸及相关策略的机会，充分反映了股指期货的对冲功能。

（3）非同步交易时段基于收益率序列和波动率序列的股指期现货市场引导关系检验结果存在差异。基于收益率序列的检验结果可从市场特征、衍生产品结构等微观差异角度进行一定的解释，而从序列所包含的信息量角度，即对真实市场波动描述的精确度上看，基于波动率序列的检验结果更为可靠。

（四）隔夜收益率均值检验结果

为进一步完善日内开收盘阶段股指期货对现货引导作用的证明，本书使用推出前后一年的现货隔夜收益绝对值的均值相等性检验，来检验股指期货对现货隔夜信息反应效率变化的影响，间接反映股指期货开收盘延长交易对股票市场开盘的指引，以提高结论的质量。张世英等（2008）的研究认为，隔夜收益率是闭市时间内信息的集中反应，收益率必异于其他时间，通常闭市使得投资者不能交易，也不能从证券价格和交易活动中得到相关信息，闭市加大了投资者的信息不对称和风险。因此，股指期货相对于现货市场的延长交易如果发挥了引导作用，将隔夜信息通过股指期货合约收益率提前反映出来，必然使现货隔夜收益率发生显著变化，使得投资者对此信息反应效率提高，从而间接证明股指期货延长交易与现货的动态关系。因数据可获得性问题，本小节只对沪深300指数均值进行检验。按分析方法的要求首先计算股指期货上市前后一年的隔夜收益及隔夜收益率绝对值，然后以2010年4月16日为界进行分段，进行均值检验，结果如表4-7所示。

表4-7 沪深300指数现货隔夜收益及收益率绝对值均值检验

	PM_{BE}	PM_{AF}	$RSIM_{BE}$	$RSIM_{AF}$
均值	14.213	11.955	0.0044	0.0039
均值相等 t 值	1.758*		1.154	

"*"表明在10%的显著性水平下拒绝原假设。

表4-7结果显示，沪深300股指期货上市前后的现货市场隔夜收益及收益率绝对值、均值均发生变化，收益均值显著减小，收益率均值虽t检验不特别显著，但均值也明显下降，这可能是取对数所产生的误差，但不影响结论的解释。均值检验结果说明，在股指期货合约上市后，股指期货早开晚收的制度设计，使现货市场投资者对隔夜信息的反应效率得到明显提高，收益波动及风险明显降低，投资者从先行的股指期货收益变动中得到了相应的隔夜信息，并及时进行了消化，因而采取了更为高效的策略，平滑了剧烈的波动，证明了股指期现货开收盘关系假设。

上述结果同时证明，目前开收盘阶段股指期现货的动态关系表明单一的中国沪深 300 指数期货市场正常发挥了作用，制度设计基本合理。

第三节　日内同步交易时段信息传递关系中外样本实证结果及比较

一　对数价格序列与波动率序列的单位根检验[①]

结果见表 4 - 8 至表 4 - 12。

表 4 - 8　沪深 300 各序列 ADF 单位根检验结果

序列名	$\ln IF_t$	$\ln SI_t$	VIF_t	VSI_t
抽样频率	1 分钟	1 分钟	1 分钟	1 分钟
T 值	- 1. 602	- 1. 446	- 18. 311 ***	- 24. 519 ***
相伴概率	0. 482	0. 561	0. 000	0. 000
一阶差分 t	- 230. 383 ***	- 100. 491 ***	NA	NA
相伴概率	0. 000	0. 000	NA	NA

"***" 表明在 1% 的显著性水平下拒绝原假设。

表 4 - 9　日经 225 指数各序列 ADF 单位根检验结果

序列名	$\ln IF_t$	$\ln SI_t$	VIF_t	VSI_t
抽样频率	1 分钟	1 分钟	1 分钟	1 分钟
T 值	- 1. 85583	- 1. 90011	- 17. 3159 ***	- 21. 3048 ***
相伴概率	0. 3537	0. 3326	0. 000	0. 000
一阶差分 t	- 103. 509 ***	- 47. 3635 ***	NA	NA
相伴概率	0. 000	0. 000	NA	NA

"***" 表明在 1% 的显著性水平下拒绝原假设。

[①]　为节约篇幅，未列出各序列的统计信息（偏度、峰度等指标），各序列都不服从正态分布，由于 5 分钟数据检验结果相同，只列出 1 分钟检验结果。

表 4-10　恒生指数各序列 ADF 单位根检验结果

序列名	$\ln IF_t$	$\ln SI_t$	VIF_t	VSI_t
抽样频率	1 分钟	1 分钟	1 分钟	1 分钟
T 值	-1.29972	-1.27094	-8.66123 ***	-13.0348 ***
相伴概率	0.632	0.6453	0.000	0.000
一阶差分 t	-95.2008 ***	-88.6862 ***	NA	NA
相伴概率	0.000	0.000	NA	NA

"***"表明在 1% 的显著性水平下拒绝原假设。

表 4-11　国企指数各序列 ADF 单位根检验结果

序列名	$\ln IF_t$	$\ln SI_t$	VIF_t	VSI_t
抽样频率	1 分钟	1 分钟	1 分钟	1 分钟
T 值	-1.64419	-1.58744	-12.9053 ***	-13.5274 ***
相伴概率	0.4598	0.489	0.000	0.000
一阶差分 t	-83.9254 ***	-78.5662 ***	NA	NA
相伴概率	0.000	0.000	NA	NA

"***"表明在 1% 的显著性水平下拒绝原假设。

表 4-12　A50 指数各序列 ADF 单位根检验结果 [①]

序列名	$\ln IF_t$	$\ln SI_t$	VIF_t	VSI_t
抽样频率	5 分钟	5 分钟	5 分钟	5 分钟
T 值	-2.04967	-1.99799	-13.9027 ***	-18.5762 ***
相伴概率	0.2656	0.2879	0.000	0.000
一阶差分 t	-85.0967 ***	-77.7699 ***	NA	NA
相伴概率	0.000	0.000	NA	NA

"***"表明在 1% 的显著性水平下拒绝原假设。
①A50 指数 1 分钟长跨度数据无法获得,使用 5 分钟数据做分析。

上述各表结果表明,各样本 $\ln IF_t$、$\ln SI_t$ 序列都为一阶差分平稳,即都符合 I（1）过程,满足协整条件,可进行协整关系检验。各样本 VIF_t、VSI_t 序列都为平稳序列。

二　对数价格序列实证结果及比较

（一）VAR 模型的建立及估计结果

经过反复检验各市场样本高频数据确定建立的 VAR 模型的滞后阶数，保证滞后阶数确定时的 LR、FPE、AIC、SC、HQ 各项指标均为最小[①]，且此时 VAR 模型所有根模的倒数均小于 1，即位于单位圆内，下述各 VAR 模型稳定，为各项分析提供了基础。

各市场样本 VAR 模型系数矩阵见表 4 - 13 至表 4 - 17。

表 4 - 13　沪深 300 对数价格 VAR（8）模型系数矩阵

	滞后阶数	$\ln IF_t$		$\ln SI_t$	
		系数	t 检验值	系数	t 检验值
$\ln IF_t$	1	1.062	219.9	0.258	78.4
	2	- 0.038	- 5.77	- 0.079	- 17.7
	3	0.020	2.95	- 0.027	- 6.05
	4	- 0.035	- 5.25	- 0.028	- 6.12
	5	- 0.004	- 0.67	- 0.039	- 8.7
	6	- 0.004	- 0.59	- 0.024	- 5.41
	7	0.009	1.37	- 0.024	- 5.33
	8	- 0.012	- 2.36	- 0.035	- 10.1
$\ln SI_t$	1	- 0.053	- 7.58	1.073	222.4
	2	0.027	2.59	- 0.131	- 18.3
	3	- 0.001	- 0.11	- 0.064	- 8.87
	4	0.028	2.7	0.016	2.27
	5	- 0.006	- 0.57	0.028	3.84
	6	- 0.018	- 1.74	0.027	3.77
	7	0.009	0.88	0.023	3.19
	8	0.016	2.68	0.026	6.13

[①]　本节确定阶数以后 AIC、SC 指标值都极其接近，因此，本书根据各指标优先选择滞后阶数。

表 4−14　日经 225 对数价格 *VAR* （5） 模型系数矩阵

滞后阶数		$\ln IF_t$		$\ln SI_t$	
		系数	t 检验值	系数	t 检验值
$\ln IF_t$	1	1.013	74.05	0.080	6.28
	2	−0.043	−2.30	−0.024	−1.38
	3	0.002	0.15	−0.02	−1.12
	4	0.020	1.07	0.086	4.89
	5	0.001	0.05	−0.046	−3.57
$\ln SI_t$	1	−0.011	−0.76	0.927	68.28
	2	0.039	2.02	−0.011	−0.62
	3	−0.004	−0.21	0.028	1.55
	4	−0.019	−0.99	0.041	2.22
	5	0.001	0.04	−0.063	−4.74

表 4−15　恒生指数对数价格 *VAR* （8） 模型系数矩阵

滞后阶数		$\ln IF_t$		$\ln SI_t$	
		系数	t 检验值	系数	t 检验值
$\ln IF_t$	1	0.989	48.23	0.540	29.28
	2	−0.018	−0.77	−0.124	−5.88
	3	0.017	0.74	−0.087	−4.10
	4	0.009	0.39	−0.044	−2.04
	5	0.003	0.16	−0.037	−1.75
	6	−0.023	−1.00	−0.076	−3.63
	7	0.031	1.32	−0.022	−1.05
	8	−0.021	−0.97	−0.103	−5.42
$\ln SI_t$	1	0.001	0.06	0.524	25.59
	2	0.009	0.38	0.106	4.60
	3	0.005	0.21	0.076	3.28
	4	0.004	0.15	0.036	1.56
	5	−0.027	−1.06	0.029	1.28
	6	0.023	0.92	0.064	2.82
	7	−0.01	−0.39	0.048	2.13
	8	0.004	0.19	0.069	3.72

表 4 - 16　国企指数对数价格 *VAR*（8）模型系数矩阵

滞后阶数		$\ln IF_t$		$\ln SI_t$	
		系数	t 检验值	系数	t 检验值
$\ln IF_t$	1	0.9185	34.73	0.608	25.69
	2	-0.035	-1.21	-0.171	-6.63
	3	0.006	0.23	-0.080	-3.09
	4	0.014	0.50	-0.059	-2.28
	5	0.009	0.33	-0.050	-1.93
	6	-0.013	-0.47	-0.093	-3.61
	7	0.038	1.34	-0.016	-0.65
	8	-0.013	-0.49	-0.096	-3.92
$\ln SI_t$	1	0.085	2.91	0.447	16.92
	2	0.001	0.04	0.141	5.02
	3	0.019	0.61	0.089	3.15
	4	0.014	0.46	0.071	2.50
	5	-0.047	-1.50	0.021	0.76
	6	0.010	0.34	0.082	2.92
	7	-0.009	-0.30	0.041	1.48
	8	-0.002	-0.10	0.064	2.71

表 4 - 17　A50 指数对数价格 *VAR*（5）模型系数矩阵

滞后阶数		$\ln IF_t$		$\ln SI_t$	
		系数	t 检验值	系数	t 检验值
$\ln IF_t$	1	0.889	66.87	0.104	9.74
	2	0.0756	4.33	0.144	10.23
	3	0.010	0.56	0.192	13.52
	4	-0.053	-2.97	-0.210	-14.5
	5	0.031	1.75	-0.046	-3.18
$\ln SI_t$	1	0.141	8.58	0.809	61.00
	2	-0.090	-4.33	-0.015	-0.93
	3	0.003	0.14	-0.064	-3.82
	4	0.0053	0.25	0.078	4.67
	5	-0.032	-1.56	0.020	1.23

表 4 - 13 至表 4 - 17 的结果粗略地表明以下结论。

（1）沪深 300 股指期货价格滞后项在滞后 8 阶时都对现货价格有显著的（t 绝对值都显著大于临界值）预测能力，期货领先现货至少 8 分钟，而现货价格滞后项除滞后 1 阶系数与 t 值较为显著外，其他各滞后值都不太显著，观察 t 值，粗略地认为现货领先期货大约 4 分钟。沪深 300 股指期货滞后 4 阶价格对其自身具有预测能力，而现货滞后 8 阶都对其自身具有预测能力，表明股指期货市场信息传递速度明显快于现货市场，或者说期货市场信息效率明显高于现货市场。

（2）日经 225 股指期货价格滞后项在滞后 5 阶时都对现货价格有显著的（t 绝对值都显著大于临界值）预测能力，期货领先现货至少 5 分钟，而现货价格滞后项除滞后 2 阶系数与 t 值较为显著外，其他各滞后值都不太显著，观察 t 值，粗略地认为现货领先期货不明显。日经 225 股指期货滞后 2 阶价格对其自身具有预测能力，而现货滞后 4 阶时都对其自身具有预测能力，表明股指期货市场信息传递速度明显快于现货市场，或者说期货市场信息效率明显高于现货市场。

（3）恒生股指期货价格滞后项在滞后 8 阶时都对现货价格有显著的（t 绝对值都显著大于临界值）预测能力，期货领先现货至少 8 分钟，而现货价格滞后项都不太显著，粗略地认为现货领先期货不明显。恒生股指期货滞后 1 阶价格对其自身具有预测能力，而现货滞后 8 阶时都对其自身具有预测能力，表明股指期货市场信息传递速度明显快于现货市场，或者说期货市场信息效率明显高于现货市场。

（4）国企指数期货价格滞后项在滞后 8 阶时都对现货价格有显著的（t 绝对值都显著大于临界值）预测能力，期货领先现货至少 8

分钟，而现货价格滞后项除滞后 1 阶系数与 t 值较为显著外，其他各滞后值都不太显著，观察 t 值，粗略地认为现货领先期货大约 1 分钟。国企期货滞后 1 阶价格对其自身具有预测能力，而现货滞后 8 阶都对其自身具有预测能力，表明股指期货市场信息传递速度明显快于现货市场，或者说期货市场信息效率明显高于现货市场。

（5）A50 指数期货价格滞后项在滞后 5 阶时都对现货价格有显著的（t 绝对值都显著大于临界值）预测能力，期货领先现货至少 25 分钟，而现货价格滞后项除滞后 1 阶、2 阶系数与 t 值较为显著外，其他各滞后值都不太显著，观察 t 值，粗略地认为现货领先期货大约 10 分钟。A50 指数期货滞后 4 阶价格对其自身具有预测能力，而现货滞后 4 阶价格对其自身也具有预测能力，表明 A50 指数期货市场、现货市场信息传递速度快慢不明确。

（6）各市场 VAR 模型初步表明，首先，股指期现货具有日内相互引导关系，期货对现货的引导关系强于现货对期货的引导关系，甚至出现股指期货对现货的单向引导关系；其次，除 A50 指数期现货市场外，其他市场检验结果表明股指期货市场信息传递速度明显快于现货市场，或者说期货市场信息效率明显高于现货市场。A50 指数期货市场同样属于活跃的期货市场，但就本节检验结果看，其效率已经相对低于沪深 300 股指期货市场，沪深 300 在价格发现及信息效率上都领先于 A50 指数期货市场，同样，在数据可获得条件下，检验沪深 300 股指期货推出前后 A50 指数期货市场与 A50 指数之间的关系可以获得更为深入的结论，同时，改变数据频率也可能改变结果，也可结合后面几章结论进行探讨。

同样，使用 5 分钟间隔数据的 VAR 模型，除领先、滞后时间的解释稍有不同外，其他结论与 1 分钟间隔数据 VAR 模型基本相同，而且 1 分钟数据结果也更为精确，在此不再赘述。

（二）协整检验结果

对 $\ln IF_t$、$\ln SI_t$ 序列进行 Johansen 协整检验，结果见表 4 - 18 至表 4 - 22。

表 4 - 18　沪深 300 期现货对数价格序列 Johansen 协整检验结果

原假设	特征根	迹统计量	最大特征值统计量	相伴概率
0 个协整向量	0.00120201	71.91423069 ***	69.84396428 ***	0.00000003
最多 1 个协整向量	0.00003565	2.07026642	2.07026642	0.15019397

"***"表明在 1% 的显著性水平下拒绝原假设。

表 4 - 19　日经 225 期现货对数价格序列 Johansen 协整检验结果

原假设	特征根	迹统计量	最大特征值统计量	相伴概率
0 个协整向量	0.041175	451.9054 ***	448.7673 ***	0.0001
最多 1 个协整向量	0.000294	3.138113	3.138113	0.0765

"***"表明在 1% 的显著性水平下拒绝原假设。

表 4 - 20　恒生指数期现货对数价格序列 Johansen 协整检验结果

原假设	特征根	迹统计量	最大特征值统计量	相伴概率
0 个协整向量	0.008021	73.14777 ***	71.53317 ***	0.000000
最多 1 个协整向量	0.000182	1.614606	1.614606	0.2038

"***"表明在 1% 的显著性水平下拒绝原假设。

表 4 - 21　国企指数期现货对数价格序列 Johansen 协整检验结果

原假设	特征根	迹统计量	最大特征值统计量	相伴概率
0 个协整向量	0.014486	102.905 ***	100.3333 ***	0.0000000
最多 1 个协整向量	0.000374	2.571663	2.571663	0.1088

"***"表明在 1% 的显著性水平下拒绝原假设。

表 4 - 22　A50 指数期现货对数价格序列 Johansen 协整检验结果

原假设	特征根	迹统计量	最大特征值统计量	相伴概率
0 个协整向量	0.019392	127.1581 ***	122.8608 ***	0.0000000
最多 1 个协整向量	0.000685	4.297246	4.297246	0.0382

"***"表明在 1% 的显著性水平下拒绝原假设。

表 4 - 18 至表 4 - 22 表明各样本 $\ln IF_t$、$\ln SI_t$ 序列均存在一个协整方程，残差 ECM_{t-1} 序列经检验为平稳序列，明确表明股指期现货价格存在长期均衡关系，这是基于现货持有成本的期货定价理论模型的一个佐证。基于 5 分钟间隔数据的分析结论与 1 分钟间隔数据的结论基本一致。

（三）VEC 模型的建立及估计结果

以本节 VAR、协整检验作为基础建立 VEC（8）模型，系数矩阵如表 4 - 23 至表 4 - 27 所示。

表 4 - 23　沪深 300 期现货对数价格 VEC 模型系数矩阵

滞后	$\Delta \ln IF_t$							
	1	2	3	4	5	6	7	8
$\Delta \ln IF_t$	0.065 [13.32]	0.027 [5.2]	0.047 [8.85]	0.012 [2.31]	0.008 [1.48]	0.004 [0.71]	0.011 [2.02]	0.006 [1.09]
$\Delta \ln SI_t$	0.256 [77.72]	0.178 [51.02]	0.151 [42.35]	0.125 [34.5]	0.086 [23.68]	0.064 [17.48]	0.041 [11.29]	0.027 [7.89]

滞后	$\Delta \ln SI_t$							
	1	2	3	4	5	6	7	8
$\Delta \ln IF_t$	-0.057 [-7.95]	-0.029 [-4.14]	-0.031 [-4.38]	-0.003 [-0.44]	-0.009 [-1.26]	-0.025 [-3.65]	-0.013 [-1.82]	-0.017 [-2.7]
$\Delta \ln SI_t$	0.073 [15.2]	-0.058 [-12.04]	-0.123 [-25.34]	-0.108 [-22.3]	-0.081 [-16.74]	-0.055 [-11.53]	-0.035 [-7.44]	-0.013 [-2.95]

ECM_{t-1}	0.0024 [3.91]
	-0.0018 [-4.34]

“Δ”表示一阶差分，也即表示各序列对数收益率。“［］”中为 t 检验值。

表 4 – 24　日经 225 期现货对数价格 VEC 模型系数矩阵

滞后	$\Delta\ln IF_t$				
	1	2	3	4	5
$\Delta\ln IF_t$	0.017 [1.26]	-0.024 [-1.78]	-0.022 [-1.61]	-0.002 [-0.12]	-0.014 [-1.02]
$\Delta\ln SI_t$	0.001 [0.02]	-0.023 [-1.76]	-0.043 [-3.35]	0.044 [3.38]	-0.034 [-2.64]
滞后	$\Delta\ln SI_t$				
	1	2	3	4	5
$\Delta\ln IF_t$	-0.014 [-1.01]	0.023 [1.63]	0.02 [1.39]	0.001 [0.01]	0.003 [0.25]
$\Delta\ln SI_t$	0.008 [0.63]	-0.004 [-0.36]	0.024 [1.84]	0.065 [4.91]	0.018 [1.34]
ECM_{t-1}	-0.004 [-0.81] 0.079 [14.43]				

"Δ"表示一阶差分，也即表示各序列对数收益率。"［ ］"中为 t 检验值。

表 4 – 25　恒生指数期现货对数价格 VEC 模型系数矩阵

滞后	$\Delta\ln IF_t$							
	1	2	3	4	5	6	7	8
$\Delta\ln IF_t$	0.001 [0.04]	-0.016 [-0.65]	0.001 [0.03]	0.010 [0.39]	0.014 [0.54]	-0.008 [-0.33]	0.022 [0.93]	0.003 [0.18]
$\Delta\ln SI_t$	0.505 [24.31]	0.384 [16.73]	0.301 [12.51]	0.260 [10.72]	0.227 [9.44]	0.156 [6.65]	0.139 [6.36]	0.070 [3.69]
滞后	$\Delta\ln SI_t$							
	1	2	3	4	5	6	7	8
$\Delta\ln IF_t$	-0.010 [-0.41]	-0.001 [-0.02]	0.004 [0.16]	0.008 [0.30]	-0.019 [-0.70]	0.004 [0.16]	-0.006 [-0.26]	-0.004 [-0.20]
$\Delta\ln SI_t$	-0.442 [-19.71]	-0.339 [-14.20]	-0.267 [-10.92]	-0.233 [-9.50]	-0.207 [-8.57]	-0.149 [-6.35]	-0.107 [-4.91]	-0.068 [-3.68]
ECM_{t-1}	-0.011 [-0.91] 0.040 [3.55]							

"Δ"表示一阶差分，也即表示各序列对数收益率。"［ ］"中为 t 检验值。

表 4 – 26 国企指数期现货对数价格 VEC 模型系数矩阵

滞后	$\Delta\ln IF_t$							
	1	2	3	4	5	6	7	8
$\Delta\ln IF_t$	−0.010	−0.047	−0.042	−0.028	−0.020	−0.037	−0.001	−0.016
	[−0.31]	[−1.28]	[−1.09]	[−0.73]	[−0.54]	[−1.01]	[−0.01]	[−0.61]
$\Delta\ln SI_t$	0.578	0.409	0.331	0.275	0.227	0.137	0.126	0.047
	[19.44]	[12.36]	[9.61]	[7.90]	[6.64]	[4.18]	[4.22]	[1.90]

滞后	$\Delta\ln SI_t$							
	1	2	3	4	5	6	7	8
$\Delta\ln IF_t$	0.016	0.019	0.040	0.056	0.010	0.024	0.017	0.004
	[0.47]	[0.50]	[1.03]	[1.44]	[0.28]	[0.66]	[0.51]	[0.16]
$\Delta\ln SI_t$	−0.523	−0.383	−0.297	−0.229	−0.210	−0.130	−0.096	−0.047
	[−16.52]	[−11.2]	[−8.46]	[−6.51]	[−6.10]	[−3.99]	[−3.23]	[−2.0]

ECM_{t-1}	−0.072
	[−3.06]
	0.034
	[1.61]

"Δ"表示一阶差分，也即表示各序列对数收益率。"［］"中为 t 检验值。

表 4 – 27 A50 指数期现货对数价格 VEC 模型系数矩阵

滞后	$\Delta\ln IF_t$				
	1	2	3	4	5
$\Delta\ln IF_t$	−0.094	−0.018	−0.007	−0.061	−0.029
	[−5.99]	[−1.15]	[−0.49]	[−3.65]	[−1.75]
$\Delta\ln SI_t$	0.032	0.177	0.372	0.166	0.122
	[2.56]	[14.08]	[29.28]	[12.37]	[9.15]

滞后	$\Delta\ln SI_t$				
	1	2	3	4	5
$\Delta\ln IF_t$	0.125	0.035	0.037	0.042	0.011
	[7.08]	[1.97]	[2.14]	[2.44]	[0.65]
$\Delta\ln SI_t$	−0.119	−0.138	−0.202	−0.127	−0.12
	[−8.36]	[−9.67]	[−14.32]	[−8.99]	[−8.71]

ECM_{t-1}	−0.015
	[−1.63]
	0.074
	[9.92]

"Δ"表示一阶差分，也即表示各序列对数收益率。"［］"中为 t 检验值。

VEC 模型分析了两个序列的长期均衡调整路径及短期动态关系，表 4 – 23 至表 4 – 27 结果表明以下结论。

（1）沪深 300 股指期货、现货相应序列的误差修正项 ECM_{t-1} 的系数均显著，表示两者都受长期均衡关系的影响，两者存在长期的相互引导（预测）关系。ECM_{t-1} 项系数表示偏离均衡后的恢复调整速度。从估计结果看，$\Delta \ln IF_t$ 作为因变量的 ECM_{t-1} 项系数为 0.0024，大于 0，而 $\Delta \ln SI_t$ 作为因变量的 ECM_{t-1} 项系数为 – 0.0018，小于 0，表明大多时候股指期货价格高于现货指数，这与事实相符。同时，如果某一时期指数期货价格低于现货指数，期货价格将有一个上涨的恢复调整，回复到均衡关系，现货指数则做相反的调整，也即市场对于股指期货价格和现货指数的低估或高估都将进行很快的调整，这种期现货联动的显著关系再次反映了沪深 300 股指期货市场有效地发挥了作用。同时，各滞后收益率序列的系数及 t 检验值基本反映了与对数价格序列分析基本相同的结果。基于 5 分钟间隔数据的 VEC 模型同样保持了与上述分析结论的一致性，故不赘述。

（2）日经 225 指数现货序列的误差修正项 ECM_{t-1} 的系数显著，而期货序列的误差修正项 ECM_{t-1} 的系数不显著，表示日经 225 指数现货受长期均衡关系的影响较为显著，新加坡日经 225 股指期货存在长期的对日经 225 指数的引导关系，这同样呈现了与 VAR 模型分析结论中的非本土市场关联特征，即海外非本土股指期货市场的高效运行为标的物本土现货市场同样提供了大量信息，而海外股指期货市场本身由于与标的物本土现货市场缺乏充分的联动而具有相对独立的运行特征。ECM_{t-1} 项系数表示偏离均衡后的恢复调整速度。从估计结果看，$\Delta \ln IF_t$ 作为因变量的

ECM_{t-1} 项系数为 -0.004，小于0，而 $\Delta \ln SI_t$ 作为因变量的 ECM_{t-1} 项系数为0.079，大于0，表明大多数时候股指期货价格低于现货指数。同时，如果某一时期期货价格高于现货指数，现货指数将有一个主动上涨的恢复调整，回复到均衡关系，期货价格则相对独立地只做略微相反的调整，也即市场对于现货指数的低估或高估进行调整的速度较快，这种期现货联动的关系反映了日经225非本土股指期货市场有效地发挥了价格发现作用，但本土现货市场对海外非本土指数期货市场的相反引导关系则相对不足的特征。这一特征在数据可获得情况下，可与本土日经225指数期货的检验结果进行比较，从而进行更为深入的探讨。同时，各滞后收益率序列的系数及 t 检验值基本反映了与对数价格序列分析基本相同的结果。5分钟间隔数据的 VEC 模型结果具有一致性。

（3）恒生指数现货序列的误差修正项 ECM_{t-1} 的系数显著，而期货序列的误差修正项 ECM_{t-1} 的系数不显著，表明恒生指数现货受长期均衡关系的影响较为显著，恒生指数期货存在长期的对现货标的指数的单向引导关系，这呈现了与 VAR 模型分析结论一致的期现货关联特征，即恒生股指期货市场的高效运行为标的物现货市场提供了大量信息，而期货市场本身由于存在众多其他同标的物衍生产品而与现货市场缺乏完全的单独联动关系而具有相对独立的运行特征。ECM_{t-1} 项系数表示偏离均衡后的恢复调整速度。从估计结果看，$\Delta \ln IF_t$ 作为因变量的 ECM_{t-1} 项系数为 -0.011，小于0，而 $\Delta \ln SI_t$ 作为因变量的 ECM_{t-1} 项系数为0.04，大于0，表明大多数时候恒指期货价格低于现货指数。同时，如果某一时期指数期货价格高于现货指数，现货指数同样有一个上涨的恢复调整，回复到均衡关系，指数期货价格则相对独立只做略微相反的调整，也即市场对于现货指数的低估或高估都将很快进行调整，这种期现联动的关系反映了恒生股指期货市场有效地发挥了价格发现作用，但现货市场对指数期货市场的相反引导关系则相对不足。这一特征在数据可获得的情况下，可结合恒生指数其他衍生品研究多重引导关系进行比较，以突出恒生指数期货的单独作用并进行更为深入的探讨。同时，各滞后收益率序列的系数及 t 检验值基本反映了与对数价格序列分析基本相同的结果。基于 5 分钟间隔数据的分析结果类似。

（4）国企指数期货序列的误差修正项 ECM_{t-1} 的系数显著，而现货序列的误差修正项 ECM_{t-1} 的系数不十分显著，表明国企指数期货受长期均衡关系的影响相对显著，同时，国企股指期货存在长期地对国企指数的单向引导关系，这与 VAR 模型分析结论一致，即国企指数期货市场的高效运行同样为国企指数现货市场提供了大量信息，而国企指数现货 H 股市场本身由于更易受到中国内地市场及政策的密切影响，同时由于内地证券市场与中国香港证券市场并不存在紧密的微观运行联系，而与国企指数期货缺乏完全的单独联动关系，因此，具有相对独立的运行特征。ECM_{t-1} 项系数表示偏离均衡后的恢复调整速度。从估计结果看，$\Delta\ln IF_t$ 作为因变量的 ECM_{t-1} 项系数为 -0.072，小于 0，而 $\Delta\ln SI_t$ 作为因变量的 ECM_{t-1} 项系数为 0.034，大于 0，表明大多时候国企指数期货价格低于国企指数现货。同时，如果某一时期国企指数期货价格高于国企指数现货，国企指数期货价格将有一个主动上涨的恢复调整，国企指数则只做略微相反的调整，也即市场对于国企指数期货价格的低估或高估都将很快做出调整，国企指数期货有效地发挥了价格发现作用，但国企指数 H 股现货市场对指数期货市场的相反引导关系相对不足。这一特征在数据可获得的情况下，同样可结合国企指数其他衍生品研究多重引导关系以进行比较，同时，也可比较沪深 300 股指期货推出前后的国企指数期现关系变化特征，从而进行更为深入的探讨。

（5）A50 指数现货序列的误差修正项 ECM_{t-1} 的系数显著，而 A50 指数期货序列的误差修正项 ECM_{t-1} 的系数不显著，表示 A50 指数现货受长期均衡关系的影响相对显著，A50 指数期现货存在长期的相互引导关系，海外非本土股指期货市场为标的物本土现货市场同样提供了大量信息，而海外股指期货市场本身由于与标的物本土现货市场缺乏充分的联动而具有相对独立的运行特征。同时，A50 现货市场本身由于更易受到中国内地市场及政策的密切影响，且中国内地证券市场与新加坡证券市场并不存在紧密的微观运行联系，从而 A50 现货市场对期货市场具有相对较强的反向引导关系。从估计结果看，$\Delta \ln IF_t$ 作为因变量的 ECM_{t-1} 项系数为 -0.015，小于 0，而 $\Delta \ln SI_t$ 作为因变量的 ECM_{t-1} 项系数为 0.074，大于 0，表明大多数时候 A50 指数期货价格低于 A50 指数，同时，如果某一时期 A50 指数高于指数期货价格，现货指数将有一个主动上涨的恢复调整，回复到均衡关系，A50 指数期货价格只做略微相反的调整，市场对于 A50 现货指数的低估或高估都将进行快速调整，A50 指数期货市场也积极发挥了价格发现作用，中国本土现货市场对非本土的 A50 指数期货市场虽具有相对较强的反向引导关系，但该引导关系仍然弱于 A50 期货对现货的引导关系。再与沪深 300 期现货市场引导关系的结果相比较，沪深 300 期现货市场表现出的期现联动效率明显高于 A50 市场，即从参数显著性程度以及领先 - 滞后阶数比较上看，无论从期货引导现货的强度还是现货引导期货的强度上，沪深 300 股指期现货市场的信息相互传导效率都高于标的物极为类似的 A50 指数期现货市场。同样，在数据可获得的情况下，可比较沪深 300 股指期货推出前后的 A50 指数期现关系变化特征，以进行更为深入的探讨。

（6）在本土期现货市场引导关系中，沪深 300 期现货市场的引导关系特征与恒生指数及国企指数期现货市场的引导关系特征不同，相对于更为成熟的恒生及国企指数期现货市场，沪深 300 股指期现货市场呈现期现货相互引导的双向关系，而恒生及国企指数期货市场则在指数市场定价过程中发挥了更为显著的作用，呈股指期货对现货的单向引导关系。这种结果体现了较为发达的期货市场具有定价中心作用的基本假设，即在考虑信息传递效率的角度，由于期货市场能够相对自由地进行买空卖空双向交易，且交易成本低于现货市场，则期货市场应该如理论假设那样明显地具有较高的信息传播效率。当然，这一点也要结合后面几章的论述进行进一步说明。

（四）Granger 引导关系检验结果

为更为直观地描述日内股指期现货一阶对数价格的动态关系，保证结果的完整性，进行 Granger 引导关系检验。为保证结果的稳健性以及防止伪回归带来的偏差，应对平稳序列进行 Granger 检验，并应用 VEC 模型的滞后结构进行检验。但考虑到隔夜收益率异常变动的影响，本书将 $\ln IF_t$、$\ln SI_t$ 序列分别进行一阶差分后，计算出期现货对数收益率序列，经检验两序列均为平稳序列，同时，剔除隔夜收益率，以保证 Granger 检验结果的稳定性和完整性，结果见表 4-28 至表 4-32。

表 4 – 28　沪深 300 股指期现货对数收益率 Granger 检验结果

原假设	$\Delta \ln IF_t$ 不是 $\Delta \ln SI_t$ 的 Granger 原因									
滞后	1	2	3	4	5	6	7	8	…	50
F 值	18380.9	9540.8	6629.3	5181.9	4234.6	3563.1	3063.7	2687.9	…	433.7
原假设	$\Delta \ln SI_t$ 不是 $\Delta \ln IF_t$ 的 Granger 原因									
滞后	1	2	3	4	5	6	7	8	…	50
F 值	3.1	12.3	27.6	15.7	14.3	12.1	12.9	11.1	…	2.2

表 4 – 29　日经 225 股指期现货对数收益率 Granger 检验结果

原假设	$\Delta \ln IF_t$ 不是 $\Delta \ln SI_t$ 的 Granger 原因							
滞后	1	2	3	4	5	6	7	8
F 值	15.8	9.9	6.6	15.7	12.5	11.1	10.8	9.2
原假设	$\Delta \ln SI_t$ 不是 $\Delta \ln IF_t$ 的 Granger 原因							
滞后	1	2	3	4	5	6	7	8
F 值	1.4	2.2	2.2	1.7	1.3	2.1	1.9	1.8

表 4 – 30　恒生指数期现货对数收益率 Granger 检验结果

原假设	$\Delta \ln IF_t$ 不是 $\Delta \ln SI_t$ 的 Granger 原因							
滞后	1	2	3	4	5	6	7	8
F 值	488.1	337.6	250.2	199.6	170.4	144.8	129.5	115.5
原假设	$\Delta \ln SI_t$ 不是 $\Delta \ln IF_t$ 的 Granger 原因							
滞后	1	2	3	4	5	6	7	8
F 值	0.4	0.1	0.3	0.2	0.3	0.4	0.3	0.2

表 4 – 31　国企指数期现货对数收益率 Granger 检验结果

原假设	$\Delta \ln IF_t$ 不是 $\Delta \ln SI_t$ 的 Granger 原因							
滞后	1	2	3	4	5	6	7	8
F 值	421.5	260.8	190.9	152.5	128.6	108.1	95.5	84.1
原假设	$\Delta \ln SI_t$ 不是 $\Delta \ln IF_t$ 的 Granger 原因							
滞后	1	2	3	4	5	6	7	8
F 值	0.5	1.6	2.2	2.1	1.8	1.9	1.5	1.4

表 4 – 32　A50 指数期现货对数收益率 Granger 检验结果

原假设	$\Delta\ln IF_t$ 不是 $\Delta\ln SI_t$ 的 Granger 原因							
滞后	1	2	3	4	5	6	7	8
F 值	4.5	85.3	406.8	344.2	292.6	265.9	236.8	213.2
原假设	$\Delta\ln SI_t$ 不是 $\Delta\ln IF_t$ 的 Granger 原因							
滞后	1	2	3	4	5	6	7	8
F 值	50.2	25.9	18.0	18.3	15.8	12.5	10.8	9.5

根据表 4 – 28 至表 4 – 32 结果及比较，得出如下结论。

（1）将滞后阶数尽量取大，表 4 – 28 结果表明，在 1% 的显著性水平下，$\Delta\ln IF_t$ 与 $\Delta\ln SI_t$ 呈相互引导关系，沪深 300 股指期现货对数收益率是相互引导关系。但从 Granger 检验原理及 F 统计量值来看，在 $\Delta\ln SI_t$ 作为因变量时，回归检验中，不加入 $\Delta\ln IF_t$ 的滞后变量的回归残差平方和相当大，以至于滞后阶数为 8 阶时 F 值都达到 2687.9，到滞后 50 阶时都有 433.7，说明 $\Delta\ln IF_t$ 的滞后变量对 $\Delta\ln SI_t$ 有极强的解释预测能力，而当 $\Delta\ln IF_t$ 作为因变量时，回归检验结果 F 值都较小，而且随着滞后阶数的增加在递减，到 50 阶后逐渐不显著，明显说明沪深 300 股指期货对现货较现货对期货有较强的引导作用。这与前述 VAR 模型等结论保持了一致，并完全符合本书理论文献部分的描述。基于 5 分钟间隔数据的分析结论基本相同。

（2）表 4 – 29 结果表明，在 1% 的显著性水平下，呈现 $\Delta\ln IF_t$ 引导 $\Delta\ln SI_t$ 的单向引导关系。从 Granger 检验原理及 F 统计量值来看，在 $\Delta\ln SI_t$ 作为因变量的回归检验中，不加入 $\Delta\ln IF_t$ 的滞后变量的回归残差平方和相对较大，滞后阶数为 8 阶时 F 值都达到 9.2，说明 $\Delta\ln IF_t$ 的滞后变量对 $\Delta\ln SI_t$ 有极强的解释预测能力，而当 $\Delta\ln IF_t$ 作为因变量时，回归检验结果 F 值都不显著，而且随着滞后阶数的增加在递减，说明日经 225 股指期货对现货具有单向引导作用，这与前述 VAR 模型等结论保持了一致。5 分钟间隔数据分析结果基本相同。

（3）表 4 - 30 结果表明，在 1% 的显著性水平下，呈现 $\Delta \ln IF_t$ 引导 $\Delta \ln SI_t$ 的单向引导关系。从 Granger 检验原理及 F 统计量值看，在 $\Delta \ln SI_t$ 作为因变量的回归检验中，不加入 $\Delta \ln IF_t$ 的滞后变量的回归残差平方和相当大，滞后阶数为 8 阶时 F 值都达到 115.5，说明 $\Delta \ln IF_t$ 的滞后变量对 $\Delta \ln SI_t$ 有极强的解释预测能力，而当 $\Delta \ln IF_t$ 作为因变量时，回归检验结果 F 值都不显著，而且随着滞后阶数的增加在递减，明显说明恒生股指期货对现货有极强的单向引导作用，这与前述 VAR 模型等结论保持了一致。5 分钟间隔数据分析结果相同。

（4）表 4 - 31 结果表明，在 1% 的显著性水平下，呈现 $\Delta \ln IF_t$ 引导 $\Delta \ln SI_t$ 的单向引导关系。从 Granger 检验原理及 F 统计量值来看，在 $\Delta \ln SI_t$ 作为因变量的回归检验中，不加入 $\Delta \ln IF_t$ 的滞后变量的回归残差平方和相当大，滞后阶数为 8 阶时 F 值都达到 84.1，说明 $\Delta \ln IF_t$ 的滞后变量对 $\Delta \ln SI_t$ 有极强的解释预测能力，而当 $\Delta \ln IF_t$ 作为因变量时，回归检验结果 F 值都不显著，而且随着滞后阶数的增加在递减，明显说明国企指数期货对现货有极强的单向引导作用。5 分钟间隔数据的分析结论相同。

（5）表 4 - 32 结果表明，在 1% 的显著性水平下，$\Delta \ln IF_t$ 与 $\Delta \ln SI_t$ 呈相互引导关系，A50 股指期现货对数收益率是相互引导关系，但从 Granger 检验原理及 F 统计量值来看，在 $\Delta \ln SI_t$ 作为因变量的回归检验中，不加入 $\Delta \ln IF_t$ 的滞后变量的回归残差平方和相当大，以至于滞后阶数为 8 阶时 F 值都达到 213.2，说明 $\Delta \ln IF_t$ 的滞后变量对 $\Delta \ln SI_t$ 有极强的解释预测能力，而当 $\Delta \ln IF_t$

作为因变量时，回归检验结果 F 值都较小，而且随着滞后阶数的增加在递减，同样说明 A50 指数期货对现货较现货对期货有较强的引导作用。

（6）以 F 值绝对值大小为依据，可以明显看出，从 Granger 引导关系检验看，本土股指期现货市场的期货对现货的引导关系强度（效率）显著高于非本土股指期货市场对本土现货市场的引导关系强度。沪深 300、恒生指数及国企指数期现货 Granger 引导关系检验中的"$\Delta \ln IF_t$ 不是 $\Delta \ln SI_t$ 的 Granger 原因"检验 F 值显著大于新加坡日经 225、A50 指数期现货 Granger 引导关系检验中相同部分的 F 值，尤其是沪深 300 和 A50 指数期现货检验结果的对比结果表明，虽然 Granger 检验结果都是期现货相互引导关系，但沪深 300 股指期货与沪深 300 指数的引导关系强度（效率）显著高于 A50 指数期货与 A50 指数的引导关系强度（效率），说明本土股指期货市场在对本土现货市场的信息传播效率上居于主导地位，再次验证了前述 VAR、VEC 模型检验的结果。

三　波动率序列实证结果及比较

二阶距波动率，尤其是 Garman-Klass 标准波动率，包含了更多的信息，因此，股指期现货价格波动率之间的关系分析对于两者日内动态关系是不可缺少的，是两者关系研究结论可靠性的基础之一。本章第三节一中已检验股指期现货价格波动率序列都为平稳序列，可直接建立 VAR 模型，进行 Granger 引导关系检验。同时，波动率估计过程中由于考虑了最高最低价因素，虽包含了更多信息，但噪声交易因素也被更多地考虑在内，在高频数据分析中这个问题以微观结构误差的形式表现出来，数据频率越高，考虑因素越多，微观结构误差也越大。为尽量考虑此问题的影响，波动率序列的相关分析采用基于5分钟间隔数据的分析结果报告①。

（一）VAR模型的建立及估计结果

股指期现货价格波动率VAR模型定阶及稳定性检验过程参考对数价格序列相关部分的方法，参数矩阵见表4-33至表4-37。

表4-33　沪深300股指期现货价格波动率VAR模型系数矩阵

滞后	VIF_t							
	1	2	3	4	5	6	7	8
VIF_t	0.184	0.09	0.129	0.092	0.074	0.028	0.046	0.067
	[17.7]	[8.52]	[12.24]	[8.6]	[6.96]	[2.65]	[4.46]	[6.52]
VSI_t	0.098	-0.025	-0.002	-0.003	0.009	0.020	0.003	0.027
	[13.77]	[-3.4]	[-0.29]	[-0.37]	[1.22]	[2.78]	[0.39]	[3.84]
滞后	VSI_t							
	1	2	3	4	5	6	7	8
VIF_t	-0.095	0.094	0.043	0.018	0.032	0.034	0.024	0.025
	[-6.25]	[6.15]	[2.81]	[1.19]	[2.11]	[2.21]	[1.58]	[1.65]
VSI_t	0.075	0.113	0.071	0.066	0.054	0.033	0.049	0.016
	[7.25]	[10.81]	[6.71]	[6.34]	[5.18]	[3.16]	[4.74]	[1.56]

"［］"中为t检验值。

表4-33结果表明，沪深300股指期现货价格波动率的动态关系不是非常明确，前两阶滞后关系粗略表现为相互引导关系，相互都领先至少10分钟左右，股指期货引导现货略强，相

---

① 经比较，采用基于1分钟间隔数据的分析结果与5分钟间隔数据的分析结果并无太大差异。

比一阶矩价格引导关系期现货价格波动率相互引导关系趋弱。在考虑更多信息时，股指期货市场与现货市场在交易方式、交易者构成等微观结构因素上表现出更多的差异，可能是造成引导关系不明确的主要原因，但并没有与一阶矩结论产生较大的矛盾。

表 4 - 34　日经 225 股指期现货价格波动率 VAR 模型系数矩阵

滞后	VIF_t				
	1	2	3	4	5
VIF_t	0.13 [13.53]	0.086 [8.89]	0.065 [6.73]	0.059 [6.16]	0.058 [6.04]
VSI_t	0.0123 [2.38]	0.0195 [3.73]	0.006 [1.20]	0.032 [6.18]	0.014 [2.79]
滞后	VSI_t				
	1	2	3	4	5
VIF_t	0.014 [0.84]	-0.009 [-0.54]	0.016 [0.90]	0.013 [0.73]	0.049 [2.76]
VSI_t	0.073 [7.63]	0.076 [7.92]	0.078 [8.13]	0.032 [3.40]	0.058 [6.09]

"[]"中为 t 检验值。

表 4 - 34 结果表明，日经 225 股指期现货价格波动率的动态关系与一阶矩价格引导关系结论类似，但日经 225 股指期现货市场的长记忆特征与一阶矩结论不同，即期现货市场信息传递结构比较结果不明确，指数期现货价格相对独立，不能较清晰地说明两者信息传递的具体关系。在考虑更多信息时，微观结构因素上表现出更多差异，可能是造成信息传递速度关系不明确的主要原因，但从数据结构上看并没有与一阶矩结论产生较大矛盾。

表 4 - 35　恒生股指期现货价格波动率 VAR 模型系数矩阵

滞后	VIF_t							
	1	2	3	4	5	6	7	8
VIF_t	0.230 [20.94]	0.107 [9.46]	0.094 [8.34]	0.097 [8.56]	0.090 [8.00]	0.049 [4.33]	0.054 [4.81]	0.087 [7.94]
VSI_t	0.098 [15.03]	-0.018 [-2.68]	-0.008 [-1.23]	0.001 [0.23]	-0.001 [-0.13]	-0.008 [-1.25]	0.002 [0.31]	-0.001 [-0.11]
滞后	VSI_t							
	1	2	3	4	5	6	7	8
VIF_t	0.102 [5.51]	-0.005 [-0.30]	-0.040 [-2.15]	-0.010 [-0.56]	-0.000 [-0.01]	-0.004 [-0.22]	-0.007 [-0.40]	0.040 [2.17]
VSI_t	0.112 [10.19]	0.078 [7.06]	0.079 [7.11]	-0.011 [2.70]	0.085 [7.71]	0.042 [3.84]	0.035 [3.23]	0.069 [6.30]

"［］"中为 t 检验值。

表 4 - 35 结果表明，恒生股指期现货价格波动率的动态关系与一阶矩价格引导关系结论略有不同。恒生指数期现货波动率呈相互引导关系，期货领先现货 2 分钟，而现货领先期货 1 分钟，这是对一阶矩结论的一个重要补充。同时，恒生股指期现货市场的长记忆特征与一阶矩结论不同，即期现货市场信息传递结构不明确，不能说明两者信息传递关系结构，股指期货市场与现货市场在交易方式、交易者构成等微观结构因素上表现出更多的差异，可能是造成二阶矩信息传递关系不同于一阶矩结果的主要原因，但从数据结构上看，并没有与一阶矩结论产生较大矛盾，而且补充证明了股指期现货之间的相互引导关系理论假设。

表 4-36　国企指数期现货价格波动率 VAR 模型系数矩阵

滞后	VIF_t							
	1	2	3	4	5	6	7	8
VIF_t	0.212 [16.75]	0.085 [6.61]	0.080 [6.22]	0.069 [5.34]	0.081 [6.31]	0.048 [3.77]	0.045 [3.51]	0.054 [4.37]
VSI_t	0.057 [7.81]	-0.008 [-1.07]	0.009 [1.31]	0.023 [3.14]	-0.002 [-0.33]	0.013 [1.75]	0.004 [0.61]	0.016 [2.28]
滞后	VSI_t							
	1	2	3	4	5	6	7	8
VIF_t	0.123 [5.68]	0.028 [1.30]	0.047 [2.19]	0.001 [0.07]	-0.006 [-0.319]	0.026 [1.21]	0.049 [2.29]	0.060 [2.77]
VSI_t	0.078 [6.18]	0.061 [4.87]	0.051 [4.00]	0.022 [1.76]	0.059 [4.68]	0.054 [4.26]	0.030 [2.37]	0.037 [2.95]

"［］"中为 t 检验值。

表 4-36 结果表明，国企指数期现货价格波动率的动态关系与一阶矩价格引导关系结论略有不同。恒生指数期现货波动率呈相互引导关系，期货领先现货 4 分钟，而现货领先期货 1 分钟。这是对一阶矩结论的一个补充，但同样并没有与一阶矩结论产生大的矛盾。

表 4-37 结果表明，A50 指数期现货价格波动率的动态关系与一阶矩价格引导关系结论略有不同。A50 指数期现货波动率仍然呈相互引导关系，但期货领先现货 20 分钟，而现货领先期货 5 分钟，这是对一阶矩结论的一个补充。同时，A50 指数期现货市场的长记忆特征与一阶矩结论不同，现货市场价格波动率滞后 3 阶对其自身具有预测能力，而期货市场价格波动率滞后 5 阶仍然对其自身具有预测能力，即现货市场信息传递速度显然比期货市场信息传递速度快，同时，与沪深 300 期现市场 VAR 模型结果

表 4 – 37　A50 指数期现货价格波动率 VAR 模型系数矩阵

滞后	VIF_t				
	1	2	3	4	5
VIF_t	0.174 [13.32]	0.147 [11.09]	0.085 [6.35]	0.028 [1.96]	0.046 [3.20]
VSI_t	0.012 [0.97]	0.040 [3.10]	0.373 [28.01]	− 0.057 [− 4.02]	− 0.021 [− 1.52]
滞后	VSI_t				
	1	2	3	4	5
VIF_t	0.043 [3.24]	0.015 [1.18]	− 0.011 [− 0.87]	0.013 [0.99]	0.014 [1.10]
VSI_t	0.026 [2.02]	0.064 [4.89]	0.036 [2.74]	0.011 [0.88]	0.012 [0.93]

"［ ］"中为 t 检验值。

比较，再次补充说明了沪深 300 期货所具有的价格发现优势。同时，也再次说明了中国内地 A 股市场在开放程度不高的情况下相对于非本土期货市场的特殊的信息传递特征。在考虑到更多信息时，股指期货市场与现货市场在交易方式、交易者构成等微观结构因素上表现出更多的差异，可能是造成二阶矩信息传递速度关系不同于一阶矩结果的主要原因，但并没有与一阶矩结论产生较大矛盾。

（二）Granger 引导关系检验结果

进一步进行 Granger 引导关系检验，结果见表 4 – 38 至表 4 – 42。

表 4 – 38 结果表明，在滞后一阶内（5 分钟），沪深 300 股指期货价格波动率单向 Granger 引导现货价格波动率，而之后表现为相互引导。同一阶矩分析结果类似，股指期货价格波动率对

表 4 – 38   沪深 300 股指期现货价格波动率 Granger 检验结果

原假设	VIF_t 不是 VSI_t 的 Granger 原因									
滞后	1	2	3	4	5	6	7	8	…	50
F 值	486.4	223.0	125.1	81.7	61.0	49.3	39.8	35.0	…	9.4
原假设	VSI_t 不是 VIF_t 的 Granger 原因									
滞后	1	2	3	4	5	6	7	8	…	50
F 值	1.8	65.4	31.9	22.2	19.3	17.6	16.0	13.8		6.1

现货价格波动率的预测能力强于现货对期货波动率的预测能力，说明系统信息首先在股指期货市场被揭示，随后随着交易时间的推进信息在期现货市场之间交互传递，同前述一阶矩分析结论并无差异，而且同理论研究文献保持了较高的一致。

表 4 – 39   日经 225 股指期现货价格波动率 Granger 检验结果

原假设	VIF_t 不是 VSI_t 的 Granger 原因							
滞后	1	2	3	4	5	6	7	8
F 值	64.1	51.1	34.5	39.1	31.9	27.1	23.3	20.8
原假设	VSI_t 不是 VIF_t 的 Granger 原因							
滞后	1	2	3	4	5	6	7	8
F 值	33.2	16.0	11.6	8.4	8.3	8.4	5.9	4.8

表 4 – 39 结果表明，同一阶矩结论有所不同，虽然日经 225 股指期现货波动率呈现相互引导关系，但这种相互引导关系强于一阶矩的引导关系，在滞后 8 阶上日经 225 股指期现货价格波动率都呈现相互引导关系，只是从 F 值大小看，股指期货对现货的引导强度略大于现货对期货的引导强度。此结果再次明确了海外股指期货市场对本土现货市场价格引导关系的不确定性与偏弱的引导性。在数据可获得条件下，可以比较本土

与非本土股指期货市场对本土现货市场的检验结果，以获得更为深入的结论。

表 4 - 40　恒生股指期现货价格波动率 Granger 检验结果

原假设	VIF_t 不是 VSI_t 的 Granger 原因							
滞后	1	2	3	4	5	6	7	8
F 值	433.3	178.0	108.2	78.5	55.5	44.9	37.6	31.7
原假设	VSI_t 不是 VIF_t 的 Granger 原因							
滞后	1	2	3	4	5	6	7	8
F 值	48.7	8.3	8.6	8.7	6.8	5.6	5.0	4.8

表 4 - 40 结果表明，同一阶矩结论有所不同，恒生股指期现货波动率呈现相互引导关系，在滞后 8 阶上恒生股指期现货价格波动率都呈现相互引导关系，只是从 F 值大小看，股指期货对现货的引导强度大于现货对期货的引导强度。此结果从二阶矩波动率关系角度补充证明了股指期现货之间的相互引导关系，同时，也说明了波动率关系所表现出的复杂性，但从信息传递角度来说，仍然明确了股指期货在信息传递过程中的主导地位，而并未产生悖论。

表 4 - 41　国企指数期现货价格波动率 Granger 检验结果

原假设	VIF_t 不是 VSI_t 的 Granger 原因							
滞后	1	2	3	4	5	6	7	8
F 值	238.5	98.7	63.4	47.4	32.1	24.9	19.9	16.5
原假设	VSI_t 不是 VIF_t 的 Granger 原因							
滞后	1	2	3	4	5	6	7	8
F 值	71.6	29.4	21.6	15.1	11.1	9.6	8.6	8.3

表 4 - 41 结果表明，同一阶矩结论有所不同，国企指数期现货波动率呈现相互引导关系，在滞后 8 阶上恒生股指期现货价格波动率都呈现相互引导关系，只是从 F 值大小看，股指期货对现货的引导强度大于现货对期货的引导强度。此结果同样从二阶矩波动率关系角度补充证明了股指期现货之间的相互引导关系，同时说明了波动率关系所表现出的复杂性，但从信息传递角度而言，仍然明确了股指期货在信息传递过程中的主导地位。

表 4 - 42　A50 指数期现货价格波动率 Granger 检验结果

原假设	VIF_t 不是 VSI_t 的 Granger 原因							
滞后	1	2	3	4	5	6	7	8
F 值	155.7	104.8	352.0	259.1	203.2	164.7	135.4	114.4
原假设	VSI_t 不是 VIF_t 的 Granger 原因							
滞后	1	2	3	4	5	6	7	8
F 值	73.7	36.5	19.1	11.9	9.3	9.0	5.6	4.2

表 4 - 42 结果表明，A50 指数期现货波动率引导关系与一阶矩检验结果类似，同样从 F 值大小看，股指期货对现货的引导强度大于现货对期货的引导强度。

上述各波动率 Granger 引导关系检验结果具有一致性，即从波动率角度看，股指期现货价格波动率明确表现出相互引导关系，股指期货对现货的引导强度大于现货对期货的引导强度。同时，结合所有方法的检验结果也发现，不同方法所揭示的股指期现货信息传递关系特征并不完全相同，但综合来看，并未出现与经典理论假设相悖的结论，说明在实证解释股指期现货信息传递关系时，应针对不同方法的不同结论进行比较说明，也可以从不同数据的微观结构误差角度进行更为细致的考察。

第四节　小结

　　本章在提出股指期现货市场信息效率对比关系研究逻辑的基础上，对信息效率对比关系中的信息传递关系进行了多市场、多方法的实证研究，创新了信息传递关系的研究架构，即股指期现货市场信息传递关系研究应包括非同步交易时段及同步交易时段的信息传递关系研究。同时，创新地实证了非同步交易时段的股指期现货市场信息传递关系。

　　在非同步交易时段中的开盘阶段，除恒生指数外，其他各样本市场股指期货早开盘阶段收益率对现货开盘收益率具有指引作用。日内收盘时段，实证结果只从沪深 300 指数、A50 指数样本市场收益率引导关系印证了本节开始的微观结构理论假设。恒生、国企及日经 225 指数期货市场收盘收益率引导关系结果不确定。结果可从不同市场特征、衍生产品结构等角度进行初步解释。

　　从波动率引导关系角度，所有样本均说明日内早开盘阶段 15 分钟的股指期货价格波动率可以用作现货开盘阶段 15 分钟、30 分钟价格波动率的预测，结果表明开盘阶段股指期货充分发挥了价格发现功能，让投资者提前对隔夜信息作出反应并进行消化。收盘时段，除 A50 指数期现货价格波动率收盘引导关系略有滞后性外，现货市场收盘 15 分钟、30 分钟波动率可用作对晚收盘延长交易时段股指期货市场波动率的预测，从波动率引导关系层面也完全印证了本章的微观结构理论假设，即在现货市场收盘后，股指期货为投资者提供了依据现货市场盈亏等信息进行对冲（套期保值）的工具，并同时给予投资者充分调整套期保值、套利头寸及相关策略的机会，充分反映了股指期货的对冲功能。

非同步交易时段基于收益率序列和波动率序列的股指期现货市场引导关系检验结果存在差异，而从序列所包含的信息量角度，即对真实市场波动描述的精确度角度，基于波动率序列的检验结果更为可靠。

沪深300股指现货样本的隔夜收益率均值相等性实证结果也补充说明，在股指期货合约上市后，股指期货早开晚收的制度设计，使现货市场投资者对隔夜信息的反应效率得到明显提高，收益波动及风险明显降低，投资者从先行的股指期货收益变动中得到了相应的隔夜信息，并及时进行消化，因而采取了更为高效的策略，平滑了剧烈的波动。

同步交易时段的一阶矩收益率和二阶矩波动率实证结果具有一致性。除具体引导阶数有所不同外，所有样本市场实证结果均基本表明，股指期货市场价格引导指数现货市场价格，即使存在双向引导关系，股指期货市场对现货市场价格的引导强度也大于反向的引导关系。实证结果证明了理论假设，即股指期货市场对系统信息的反应快于现货市场，系统信息由股指期货市场向指数现货市场传递。同时存在现货市场对股指期货市场的反向引导关系，说明非系统信息通过现货市场向股指期货市场传递。但就市场总体而言，样本实证结果清晰显示信息由期货市场向现货市场传递，股指期货市场信息效率高于现货市场。

在同步交易时段信息传递关系实证中，沪深300、恒生、国企股指期现货市场价格表现出较为清晰和明确的引导关系特征，而从日经225、A50指数期现货市场样本实证结果看，非本土指数期货市场与其标的物本土现货指数的引导关系相对本土股指现货市场关系表现较弱且不明确，尤其沪深300股指期现货市与 A50 指数期现货市场的对比结果可看出，沪深 300 期现货市场信息效率高于 A50 期现货市场。这可从开放程度、微观联系角度进行解释。

在本土期现货市场引导关系中，沪深 300 期现货市场的引导关系特征与恒生指数及国企指数期现货市场的引导关系特征不同，相对于更为成熟的恒生及国企指数期现货市场，沪深 300 股指期现货市场呈现期现货相互引导的双向关系，而恒生及国企指数期货市场则在指数定价过程中发挥了更为显著的作用，呈股指期货对现货的单向引导关系。这种结果证明了较为发达的期货市场具有定价中心作用的基本假设。

由于信息含量和包含的噪声可能存在差异，一阶矩收益率序列和二阶矩波动率序列的实证结果存在一定的差异，但都未发生大的冲突，未产生与理论假设相反的悖论，两者结果可以互为补充。

第五章　股指期货与现货市场价格信息含量对比关系实证研究

本章在第四章论述的基础上，继续探讨市场信息效率对比关系的第二部分，即股指期货与现货市场价格信息含量对比关系，在信息由股指期货市场向现货指数市场传递的基础上，进一步研究股指期货定价信息效率优于相关现货指数的具体程度。在股指期现货市场中，某一市场价格所包含的信息量大于另一市场，自然在定价（价格发现）信息效率上也就占优，在价格发现过程中信息贡献占比也就具有优势，更能反映资产的真实价值，从而在价格发现上居于主导地位。

Subrahmanyam（1991）在微观结构模型研究中指出，知情交易者的交易导致价格序列中融入了新信息，如果知情交易者选择某个特定市场交易而揭示其信息，那么，这个市场的价格将包含更多的新信息，从而在信息效率上相对于其他相关市场居于主导地位。Kawaller 等（1987）认为具有高杠杆的市场提供了更好的价格发现效率，知情交易者选择期货市场交易的一个主要原因就是杠杆作用。Fleming 等（1996）研究认为，期货市场的交易成本远低于现货市场，因此，知情交易者倾向于在交易成本相对低的期货市场进行交易。大多数股票现货市场都限制卖空交易，而期货市场则没有卖空限制，因此，期货价格将更为有效地反映新信息。Garbade 和 Silber（1983）建立了 Garbade-Silber 模型分析期货与现货市场价格的信息含量，从而指出期货价格包含更多信息，在价格发现中处于主导地位。简言之，通过实证股指期货和现货价格的信息含量对比关系，如果实证证明股指期货价格所提供的信息在信息处理过程中拥有主导地位，则证明了股指期货的信息效率优于现货指数，也就证明了股指期货与现货市场的微观结构差异。本章利用 Garbade-Silber 模型（以下简称 GS 模型）、脉冲响应函数、方差分解方法对股指期现货市场在价格发现过程中的信息含量对比关系进行实证，进一步研究股指期现货市场在信息效率关系上的具体差异。本章结构如图 5 - 1 所示。

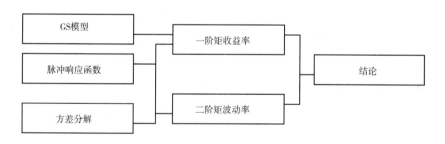

图 5 - 1　第五章结构

第一节　价格信息含量对比关系实证方法选择与样本数据说明

在本章使用的 GS 模型、脉冲响应函数以及方差分解方法中，GS 模型主要使用一阶矩的价格序列进行分析，而脉冲响应函数及方差分解方法建立在第四章的 VAR 模型分析基础上，故其既可以使用一阶矩收益率序列进行分析，也可以使用二阶矩波动率进行分析。本书在原方法基础上，在回归方法选择和脉冲响应函数使用上稍作改进，并在脉冲响应函数及方差分解中同时使用一阶矩和二阶矩数据进行分析，力图使结论较以往文献更具说服力。

一　实证方法选择

（一）GS 模型方法

Garbade 和 Silber（1983）提出 GS 模型用于分析期货与现货价格所含信息在价格发现中所起作用的程度。原模型直接用期现货价格原序列进行分析。本书首先将价格序列稍作修改，改为对数价格形式与前文对应。对数价格 GS 模型为：

$$\begin{bmatrix} \ln P_t^{si} \\ \ln P_t^{if} \end{bmatrix} = \begin{bmatrix} \alpha_{si} \\ \alpha_{if} \end{bmatrix} + \begin{bmatrix} 1 - \beta_{siif} & \beta_{siif} \\ \beta_{ifsi} & 1 - \beta_{ifsi} \end{bmatrix} \begin{bmatrix} \ln P_{t-1}^{si} \\ \ln P_{t-1}^{if} \end{bmatrix} + \begin{bmatrix} \mu_t \\ \nu_t \end{bmatrix} \quad (5-1)$$

其中，$\ln P_t^{si}$、$\ln P_t^{if}$ 分别为 t 时刻股票指数现货与期货对数价格；$\ln P_{t-1}^{si}$、$\ln P_{t-1}^{if}$ 分别为 $t-1$ 时刻股票指数现货与期货对数价格；α、β 为待估计系数，其中，β_{siif} 为 $\ln P_{t-1}^{if}$ 对 $\ln P_t^{si}$ 的影响关系，β_{ifsi} 为 $\ln P_{t-1}^{si}$ 对 $\ln P_t^{if}$ 的影响关系。由于一般情况下，交割日股指期现货价格强制收敛，因此，β_{siif}、β_{ifsi} 应是大于或等于零的值，估计中负值取 0；α 为趋势项；μ_t、ν_t 为残差项。

将式（5-1）进行变换可得两式：

$$\ln P_t^{si} - \ln P_{t-1}^{si} = \alpha_{si} + \beta_{siif}(\ln P_{t-1}^{if} - \ln P_{t-1}^{si}) + \mu_t \quad (5-2)$$

$$\ln P_t^{if} - \ln P_{t-1}^{if} = \alpha_{if} - \beta_{ifsi}(\ln P_{t-1}^{if} - \ln P_{t-1}^{si}) + \nu_t \quad (5-3)$$

其中，等式左边就为股指现货对数收益率和股指期货对数收益率；而（$\ln P_{t-1}^{if} - \ln P_{t-1}^{si}$）项为滞后一期期现货对数基差。这种变换有两个目的，一为揭示股指期现货收益率与滞后一期基差的关系，二为便于估计。可以使用包括 OLS 法和 Newey-West 法等方法对两式进行估计。

在估计系数 β_{siif}、β_{ifsi} 的基础上，计算下式：

$$\frac{\beta_{siif}}{\beta_{siif} + \beta_{ifsi}} \qquad (5-4)$$

计算结果用来度量股指期货价格在指数市场价格发现过程中的具体贡献度，也即股指期货价格所包含信息在指数市场价格发现过程中的具体贡献度。具体又有三种情况。

当 $\beta_{siif} = 0$ 时，$\dfrac{\beta_{siif}}{\beta_{siif} + \beta_{ifsi}} = 0$，指数期货价格所含信息对指数现货市场价格发现没有作用，指数现货市场价格发现由自身价格信息决定。

当 $\beta_{ifsi} = 0$ 时，$\dfrac{\beta_{siif}}{\beta_{siif} + \beta_{ifsi}} = 1$，现货价格自身所包含信息对指数现货市场价格发现没有作用，指数市场价格发现由指数期货价格所包含的信息决定。

当 $0 < \dfrac{\beta_{siif}}{\beta_{siif} + \beta_{ifsi}} < 1$ 时，期现货价格所包含的信息共同对指数市场价格发现起作用，期现货价格存在互动关系，共同决定指数市场价格。同时，当 $0.5 < \dfrac{\beta_{siif}}{\beta_{siif} + \beta_{ifsi}} < 1$ 时，期货价格所含信息在价格发现过程中的贡献程度大于现货价格的贡献度，期货价格所包含的定价信息多于现货价格。

最后，使用式（5-3）、式（5-4）再进行方程合并，可以研究短期内股指期现货价格基差的调整过程，即将式（5-3）、式（5－4）相减并调整得到式（5－5）。

$$\ln P_t^{if} - \ln P_t^{si} = \omega + \theta(\ln P_{t-1}^{if} - \ln P_{t-1}^{si}) + v_t \qquad (5-5)$$

其中，等式左边为当期股指期现货对数价格基差；$\omega = \alpha_{si} + \alpha_{if}$；$\theta = 1 - \beta_{ifsi} - \beta_{siif}$；$v_t = \mu_t - \nu_t$，其中，$\theta$ 表示股指期现货价格收敛速度，也表示滞后一期基差在当期基差中的持续比例。θ 越小两者收敛速度越快，反之则越慢。收敛速度越快，表明期现货价格相互引导关系较为接近，期货价格领先现货价格时间并不很长，也即信息含量较为均等，相反收敛速度越慢，期货价格领先现货价格时间较长，也即期货价格信息含量远远高于现货价格信息含量。由于期现货引导关系的其他实证方法检验结果较为一致地认为高频数据的股指期现货引导关系较为准确且都为日内分钟引导关系，因此，只使用高频日内数据对 GS 模型进行分析。

（二）脉冲响应函数方法

以第四章中股指期现货收益率及波动率的 VAR 模型为基础，本节讨论脉冲响应函数和方差分解，以进一步描述股指期现货的信息效率关系。VAR 模型由于缺乏强有力的理论基础，只是相对粗略地讨论了股指期现货价格变量之间的领先滞后关系，对两者在信息效率或者价格发现作用大小进行一个初期判断，并没有具体表明这种作用的程度大小。而脉冲响应函数方法考虑了新信息对 VAR 系统的冲击导致股指期现货的动态关系发生变化，从冲击导致的股指期货或现货相关变量的反应程度上揭示两者在价格发现过程中的具体作用程度。具体而言，来自股指期货市场的一个新信息冲击通过脉冲响应函数分析，无论在现货市场价格变量还是期货市场价格变量先反应的情况下，如果对期货市场价格变量和现货市场价格变量的影响都大于来自现货市场的新信息冲击所带来的影响，那么就可以间接说明期货市场价格变量中所含有的信息量大于现货市场价格变量中的信息含量，在价格发现过程中居于主导地位。

首先，根据股指期货收益率 R_{if}、现货指数收益率 R_{si} 两变量的 VAR（2）模型来说明脉冲响应函数的基本思想[①]。

$$\begin{cases} R_t^{if} = a_1 R_{t-1}^{if} + a_2 R_{t-2}^{if} + b_1 R_{t-1}^{si} + b_2 R_{t-2}^{si} + \varepsilon_{1t} \\ R_t^{si} = c_1 R_{t-1}^{if} + c_2 R_{t-2}^{if} + d_1 R_{t-1}^{si} + d_2 R_{t-2}^{si} + \varepsilon_{2t} \end{cases} \quad t = 1,2,\cdots,T$$

$$(5-6)$$

其中，a_i，b_i，c_i，d_i 为系数，扰动项 $\varepsilon_t = (\varepsilon_{1t}, \varepsilon_{2t})'$，假定是具有以下性质的白噪声向量：

$$E(\varepsilon_{it}) = 0, \qquad \text{对于 } \forall t \qquad i = 1,2$$

$$VAR(\varepsilon_t) = E(\varepsilon_t \varepsilon'_t) = \Sigma = \{\sigma_{ij}\}, \qquad \text{对于 } \forall t$$

$$E(\varepsilon_{it}\varepsilon_{is}) = 0, \qquad \text{对于 } \forall t \neq s \qquad i = 1,2$$

假定上述系统从 0 期开始活动，且设 $R_{-1}^{if} = R_{-2}^{if} = R_{-1}^{si} = R_{-2}^{si} = 0$，又设在第 0 期有扰动项 $\varepsilon_{10} = 1$，$\varepsilon_{20} = 0$，并且之后均为 0，即 $\varepsilon_{1t} = \varepsilon_{2t} = 0$（$t = 1,2,\cdots T$），称此为第 0 期给 R^{if} 以一单位残差脉冲。

下面讨论 R_t^{if}、R_t^{si} 的响应，$t = 0$ 时，$R_0^{if} = 1$，$R_0^{si} = 0$，代入式 5-6；

$t = 1$ 时，$R_1^{if} = a_1$，$R_1^{si} = c_1$，再将此结果代入式 5-6；

$t = 2$ 时，$R_2^{if} = a_1^2 + a_2 + b_1 c_1$，$R_2^{si} = c_1 a_1 + c_2 + c_1 d_1$；

重复计算下去，设求得的结果为：

R_0^{if}，R_1^{if}，R_2^{if}，R_3^{if}，R_4^{if}，$\cdots$，称为由 R^{if} 的脉冲引起的 R^{if} 的响

① 关于脉冲响应函数的描述引用了高铁梅等《计量经济分析方法与建模——EViews 应用及实例》，清华大学出版社，2009，第 2 版，第 282 ~ 285 页的论述。

应函数。同样求得的：R_0^{si}，R_1^{si}，R_2^{si}，R_3^{si}，R_4^{si}，…，称为由 R^{if} 的脉冲引起的 R^{si} 的响应函数。

当然，第 0 期的脉冲反过来，从 $\varepsilon_{10} = 0$，$\varepsilon_{20} = 1$ 出发，可以求出由 R^{si} 的脉冲引起的 R^{if} 的响应函数和 R^{si} 的响应函数。将此讨论推广到关于股指期现货收益率的 $VAR（p）$ 模型上，通过将 $VAR（p）$ 模型转化为 $VMA（\infty）$ 模型[①]，因此，将 $VMA（\infty）$ 模型的系数矩阵记作 $A_q = \left[a_{ij}^{(q)} \right]$，$q$ 为滞后阶数，$q = 0,1,2,\cdots$；$i,j = 1,2$，有：

$$\begin{bmatrix} R_t^{if} \\ R_t^{si} \end{bmatrix} = \begin{bmatrix} a_{11}^{(0)} & a_{12}^{(0)} \\ a_{21}^{(0)} & a_{22}^{(0)} \end{bmatrix} \begin{bmatrix} \varepsilon_{1t} \\ \varepsilon_{2t} \end{bmatrix} + \begin{bmatrix} a_{11}^{(1)} & a_{12}^{(1)} \\ a_{21}^{(1)} & a_{22}^{(1)} \end{bmatrix} \begin{bmatrix} \varepsilon_{1t-1} \\ \varepsilon_{2t-1} \end{bmatrix} + \begin{bmatrix} a_{11}^{(2)} & a_{12}^{(2)} \\ a_{21}^{(2)} & a_{22}^{(2)} \end{bmatrix} \begin{bmatrix} \varepsilon_{1t-2} \\ \varepsilon_{2t-2} \end{bmatrix} + \cdots$$

$$(5 - 7)$$

假定在基期给 R^{if}（股指期货收益率序列）一个单位残差的脉冲，即：

$$\varepsilon_{1t} = \begin{cases} 1, t = 0 \\ 0, 其他 \end{cases}$$

$\varepsilon_{2t} = 0$，$t = 0,1,2,\cdots$，如下轴所示。

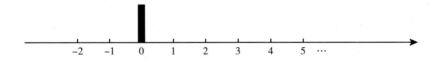

由 R^{if} 的脉冲引起的 R^{si} 的响应函数为：

$t = 0, R_0^{si} = a_{21}^{(0)}$

---

① VAR 模型与 VMA 模型是对偶的，不含外生变量的非限制性 VAR 模型，在满足稳定性条件下可以转换为无穷阶的 VMA 模型。详见高铁梅等《计量经济分析方法与建模——EViews 应用及实例》（清华大学出版社，2009，第 2 版，第 267 ~ 268 页以及第 282 ~ 283 页）的论述。

$$t = 1, R_1^{si} = a_{21}^{(1)}$$

$$t = 2, R_2^{si} = a_{21}^{(2)}$$

…

因此，一般的，由 R^{if} 的脉冲引起的 R^{si} 的响应函数或由 R^{si} 的脉冲引起的 R^{if} 的响应函数的求解为：

$a_{ij}^{(0)}, a_{ij}^{(1)}, a_{ij}^{(2)}, a_{ij}^{(3)}, a_{ij}^{(4)}$，其中，$i, j = 1, 2$，

且由 R^{if}、R^{si} 的脉冲引起的 R^{si}、R^{if} 的累计响应函数为 $\sum_{q=0}^{\infty} a_{ij}^{(q)}$。

A_q 的第 i 行、第 j 列元素可以分别表示为：

$$a_{ij}^{(q)} = \frac{\partial R_{t+q}^{si}}{\partial \varepsilon_{1t}} \text{ 或 } a_{ij}^{(q)} = \frac{\partial R_{t+q}^{if}}{\partial \varepsilon_{2t}}, q = 0, 1, 2, \cdots, t = 1, 2, \cdots, T,$$

作为 q 的函数，这描述了在时期 t，R^{if} 或 R^{si} 的扰动项增加一个单位，其他扰动不变，且其他时期的扰动均为常数的情况下 R_{t+q}^{si} 或 R_{t+q}^{if} 对 ε_{1t} 或 ε_{2t} 的一个残差单位冲击的反应。

如果冲击不是一个单位残差而是一个标准差 σ 的冲击，则响应表示为 $A_q \sigma$。

在上述过程的基础上，再采用 Cholesky 分解使响应函数正交化，即采用"正交"脉冲响应函数来得到分析结果[①]。但 Cholesky 分解结果严格依赖模型中变量次序，从而会带来结果的不一致性，因此，本书采用 Koop 等（1996）提出的广义脉冲响应函数（GIR）进行分析[②]。同时，本书进行了股指期现货市场一阶矩收益率和二阶矩波动率关系的广义脉冲响应函数分析。

---

① Cholesky 分解过程在此不赘述，详见相关计量经济学文献。

② 广义脉冲响应函数基本原理在此也不进行赘述，详见相关计量经济学文献。

（三）方差分解方法

在脉冲响应函数分析的基础上，可进一步通过方差分解给出股指期货价格相关变量随机扰动冲击，以及股指现货价格相关变量随机扰动冲击对 VAR 模型产生影响的相对重要性结果，更为细致、具体地考察股指期现货价格信息含量对比关系。

此处设定式（5－7）即式（5－8）：

$$\begin{bmatrix} R_t^{if} \\ R_t^{si} \end{bmatrix} = \begin{bmatrix} a_{11}^{(0)} & a_{12}^{(0)} \\ a_{21}^{(0)} & a_{22}^{(0)} \end{bmatrix} \begin{bmatrix} \varepsilon_{1t} \\ \varepsilon_{2t} \end{bmatrix} + \begin{bmatrix} a_{11}^{(1)} & a_{12}^{(1)} \\ a_{21}^{(1)} & a_{22}^{(1)} \end{bmatrix} \begin{bmatrix} \varepsilon_{1t-1} \\ \varepsilon_{2t-1} \end{bmatrix} + \begin{bmatrix} a_{11}^{(2)} & a_{12}^{(2)} \\ a_{21}^{(2)} & a_{22}^{(2)} \end{bmatrix} \begin{bmatrix} \varepsilon_{1t-2} \\ \varepsilon_{2t-2} \end{bmatrix} + \cdots$$

$$(5-8)$$

描述的内容是扰动项 ε_1 或 ε_2 从无限过去到现在时点对 R^{si}、R^{if} 影响的总和，求其方差，并假定 ε_1 或 ε_2 不存在序列相关，则在只有 R^{if}、R^{si} 两个变量情况下有：

$$E\left[(a_{ij}^{(0)} \varepsilon_{jt} + a_{ij}^{(1)} \varepsilon_{jt-1} + a_{ij}^{(2)} \varepsilon_{jt-2} + \cdots)^2 \right] = \sum_{q=0}^{\infty} [a_{ij}^{(q)}]^2 \sigma_{jj}, i,j = 1,2$$

$$(5-9)$$

这是把扰动项 ε_1 或 ε_2 对 R^{si}、R^{if} 变量从无限过去时点到现在时点的影响，用方差进行评价。同时，假定残差扰动项 ε_1 或 ε_2 的协方差矩阵 Σ 为对角矩阵，则 R^{if}、R^{si} 的方差分别为：

$$\text{VAR}(R^{if}) = \sum_{j=1}^{2} \left(\sum_{q=0}^{\infty} [a_{1j}^{(q)}]^2 \sigma_{jj} \right) \text{ 和 VAR}(R^{si}) = \sum_{j=1}^{2} \left(\sum_{q=0}^{\infty} [a_{2j}^{(q)}]^2 \sigma_{jj} \right),$$

$$(5-10)$$

因此，R^{if}、R^{si} 的方差可以分解为两种不相关的影响，为了测定扰动项 ε_1 或 ε_2 对 R^{if}、R^{si} 的方差的具体贡献程度，定义方差相对贡献率 RVC 为：

$$RVC_{j \to i}(\infty) = \frac{\sum_{q=0}^{\infty} [a_{ij}^{(q)}]^2 \sigma_{jj}}{\sum_{j=1}^{2} \left(\sum_{q=0}^{\infty} [a_{ij}^{(q)}]^2 \sigma_{jj} \right)}, i,j = 1,2 \quad (5-11)$$

用 RVC 来考察 R^{if}、R^{si} 之间的相互影响。现实计算中，不可能用 $q = \infty$ 的 $a_{ij}^{(q)}$ 项和来进行计算。如果模型是稳定的（达到平稳性），则 $a_{ij}^{(q)}$ 随着 q 的增大而逐步衰减，故只需取有限的 s 项来进行计算。因此，可以计算近似 RVC，即：

$$RVC_{j \to i}(s) = \frac{\sum_{q=0}^{s-1} [a_{ij}^{(q)}]^2 \sigma_{jj}}{\sum_{j=1}^{2} \left(\sum_{q=0}^{s-1} [a_{ij}^{(q)}]^2 \sigma_{jj} \right)}, i,j = 1,2 \quad (5-12)$$

其中，$RVC_{j \to i}(s)$ 具有两个性质：

（1）$0 \leqslant RVC_{j \to i}(s) \leqslant 1, i,j = 1,2$，

（2）$\sum_{j=1}^{2} RVC_{j \to i}(s) = 1, i = 1,2$，

如果 $RVC_{j \to i}(s)$ 较大，其中，j 代表 R^{if}，i 代表 R^{si}，说明股指期货收益率对股指现货收益率的影响大；反之，$RVC_{j \to i}(s)$ 较小，说明股指期货收益率对股指现货收益率的影响小。同理，如果 j 代表 R^{si}，i 代表 R^{if}，可以说明现货指数收益率对股指期货收益率的影响程度。

以上只是以一阶矩收益率来进行方法说明，以二阶矩波动率作为变量的道理相同，同时，具体实证时取对数收益率序列进行分析。

二　样本数据说明

样本数据使用第四章相同高频配对样本数据，数据来源及处理同第四章。

第二节 Garbade-Silber 模型中外样本
实证结果及比较

经单位根检验，各序列均为平稳序列，然后进行 GS 模型估计，各样本 GS 模型实证结果见表 5 - 1。

表 5 - 1 各样本 GS 模型参数估计及信息含量指标计算结果

样本期现货	β_{siif}	β_{ifsi}	θ	$\dfrac{\beta_{siif}}{\beta_{siif}+\beta_{ifsi}}$
沪深 300	0.006342 *** (15.0216)	0.001205 ** (-2.23964)	0.992454 *** (1955.294)	0.840334
日经 225	0.077169 *** (15.61431)	0.0082 * (-1.56716)	0.914756 *** (234.0195)	0.903946
恒生指数	0.178708 *** (17.6885)	0.01321 (-1.21654)	0.808078 *** (129.242)	0.931149
国企指数	0.242219 *** (15.67401)	0.05809 *** (-3.46529)	0.699694 *** (81.2201)	0.806574
A50 指数	0.150786 *** (25.98434)	0.042093 *** (-6.28329)	0.80712 *** (108.2667)	0.781765

"（）"内为 t 值，"＊＊＊"表示在 99% 置信水平上显著，"＊＊"表示在 95% 置信水平上显著。"＊"表示在 90% 置信水平上显著。

从表 5 - 1 中结果可以得出如下结论。

（1）沪深 300 指数、日经 225 指数、恒生指数、国企指数及 A50 指数 GS 模型估计的系数 β_{siif} 值均在 99% 置信水平上显著且大于 0，表明滞后一期基差对当期现货指数收益率起到显著作用，也再次证明股指期货价格对指数现货价格的引导作用；除恒生指数外，其他样本指数 GS 模型的系数 β_{ifsi} 值均在不同置信水平上显著，表示滞后一期基差对当期股指期货收益率也起到显著作用，同时说明指数现货价格对指数期货价格同样具有反向引导作用；恒生指数 GS 模型的 β_{ifsi} 值不显著，更是显示了恒生指数期货在价格发现过程中的绝对优势，几乎是对现货指数呈现单向引导的趋势。

（2）5 个样本 GS 模型估计后的 $\dfrac{\beta_{siif}}{\beta_{siif} + \beta_{ifsi}}$ 指标均大于 0.5，而且几乎都超过了 0.8，说明虽然存在指数现货对期货的反向信息传递关系，但股指期货价格所包含信息在指数市场价格发现过程中的具体贡献度远远大于现货指数价格，因此，这较明确地说明了股指期货价格在信息含量上优于现货指数，5 个样本实证结果在总体上较为清晰地证明了理论假说。

（3）从沪深 300、国企指数和 A50 指数 GS 模型估计后的 $\dfrac{\beta_{siif}}{\beta_{siif} + \beta_{ifsi}}$ 指标对比来看，在标的物类似的情况下，沪深 300 股指期货价格所包含信息对标的物市场价格发现的贡献度为 0.84，国企指数和 A50 指数分别为约 0.8 和 0.78，说明相对于海外股指期货市场，中国内地沪深 300 股指期货在市场价格发现过程中居于主导地位，包含了相对更多的 A 股市场定价信息。同样，在数据可获得情况下可以比较沪深 300 股指期货推出前后国企指数、A50 指数期货的 GS 模型估计结果得到更为深入的探讨。

（4）从参数 θ 值的估计结果看，虽然各样本指数 GS 模型 θ 值估计结果都较大且显著，但沪深 300 指数对应 θ 值为 0.99，远高于其他指数对应 θ 值，说明基差具有较强持续性与稳定性，也即沪深 300 股指期货价格领先现货价格较长，信息含量较高，这与第四章结论保持了一致，且说明较单一的股票指数衍生品相对于标的物体现了较高的定价信息含量，而拥有多种同标的物衍生品的股指期货产品，虽然也具有较现货市场高的信息含量，但信息含量比重不如单一化衍生品。

（5）上述结果结合第四章结果可以得到较为一致的结论，即股指期货价格信息含量显著大于指数现货市场价格，5 个样本实证结果较好地证明了理论假说。

第三节 脉冲响应函数及方差分析中外样本实证结果及比较

为具体定量描述股指期现货价格信息含量所导致的相互动态影响关系，得到具体的股指期现货价格相互引导程度，按前述方法进行了脉冲响应函数及方差分解分析，同时定义 $\ln F$、$\ln S$ 分别为股指期货对数收益率和现货指数对数收益率，结果如图 5 - 2 至图 5 - 11 及表 5 - 2 至表 5 - 6。

一 一阶矩收益率脉冲响应函数及方差分析结果及比较

（一）沪深 300 股指期现货对应脉冲响应函数及方差分析结果及评价

图 5 - 2、图 5 - 3 分别考虑了沪深 300 期现货 VAR 模型中残差项一个标准差的冲击对股指期现货对数价格的影响，横坐标为冲击响应追踪期，取 15 分钟，纵坐标为冲击响应程度。图 5 - 2 为沪深 300 股指期货价格对来自现货指数及自身一个标准差新息的反应，图 5 - 3 为现货指数对来自股指期货价格及自身一个标准差新息的反应。结果表明，沪深 300 股指期货价格对自身冲击的反应在前 5 分钟有小幅上升，随后小幅下降，并长期保持在

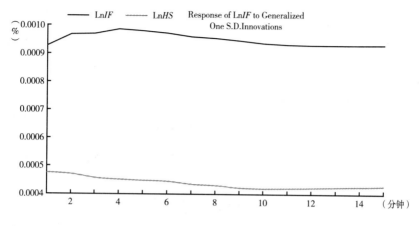

图 5-2　沪深 300lnF_t 脉冲响应

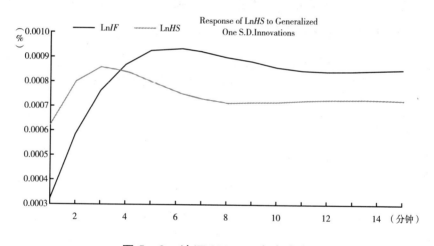

图 5-3　沪深 300lnS_t 脉冲响应

0.09% 水平，而对现货指数冲击的反应在开始阶段接近 0.05%
后逐渐下降趋于 0，即股指期货价格对自身的影响明显且持久，
而现货指数对期货价格的影响较短而不明显；相反，现货指数对
自身和股指期货价格的冲击在前 3 分钟反应强烈，对自身冲击的
反应由开始时的 0.062% 迅速上升到第 3 分钟时的 0.088%，之
后下降，在 8 分钟后稳定在 0.07% 左右，而对来自股指期货价

格的新息冲击更是从起初的趋于 0，在 6 分钟内大幅上升，在 3 分钟后超过现货价格自身冲击的反应上升到 0.092%，8 分钟后下降并稳定在 0.085% 水平左右。可见，指数自身价格变动信息对指数有明显影响且持久，但股指期货价格变动新息对现货指数的影响更为强烈和持久，甚至在 8 分钟后股指期货价格所包含的信息对现货指数的影响一直高于现货指数信息对自身的影响。基于 5 分钟间隔数据的分析结果基本一致。脉冲响应函数分析结论显著刻画并印证了前述其他研究方法的结论。

为具体考查每个冲击对沪深 300 指数期现货价格变动的贡献度来量化冲击源的相对重要性，还必须进行方差分解分析，考虑滞后 10 期的结果见表 5 - 2。

表 5 - 2　沪深 300 股指期现货价格变动方差分解结果

变量顺序（$\ln F_t$，$\ln S_t$）

方差分析对象		$\ln F_t$		$\ln S_t$	
方差源占比（%）		$\ln F_t$	$\ln S_t$	$\ln F_t$	$\ln S_t$
滞后期	1	100.00	0.00	26.18	73.82
	2	99.95	0.05	41.41	58.59
	3	99.89	0.11	52.47	47.53
	......				
	10	99.66	0.34	78.35	21.65

表 5 - 2 结果表明，从滞后 1 期至滞后 10 期，沪深 300 股指期货价格变动作用部分的方差几乎 99% 的权重来源于股指期货价格本身的变动冲击，只有少量来源于现货指数变动的冲击；现货指数变动作用部分的方差来源于现货指数本身变动的冲击权重从滞后 1 期至滞后 10 期逐渐下降（由 73.82% 至 21.65%），来

源于指数期货价格变动的冲击权重逐渐上升（由 26.18% 至 78.35%）。结果表明，股指期货价格变动所包含的信息量，无论对股指期货价格变动，还是现货指数变动，都有极强的预测解释能力。股指期货价格信息含量大于现货指数，在系统信息传递过程中具有显著主导作用。

（二）　日经 225 指数期现货对应脉冲响应函数及方差分析结果及评价

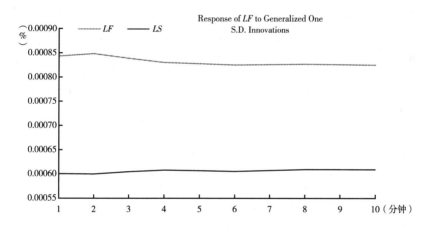

图 5 - 4　日经 225 指数 lnF_t 脉冲响应

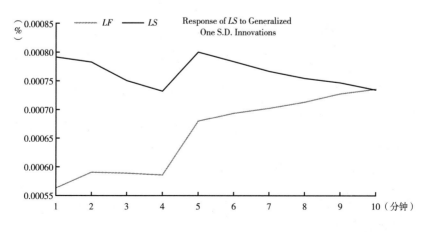

图 5 - 5　日经 225 指数 lnS_t 脉冲响应

图 5-4、图 5-5 分别考虑了日经 225 指数期现货 VAR 模型中残差项一个标准差的冲击对股指期现货对数价格的影响，横坐标为冲击响应追踪期，取 10 分钟，纵坐标为冲击响应程度。图 5-4 为日经 225 指数期货价格对来自现货指数及自身一个标准差新息的反应，图 5-5 为现货指数对来自日经 225 指数期货价格及自身一个标准差新息的反应。结果表明，日经 225 指数期货价格对自身冲击的反应在前 2 分钟有小幅上升，随后小幅下降，并长期保持在 0.084% 水平，而对现货指数变化冲击的反应没有较大波动，一直保持在接近 0.06% 的水平，即日经 225 指数期货价格对自身的影响明显且持久，而现货指数对日经 225 指数期货价格的影响较小但也持久；相反，现货指数对自身和期货价格变化的冲击从开始时就反应强烈，对自身冲击的反应由开始时的 0.079% 下降到第 4 分钟时的 0.073%，之后剧烈上升，在 5 分钟时达到 0.081% 左右，之后持续下降；而对来自期货价格的新息冲击更是从起初的 0.056%，在 2 分钟内上升到 0.059%，在 4 分钟后大幅上升到 0.068%，并在之后一直处于上升趋势，从 10 分钟时开始超过现货自身价格的影响达到 0.071% 水平左右且持续上升。可见，现货指数自身价格变动信息对日经 225 指数现货有明显持久影响，呈下降趋势，而指数期货价格变动新息对现货指数的影响起初低于现货指数对自身影响，之后明显持久且呈上升趋势。基于 5 分钟间隔数据的分析结果基本一致。

同样，为具体考查每个冲击对期现货价格变动的贡献度来量化冲击源的相对重要性，还必须进行方差分解分析，考虑滞后 10 期的结果见表 5-3。

表 5 - 3　日经 225 指数期现货价格变动方差分解结果

变量顺序（$\ln F_t$，$\ln S_t$）

方差分析对象	$\ln F_t$		$\ln S_t$	
方差源占比（%）	$\ln F_t$	$\ln S_t$	$\ln F_t$	$\ln S_t$
滞后期　1	100.00	0.00	50.67932	49.32068
2	99.99783	0.002165	53.66924	46.33076
3	99.99336	0.006638	55.96382	44.03618
…				
10	99.92057	0.079435	69.82128	30.17872

表 5 - 3 结果表明，从滞后 1 期至滞后 10 期，日经 225 指数期货价格变动作用部分的方差，几乎 99% 的权重来源于指数期货价格本身的变动冲击，只有少量来源于现货指数变动冲击；现货指数变动作用部分的方差来源于现货指数本身变动的冲击权重从 1 至 10 期逐渐下降（由 49.32% 至 30.18%），来源于期货价格变动的冲击权重逐渐上升（由 50.67% 至 69.82%）。结果表明，日经 225 指数期货价格变动所包含的信息量，无论对自身价格变动还是现货指数变动，都有极强的预测解释能力。日经 225 指数期货价格信息含量大于现货指数。

（三）恒生指数期现货对应脉冲响应函数及方差分析结果及评价

图 5 - 6、图 5 - 7 分别考虑了恒生指数期现货 VAR 模型中残差项一个标准差的冲击对恒生指数期现货对数价格的影响，横坐标为冲击响应追踪期，取 10 分钟，纵坐标为冲击响应程度。图 5 - 6 为恒生指数期货价格对来自现货指数及自身一个标准差新息的反应，图 5 - 7 为现货指数对来自恒生指数期货价格及自身一个标准差新息的反应。结果表明，恒生指数期货价格对自身

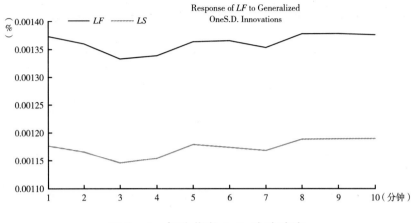

图 5 - 6　恒生指数 $\ln F_t$ 脉冲响应

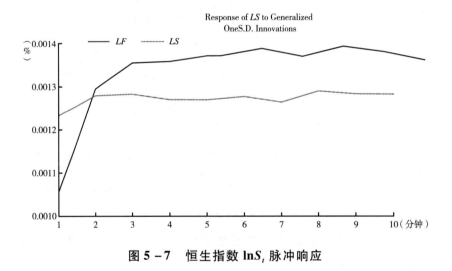

图 5 - 7　恒生指数 $\ln S_t$ 脉冲响应

冲击的反应在前 2 分钟有小幅下降，随后小幅上升，并长期保持在 0.137% 水平。而对现货指数变化冲击的反应也没有较大波动，基本保持在接近 0.117% 的水平，即恒生指数期货价格对自身的影响明显且持久，而现货指数对恒生指数期货价格的影响较小但也持久；相反，恒生指数现货对自身和期货价格的冲击在前 2 分钟反应强烈，对自身冲击的反应由开始时的 0.121% 上升到第 3 分钟时的 0.128%，之后稳定在 0.128% 左右，而对来自恒生指数期货价格的新息冲击更是从起初的 0.105%，在 2 分钟内大幅上升并超过现货价格自身冲击的反应上升到 0.13%，并持续上升 6 分钟后稳定在 0.139% 左右的水平。可见，恒生指数变动信息对现货指数本身有明显影响且持久，但恒生指数期货价格变动新息对现货指数的影响更为强烈和持久，甚至在 2 分钟后恒生指数期货价格所包含的信息就对现货指数的影响一直高于现货价格信息对自身的影响。

同样，为具体考查每个冲击对恒生指数期现货价格变动的贡献度来量化冲击源的相对重要性，还必须进行方差分解分析，考虑滞后 10 期的结果见表 5 - 4。

表 5 - 4 恒生指数期现货价格变动方差分解结果

变量顺序（$\ln F_t$，$\ln S_t$）

方差分析对象		$\ln F_t$		$\ln S_t$	
方差源占比（%）		$\ln F_t$	$\ln S_t$	$\ln F_t$	$\ln S_t$
滞后期	1	100.00	0.00	73.43337	26.56663
	2	99.99999	0.000015	84.51023	15.48977
	3	99.99904	0.000963	89.07681	10.92319
	......				
	10	99.98979	0.010213	95.5875	4.412501

表 5 - 4 结果表明，从滞后 1 期至滞后 10 期，恒生指数期货价格变动作用部分的方差几乎 99% 的权重来源于本身的变动冲击，只有少量来源于现货指数变化冲击；现货指数变动作用部分的方差来源于本身变动的冲击权重从滞后 1 期至滞后 10 期逐渐下降（由 26.57% 至 4.41%），来源于恒生指数期货价格变动的

冲击权重逐渐上升（由73.43%至95.59%）。结果表明，恒生指数期货价格变动所包含的信息量，无论对自身价格变动还是现货指数变动，都有极强的预测解释能力。恒生指数期货价格信息含量大于恒生指数，在系统信息传递过程中具有显著的主导作用。

（四）国企指数期现货对应脉冲响应函数及方差分析结果及评价

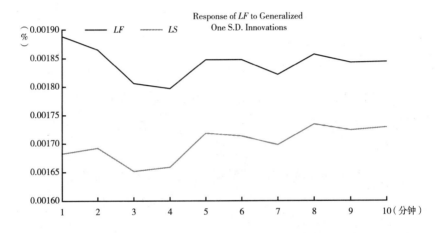

图 5-8　国企指数 $\ln F_t$ 脉冲响应

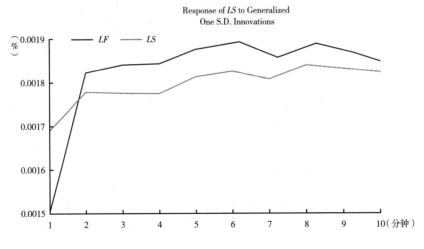

图 5-9　国企指数 $\ln S_t$ 脉冲响应

图5-8、图5-9分别考虑了国企指数期现货VAR模型中残差项一个标准差的冲击对国企指数期现货对数价格的影响，横坐标为冲击响应追踪期，取10分钟，纵坐标为冲击响应程度。图5-8为国企指数期货价格对来自现货指数及自身一个标准差新息的反应，图5-9为现货指数对来自国企指数期货价格及自身一个标准差信息的反应。结果表明，国企指数期货价格对自身冲击的反应在前3分钟下降，随后小幅上升，并长期保持在0.185%水平左右，而对现货指数变化冲击的反应前3分钟下降到0.165%，随后5分钟上升到0.172%，之后小幅波动上升，并保持在8分钟后的0.174%水平左右，即国企指数期货价格对自身的影响明显且持久，而现货指数变化对国企指数期货价格的影响相对较小，但有上升趋势并且也持久；相反，国企指数对自身和期货价格的冲击在前2分钟反应强烈，对自身冲击的反应由开始时的0.169%上升到第2分钟时的0.177%，之后略有上升稳定在0.18%左右，而对来自国企指数期货价格的新息冲击更是从起初的0.15%，在2分钟内大幅上升并超过现货指数自身冲击的反应上升到0.181%，并持续上升6分钟后的0.19%水平左右，随后有下降趋势。可见，国企指数变动信息对自身有明显影响且持久，但国企指数期货价格变动新息对国企指数的影响更为强烈和持久，甚至在2分钟后国企指数期货价格所包含的信息就对国企指数的影响一直高于国企指数变动信息对自身的影响。但国企指数变化对期货价格影响具有上升趋势，而期货价格变动对国企指数影响具有下降趋势，且差距不断缩小。

同样，为具体考查每个冲击对国企指数期现货价格变动的贡献度来量化冲击源的相对重要性，还必须进行方差分解分析，考虑滞后10期的结果见表5-5。

表 5 - 5　国企指数期现货价格变动方差分解结果

变量顺序　($\ln F_t$，$\ln S_t$)

方差分析对象		$\ln F_t$		$\ln S_t$	
方差源占比(%)		$\ln F_t$	$\ln S_t$	$\ln F_t$	$\ln S_t$
滞后期	1	100.00	0.00	79.36935	20.63065
	2	99.93502	0.064976	88.79945	11.20055
	3	99.86984	0.130162	91.86772	8.132275
	......				
	10	99.39953	0.600473	95.4528	4.547202

表 5 - 5 结果表明，从滞后 1 期至滞后 10 期，国企指数期货价格变动作用部分的方差几乎 99% 的权重来源于本身的变动冲击，只有少量来源于现货指数变化冲击；国企指数变动作用部分的方差来源于本身变动的冲击权重从滞后 1 期至滞后 10 期逐渐下降（由 20.63% 至 4.55%），来源于国企指数期货价格变动的冲击权重逐渐上升（由 79.37% 至 95.45%）。结果同样明显表明，国企指数期货价格变动所包含的信息量，无论对股指期货价格变动还是现货价格变动，都有极强的预测解释能力。国企指数期货价格信息含量大于国企指数。

（五）　A50 指数期现货对应脉冲响应函数及方差分析结果及评价

图 5 - 10、图 5 - 11 分别考虑了 A50 指数期现货 VAR 模型中残差项一个标准差的冲击对 A50 指数期现货对数价格的影响，横坐标为冲击响应追踪期，取 50 分钟①，纵坐标为冲击响应程

---

①　A50 指数相关分析数据使用 5 分钟间隔故与其他分析结果不同，横坐标都须乘 5。

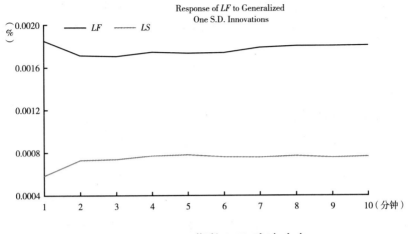

图 5 - 10　A50 指数 lnF_t 脉冲响应

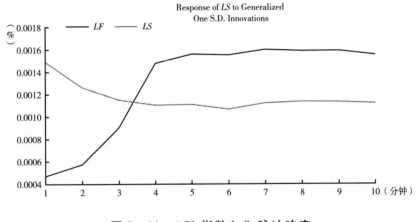

图 5 - 11　A50 指数 lnS_t 脉冲响应

度。图 5 - 10 为 A50 指数期货价格对来自 A50 指数及自身一个标准差信息的反应，图 5 - 11 为 A50 指数对来自 A50 指数期货价格及自身一个标准差信息的反应。结果表明，A50 指数期货价格对自身冲击的反应在前 10 分钟下降，随后小幅上升，并长期保持在 0.17% 左右的水平，而对 A50 指数变化冲击的反应前 10 分钟上升到 0.07%，并保持在 0.07% 左右的水平，即 A50 指数期货价格对自身的影响明显且持久，而现货指数对 A50 指数期货价格的影响相对较小也持久；相反，A50 指数对自身和期货价格变化的冲击在前 15 分钟反应强烈，对自身变化冲击的反应由开始时的 0.15% 下降到第 15 分钟时的 0.11% 左右，之后略有波动稳定在 0.11% 左右，而对来自 A50 指数期货价格的新息冲击更是从起初的 0.04%，在 20 分钟内大幅上升并超过 A50 指数自身变化冲击的反应上升到 0.15% 左右，并保持在 0.15% 左右的水平，随后略有下降趋势。可见，A50 指数变动信息对自身有明显影响且持久，但 A50 指数期货价格变动新息对 A50 指数的影响更为强烈和持久，甚至在 15 分钟后 A50 指数期货价格所包含的信息就对 A50 指数的影响一直高于 A50 指数变动信息对自身的影响。

同样，为具体考查每个冲击对期现货价格变动的贡献度来量化冲击源的相对重要性，还必须进行方差分解分析，考虑滞后 10 期的结果见表 5 - 6。

表 5 - 6　A50 指数期现货价格变动方差分解结果

变量顺序　（$\ln F_t$，$\ln S_t$）

方差分析对象		$\ln F_t$		$\ln S_t$	
方差源占比（%）		$\ln F_t$	$\ln S_t$	$\ln F_t$	$\ln S_t$
滞后期	1	100.00	0.00	9.912837	90.08716
	2	99.37845	0.621549	14.30712	85.69288
	3	99.10196	0.898041	24.9147	75.0853
	......				
	10	98.68335	1.316647	72.08469	27.91531

表 5 - 6 结果表明，从滞后 1 期至滞后 10 期，A50 指数期货价格变动作用部分的方差 98% 以上的权重来源于本身的变动冲

击，只有少量来源于现货指数冲击；A50 指数变动，作用部分的方差来源本身变动的冲击权重从滞后 1 期至滞后 10 期逐渐下降（由 90.09% 至 27.92%），来源于期货价格变动的冲击权重逐渐上升（由 9.91% 至 72.09%）。结果同样表明，A50 指数期货价格变动所包含的信息量，无论对自身变动还是 A50 指数变动，都有极强的预测解释能力。

但 A50 指数期货价格包含信息对现货的影响呈缓慢上升态势，由起初的微弱影响逐步缓慢上升，且考虑分析使用的 5 分钟间隔数据，这种影响更为缓慢，但并未改变主要结论，即 A50 指数期货价格信息含量大于 A50 指数。

（六）（一）～（五）结果对比结论

对比（一）～（五）的实证分析结果，可以得出一些重要的比较结论。首先，较为一致的结论为股指期货市场价格信息含量相对于指数现货市场价格信息含量具有明显优势，在系统信息传递过程中具有显著的主导作用，实证结果验证了理论假设。其次，股指期现货价格信息含量对比关系在不同市场存在差异，从对沪深 300、恒生指数、国企指数与日经 225、A50 指数期现货收益率脉冲响应函数及方差分解结果的具体形态和比例结果对比可以看到，具有相同或类似现货指数标的物的本土股指期货市场价格相对于海外股指期货市场价格具有更高的信息含量，对标的物现货指数市场价格具有更强的引导作用，本土股指期货市场表现出更高的信息效率。同时，从沪深 300 指数和国企、A50 指数对应分析结果比较看，由于标的物指数相关性极强，沪深 300 股指期货价格信息含量及价格发现功能略低于国企指数期货价格，而明显高于标的物极为类似的 A50 指数期货价格，即相对于 A50 指数期货，沪深 300 股指期货在信息效率和价格发现功能上居于主导地

位，而中国内地现货股票市场价格走势对国企指数，尤其是 A50
指数期货价格的反向影响力较强，与第四章相关结论一致。这与
中国内地证券市场的低开放度和内地上市企业股票价格易受中国
政策影响的特点具有较大关系。最后，与恒生指数和国企指数相
比，沪深 300 股指期货价格的信息含量也即价格价格发现功能略显
落后，这与相对于沪深 300 股指期货而言恒生指数和国企指数期货
市场较为开放与成熟，参与者数量较大与结构层次众多具有关系，
而沪深 300 目前对参与者限制严格且参与成本较高且并未完全开放。

二　二阶矩波动率脉冲响应函数及方差分析结果及比较

定义 FGK、SGK 分别为股指期货和现货价格 Garman-Klass
波动率。

（一）沪深 300 股指期现货价格波动率对应脉冲响应函数及方差分析结果及评价

沪深 300 股指期现货价格波动率脉冲响应函数及方差分解分
析结果如图 5 – 12、图 5 – 13、表 5 – 7。

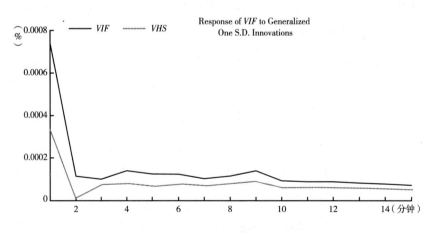

图 5 – 12　沪深 300FGK_t 脉冲响应

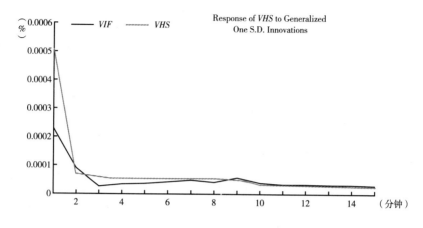

图 5 – 13 沪深 300SGK_t 脉冲响应

表 5 – 7 沪深 300 股指期现货价格波动率方差分解结果

变量顺序 (FGK_t，SGK_t)

方差分析对象	FGK_t		SGK_t	
方差源占比(%)	FGK_t	SGK_t	FGK_t	SGK_t
滞后期　1	100.00	0.00	20.39	79.61
2	99.67	0.33	22.71	77.29
3	99.51	0.49	22.69	77.31
......				
10	99.03	0.97	25.39	74.61

脉冲响应函数分析结果表明，沪深 300 股指期现货价格波动率对来自彼此的冲击前 3 期都有较为敏感的反应，股指期货价格波动率对其自身波动率变化的反应较为强烈，且一直强于对来自现货指数变动冲击的反应程度，现货指数波动率在前 7 期对自身波动率变化也较为强烈，且反应程度高于对来自期货价格波动变化冲击反应程度，但在 7 期后，对来自期货价格波动变化冲击反应程度略微超过了对自身波动率变动的反应程度，总体也反映了沪深 300 股指期货价格波动率在信息含量上的优势地位。

从滞后 1 期至滞后 10 期，沪深 300 股指期货价格波动率变动作用部分的方差，几乎 99% 的权重来源于股指期货价格波动率本身的变动冲击，只有少量来源于现货指数波动冲击；沪深 300 指数波动率变动作用部分的方差来源于现货指数本身变动的冲击权重从滞后 1 期至滞后 10 期逐渐下降（由 79.61% 至 74.61%），来源于期货波动率变动的冲击权重逐渐上升（由 20.39% 至 25.39%），与一阶矩分析结果不同，沪深 300 指数波动率变动作用部分的方差还是主要来自本身。但结果仍表明，沪深 300 股指期货价格变动所包含的信息量，无论对自身变动还是现货指数波动率变动都有比现货指数相反作用更强的预测解释能力。沪深 300 股指期货价格在系统信息传递过程中仍具显著的主导作用。

二阶距波动率分析结论与一阶矩价格分析结论不同部分的原因，可能是主要由于二阶距包含了更多信息，其中两个市场在交易方式、投资者结构等微观结构构成因素中的差异，使两个市场具有一定的独立性，表现出更多、更为复杂的动态关系，还需进一步研究，而且我国股指期货合约上市交易仅一年，众多考虑风险因素的投资者参与制度限制，也使两个市场在日内交易阶段表现出细节上的微观差异，但与一阶矩的分析结果并没有产生大的矛盾。

（二）日经 225 指数期现货价格波动率对应脉冲响应函数及方差分析结果及评价

脉冲响应函数分析结果表明，日经 225 指数期现货价格波动率对来自彼此的冲击前两期都有较为敏感的反应，日经 225 指数期货价格对其自身变化的反应较为强烈，且一直强于对来自现货指数冲击的反应程度。日经 225 指数波动率在前 4 期对自身变化也较为强烈，且反应程度高于对来自期货价格波动率变化冲击反

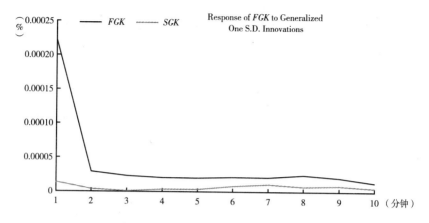

图 5 - 14　日经 225 指数 FGK_t 脉冲响应

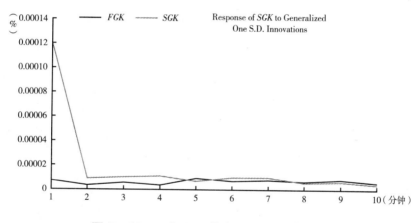

图 5 - 15　日经 225 指数 SGK_t 脉冲响应

应程度，但在 4 期后，对来自期货价格波动率变化冲击反应程度略微超过了对自身变动的反应程度。对比图 5 - 4、图 5 - 5，总体而言，也反映了日经 225 指数期货价格波动率在信息含量上的优势地位。

从滞后 1 期至滞后 10 期，日经 225 指数期货价格波动率变动作用部分的方差几乎 99% 的权重来源于本身变动冲击，只有少量来源于现货指数波动率变化的冲击；日经 225 指数波动率变

表 5 - 8 日经 225 指数期现货价格波动率方差分解结果

变量顺序 （FGK_t, SGK_t）

方差分析对象		FGK_t		SGK_t	
方差源占比（%）		FGK_t	SGK_t	FGK_t	SGK_t
滞后期	1	100.00	0.00	0.365558	99.63444
	2	99.99362	0.006381	0.437435	99.56257
	3	99.9924	0.007601	0.639988	99.36001
			......		
	10	99.5345	0.465502	2.8329	97.1671

动作用部分的方差来源于本身变动的冲击权重从滞后 1 期至滞后 10 期逐渐下降 （由 99.63% 至 97.17%），来源于期货价格波动率变动的冲击权重逐渐上升 （由 0.37% 至 2.83%），与一阶矩分析结果不同，日经 225 指数波动率变动作用部分的方差还是主要来自本身。但结果仍然表明，日经 225 指数期货价格波动率变动所包含的信息量，无论对自身变动还是现货指数波动率变动，都有比日经 225 指数相反作用更强的预测解释能力。日经 225 指数期货价格在系统信息传递过程中仍具显著的主导作用。

二阶距波动率分析结论与一阶矩价格分析结论不同部分的原因，可能是主要由于二阶距包含了更多信息，其中两个市场在交易方式、投资者结构等微观结构构成因素中的差异使两个市场具有一定的独立性，表现出更多、更为复杂的动态关系，还需进一步研究。现货指数价格波动率本身已含有较高信息量，应该从微观结构差异进行更为深入的探讨，如股指期现货的竞价方式、交易方式存在的差异，以及期现货指数点位变化形成方式的差异，对流动性、波动率估算方式等方面进行深入研究，但与一阶矩的分析结果并没有产生大的矛盾。

（三）恒生指数期现货价格波动率对应脉冲响应函数及方差分析结果及评价

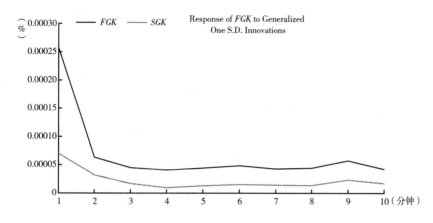

图 5 - 16　恒生指数 FGK_t 脉冲响应

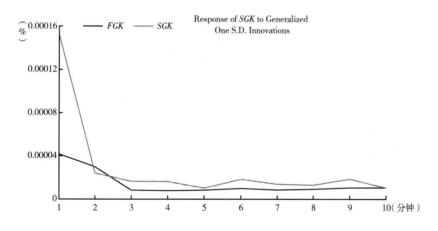

图 5 - 17　恒生指数 SGK_t 脉冲响应

脉冲响应函数分析结果表明，恒生指数期现货价格波动率对来自彼此的冲击前两期都有较为敏感的反应，恒生指数期货价格波动率对其自身变化的反应较为强烈，且一直强于对来自现货指数波动率变化冲击的反应程度，恒生指数波动率在前两期对自身变化反应也较为强烈且反应程度高于对来自期货价格波动率变化冲击反应程度，但在两期后，对来自期货价格波动率变化冲击的反应程度略微超过对自身变动的反应程度，对比图 5 - 6、图 5 - 7，总体而言，也反映了恒生指数期货价格波动率在信息含量上的优势地位。

表 5 - 9　恒生指数期现货价格波动率方差分解结果

变量顺序（FGK_t，SGK_t）

方差分析对象		FGK_t		SGK_t	
方差源占比（%）		FGK_t	SGK_t	FGK_t	SGK_t
滞后期	1	100.00	0.00	7.417683	92.58232
	2	99.67774	0.322264	10.71615	89.28385
	3	99.66106	0.338935	10.86393	89.13607
	......				
	10	99.60425	0.395752	12.3764	87.6236

从滞后 1 期至滞后 10 期，恒生指数期货价格波动率变动作用部分的方差几乎 99% 的权重来源于本身的变动冲击，只有少量来源于现货指数波动率变化冲击；恒生指数波动率变动作用部分的方差来源于本身变动的冲击权重从滞后 1 期至滞后 10 期逐渐下降（由 92.58% 至 87.62%），来源于期货价格波动率变动的冲击权重逐渐上升（由 7.42% 至 12.38%），与一阶矩分析结果不同，恒生指数波动率变动作用部分的方差还是主要来自本身，但结果仍然表明，恒生指数期货价格波动率所包含的信息量，无论对自身变动还是现货指数波动率变动，都有比恒生指数相反作用更强的预测解释能力。恒生指数期货价格在系统信息传递过程中仍具显著的主导作用。

二阶距波动率分析结论与一阶矩价格分析结论不同部分的原因，可能是主要由于二阶距包含了更多信息，其中两个市场在交易方式、投资者结构等微观结构构成因素中的差异，使两个市场具有一定的独立性，表现出更多、更为复杂的动态关系，还需进一步研究。现货指数价格波动率本身已含有较高信息量，应该从微观结构差异进行更为深入的探讨，如股指期现货的竞价方式、交易方式存在的差异，以及期现货指数点位变化形成方式的差异，流动性，波动率估算方式等方面进行深入研究，但与一阶矩的分析结果并没有产生大的矛盾。

（四）国企指数期现货价格波动率对应脉冲响应函数及方差分析结果及评价

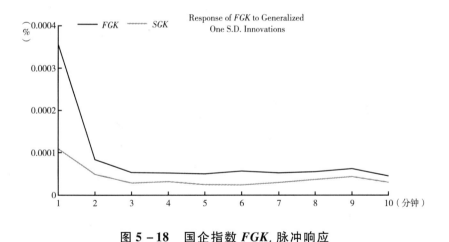

图 5 – 18　国企指数 FGK_t 脉冲响应

国企指数期现货价格波动率对应脉冲响应函数分析结果与恒生指数类似，故不赘述。

从滞后 1 期至滞后 10 期，国企指数期货价格波动率变动作用部分的方差几乎 99% 的权重来源于本身的变动冲击，只有少量来源于现货指数波动率变化冲击；国企指数波动率变动作用部

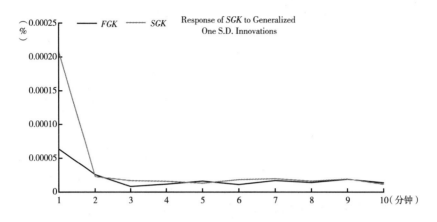

图 5 – 19　国企指数 SGK_t 脉冲响应

表 5 – 10　国企指数期现货价格波动率方差分解结果

变量顺序（FGK_t，SGK_t）

方差分析对象		FGK_t		SGK_t	
方差源占比（%）		FGK_t	SGK_t	FGK_t	SGK_t
滞后期	1	100. 00	0. 00	9. 36559	90. 63441
	2	99. 55535	0. 444648	10. 65684	89. 34316
	3	99. 44718	0. 552816	10. 72889	89. 27111
	……				
	10	98. 27274	1. 727264	13. 31671	86. 68329

分的方差来源于本身变动的冲击权重从滞后 1 期至滞后 10 期逐渐下降（由 90. 63% 至 86. 68%），来源于期货价格波动率变动的冲击权重逐渐上升（由 9. 37% 至 13. 32%），与一阶矩分析结果不同，国企指数波动率变动作用部分的方差还是主要来自于本身，但结果仍然表明，国企指数期货价格波动率变动，所包含的信息量，无论对自身变动还是现货指数波动率变动，都有比国企指数相反作用更强的预测解释能力。国企指数期货价格在系统信

息传递过程中仍具显著的主导作用。

（五）　A50 指数期现货价格波动率对应脉冲响应函数及方差分析结果及评价

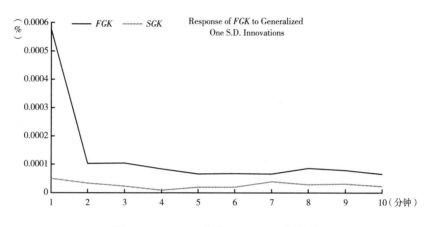

图 5 – 20　A50 指数 *FGK*$_t$ 脉冲响应

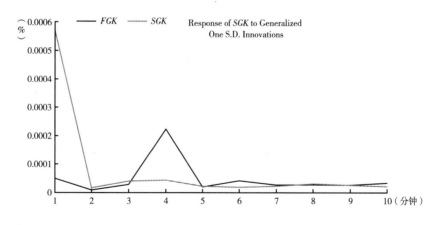

图 5 – 21　A50 指数 *SGK*$_t$ 脉冲响应

A50 指数期现货价格波动率对应脉冲响应函数分析结果与上述各指数结论基本类似，但 A50 指数期货价格波动率对现货指数波动率影响更为显著。

表 5 – 11　A50 指数期现货价格波动率方差分解结果

变量顺序 (FGK_t, SGK_t)

方差分析对象		FGK_t		SGK_t	
方差源占比(%)		FGK_t	SGK_t	FGK_t	SGK_t
滞后期	1	100.00	0.00	0.743875	99.25612
	2	99.82218	0.177817	0.766084	99.23392
	3	99.7722	0.227798	1.004988	98.99501
	……				
	10	99.09542	0.90458	15.18583	84.81417

　　从滞后 1 期至滞后 10 期，A50 指数期货价格波动率变动作用部分的方差几乎 99% 的权重来源于本身的变动冲击，只有少量来源于现货指数波动率变化冲击；A50 指数波动率变动作用部分的方差来源于本身变动的冲击权重从滞后 1 期至滞后 10 期逐渐下降（由 99.26% 至 84.81%），来源于期货价格波动率变动的冲击权重逐渐上升（由 0.74% 至 15.18%），与一阶矩分析结果不同，A50 指数波动率变动作用部分的方差还是主要来自本身。但结果仍然表明，A50 指数期货价格波动率变动所包含的信息量，无论对自身变动还是现货指数波动率变动，都有比 A50 指数相反作用更强的预测解释能力。A50 指数期货价格在系统信息传递过程中仍具显著的主导作用。

　　从波动率检验结果看，仍然支持了一阶矩收益率检验的相关结论，因此，不再重复总结比较结果。

第四节　信息含量对比关系结论原因分析

　　相对于指数现货市场，股指期货市场具备高流动性及较低的交易成本，再加上杠杆交易的优势，使股指期货市场对信息反应效率更高、更敏感，而现货市场则包含了系统和非系统个股信息，对指数形成了更为复杂的信息影响集合和噪声，从反应系统信息角度，股指期货价格的信息含量必然高于现货指数。

第五节　小结

本章使用 GS 模型、脉冲响应函数以及方差分解方法多角度对股指期现货市场价格序列的信息含量对比关系进行了实证分析，股指期货价格所含信息在市场定价（价格发现）过程中的贡献占比相对于指数现货市场价格信息具有明显优势，在系统信息传递过程中具有显著的主导作用，股指期货价格定价信息含量大于现货指数。

股指期现货价格信息含量对比关系在不同市场存在差异，相同或类似现货指数标的物的本土股指期货市场价格相对于海外股指期货市场价格具有更高的信息含量，本土股指期货市场表现出更高的信息效率。从沪深 300 指数和恒生、国企、A50 指数对应分析结果比较看，由于标的物指数相关性极强，对应于各自指数现货市场，沪深 300 股指期货价格信息含量略低于恒生、国企指数期货价格，而明显高于标的物极为类似的 A50 指数期货价格，即相对于 A50 指数期货，沪深 300 股指期货在定价信息效率上居于主导地位。中国内地现货股票市场价格走势对国企指数，尤其是对 A50 指数期货价格的反向影响力较强。结果与监管制度、市场成熟度以及开放程度具有一定联系。

从 GS 模型的实证结果可以清晰地看到，基差对于现货市场收益率走势具有明显的预测功能。这对现实交易具有指导意义。

在脉冲响应函数和方差分析中与第四章结论类似，一阶矩收益率和二阶矩波动率序列的分析结论具有一定差异。这种差异可能来自两个序列的信息及噪声含量差异，但并不影响结论的成立。

第六章　基于现货价格外推效果
对比的信息效率关系总结

　　时间序列分析的一个重要特征是时间序列本身由一个随机过程产生，随机过程实现后生成时间序列数据，研究者利用数据反过来对随机过程的变化规律进行推断，因此，时间序列虽然可能具有经济上或逻辑上的内在联系，但实际分析中很难基于一般经济理论对其进行建模研究，大部分的时间序列模型都是建立在统计理论的基础上。第四、第五章所使用的时间序列分析模型从某种程度上说是缺乏强有力的经济理论基础的，因此，一般不以时间序列模型的系数作为经济现象的解释，而只是利用时间序列分析技术对现象以及现象之间的关系做一个统计推断。

　　时间序列分析方法是 Box 和 Jenkins 于 1976 年提出的。这种分析方法的特点是不考虑其他解释变量的作用，而是依据变量自身的变化规律，利用时间序列外推机制描述这种变化规律。从本质上讲，时间序列分析方法的基本思想是，事件的发生、发展通常都具有某种规律性的趋势，统计上就是序列值之间存在着具有某种统计规律的相关关系，时间序列分析的重点就是寻找这种规律，即拟合出适当的模型来描述这种规律，进而可以利用这个拟合模型来进行外推。因此，时间序列模型从产生至今最为重要的一个作用是预测，大量时间序列模型改进与创新的主要目的都是试图去提高模型的预测精度，关键在于预测能够使用的信息是否充分全面，在一个拥有完全信息的理想状态中，金融资产的价格本身就是基于现在所能获得的所有信息集合对资产价值的预期。前述内容已多次提到，一个包含信息量越多的价格越能反映资产的真实价值，判断市场效率的重要依据也是市场价格是否能及时充分地反映信息。当然，信息中也含有噪声，但高效率的市场能够极大的过滤噪声而反映真实的信息。

　　一个完整的时间序列分析必须包含外推分析。外推分析从某种意义上说是弥补时间序列模型分析中各种缺陷的一种重要方法，如时间序列模型中所存在的序列相关、多重共线以及缺失某些重要解释变量等问题，会造成参数估计结果的有偏性和无效，但大多时候不影响模型预测能力。本章是对第四、第五章的完善与补充，从外推的角度实证股指期现货的信息效率关系。在立论基础上，本书不支持期货价格是未来现货价格的无偏估计，即期货价格不能预测未来现货价格。[①] 本书仅从股指期货价格相关变量中所包含信息对现货市场价格相关变量的外推效率是否起到提升作用出发，间接从外推方法角度再次证明和进一步总结股指期货市场与现货市场的信息效率关系。具体而言，本章首先通过设定普通时间序列外推模型，利用现货价格相关序列本身以及加入期货价格相关序列的模型对现货价格相关序列进行外推分析，进而比较加入期货价格相关序列前后，外推效果评价指标的优劣来间接证明期货价格相关序列所包含信息对现货价格相关序列的作

---

　　① 本书支持陈荣、郑振龙《期货价格能否预测未来的现货价格？》（《国际金融研究》2007 年 9 月）一文的论述。

用关系；其次，使用国外文献中较多使用的股指期现货价格序列先行滞后关系实证方法，即多元回归模型的思路，建立多元回归外推模型，结合第四章的对应股指期现货引导关系结论进行外推检验，得到本章结论，并在此基础上总结股指期现货信息效率关系。本章结构如图 6 - 1 所示。

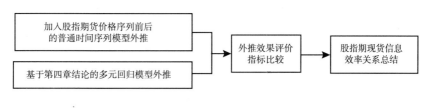

图 6 - 1　第六章结构

第一节　外推实证方法选择与样本数据说明

一　普通时间序列外推方法

Box 和 Jenkins 的代表著作 *Time Series Analysis：Forecasting and Control* 被公认为时间序列分析的典范。Box-Jenkins 方法的最大优点是能处理各种数据模式（趋势、季节等）。该方法在统计上是完善的，有牢固的理论基础，提供了一种正规的、结构化的时间序列建模途径。这些优点使其在金融时间序列分析领域得到了广泛的应用。Filders 和 Howell（1979）、Filders 和 Lusk（1984）、Cogger（1988）等指出 Box-Jenkins 方法的预测效率要优于其他简单方法的预测效率。随着电子信息化预测技术的普及，Box-Jenkins 方法引起了越来越多的研究者的重视，尤其是在金融时间序列分析领域，大多数序列可以由 ARMA 或 ARIMA 模型模拟表示。[①] 本节也使用 ARMA 模型描述股指现货价格相关变量，并在考虑第四章协整关系基础上，对 ARMA 模型稍作改进进行比较分析，然后比较预测精度效果来得出结论。

（一）使用现货指数序列对现货指数的外推模型

考虑到 ARMA 模型建模过程较为成熟，且第二章中已进行过描述，在此不对模型原理进行详细描述，只对与本章实证关系密切的问题进行描述。

本节使用 ARMA 模型进行预测。ARMA 建立与预测的数据与第四、第五章相同，同时，使用低频日间数据与高频日内数据进行分析，因此，相关序列的平稳性检验结论可依据第四、第五章相关的结论得出。本节使用的一阶矩收益率 $ARMA$（p，q）模型如下：

$$R_t^{si} = c + \sum_{i=1}^{p} \varphi_i R_{t-i}^{si} + \sum_{j=0}^{q} \eta_j \varepsilon_{t-j}^{si} \qquad (6-1)$$

其中，R_t^{si} 为现货指数日间低频或日内高频收益率（剔除隔夜收益率）；c 为常数项；$\sum_{i=1}^{p} \varphi_i R_{t-i}^{si}$ 为 AR 项；$\sum_{j=0}^{q} \eta_j \varepsilon_{t-j}^{si}$ 为移动平均项；p 和 q 为滞后阶数，须在估计前进行定阶分析，此项具体根据自相关系数和偏自相关系数以及 Ljung-Box Q 等统计量反复测试来确定；φ_i 和 η_j 为待估计参数。

在上述步骤完成后，进行系数估计，并依据下述原则进行反复测试改进。

---

① 本段根据王亮、刘豹《单变量时间序列预测：综述与评价》（《天津大学学报》1991 年第 2 期）相关内容整理。

（1）模型参数显著性水平是否提高，模型的 AIC 和 SC 指标值是否相对最小。[①]

（2）模型的特征根倒数是否皆小于 1。

（3）模型残差序列是否为白噪声序列。通过残差序列自相关图、χ^2、LM 等检验得出结论。

（二）使用现货指数序列并加入期指序列对现货指数的预测模型

建模过程结构同（一），加入期指序列的一阶矩收益率 $ARMA\,(p，q)$ 模型如下：

$$R_t^{si} = c + \sum_{n=0}^{m} R_{t-n}^{if} + \sum_{i=1}^{p} \varphi_i R_{t-i}^{si} + \sum_{j=0}^{q} \eta_j \varepsilon_{t-j}^{si} \qquad (6-2)$$

其中，R_{t-n}^{if} 为当前和滞后的股指期货收益率配对序列；其他定义同式（6-1）。同时，R_{t-n}^{if} 的滞后阶数选择仍然使用上述步骤和统计量检验并经过反复测试确定。这里需说明的是，将股指期货价格相关序列包含入现货指数价格相关序列 ARMA 模型是基于第三章所确定的两者的协整关系（长期均衡关系），并且作为标的物与衍生品关系，股指期货价格相关序列与现货指数价格相关序列高度相关，第五章已述股指期货价格相关序列包含着关于股票市场的更多信息。[②]

（三）模型外推

本节前两步使用样本数据的 85%～90% 进行模型估计与确

---

① AIC 准则、Schwarz 准则描述参见高铁梅等《计量经济分析方法与建模——EViews 应用及实例》，清华大学出版社，2009，第 2 版，第 72～73 页。

② 当然，在模型中加入期指期货价格定价模型作为理论基础，因为其为公理，在此简述，并不做具体讨论。

定，在完成上述两步后，对余下的数据点进行预测，剩余数据实际值用于预测检验。

二　多元回归模型外推方法

在第四章开收盘引导关系检验中已经提及，Stoll 和 Whaley（1990）、Chan（1992）、Fleming 和 Ostdiek（1996）等众多学者使用多元回归方法对股指期现货价格的领先滞后关系进行了实证。这种方法的基本思路是基于股指期现货价格都包含了相同的系统信息，股指期现货价格具有协整关系，且股指期现货收益率序列均为平稳序列。因此，可以使用股指期货价格序列作为系统信息的代理变量[①]与现货指数序列进行回归，同时，在考虑分布滞后的因素下，用多期不同的滞后或先行股指期货价格分别与相应现货指数价格配对进行多元回归分析，从不同滞后或先行的股指期货价格因变量的系数显著性上判断股指期现货价格的先行滞后关系，即如果某期或某几期滞后股指期货价格因变量前系数显著，则可以判断期货领先于现货及领先期数，如果存在现货对期货的方向引导则表现为某期或某几期先行股指期货价格因变量前系数显著。股指期货价格先行和滞后阶数基于模型回归效果、显著性以及交叉相关系数等指标选取。此方法较为清晰地说明不同滞后或先行的股指期货价格对配对现货指数价格的解释力度，与第四章中使用的 VAR、VECM 等方法同为期现货领先滞后引导关系的主要实证方法，但 Chatrath、Christie-David、Dhanda 和 Koch（2002）等及以后很多学者的结论都证实此方法实证效果

---

①　即使用股指期货价格序列所包含的信息代表影响股票现货市场变动的众多外生变量。

与其他方法类似，因此，它可以作为一种辅助方法为其他方法的结论进行验证，这为本节提供了重要的思路。本节利用已有文献的多元回归模型方法并进行一定改进，结合第四章各样本股指期现货引导关系结论，进行了外推检验，对第四、第五章股指期现货信息效率关系结论从外推角度进行了补充验证与总结。

（一）多元回归外推模型

结合第四章引导关系结论，股指期现货收益率序列均为平稳序列，使用日内高频数据，分别建立各样本现货指数当期作为因变量与现货指数滞后各期作为配对变量的多元回归模型以及与对应指数期货当期及滞后各期配对变量的多元回归模型，并进行外推检验，在比较两个多元回归模型外推效果的基础上得出结论，滞后阶数选择以第四章 VAR 模型结论为基础。[①]

在第四、第五章的结论前提下，本节外推模型主要检验的假说为：如果股指期货的信息效率优于现货指数，则同样对现货指数进行外推，使用股指期货滞后项的外推效果应优于使用现货指数本身滞后项的效果。模型使用同一时期、同一跨度、同一频率的期现货数据进行回归与外推检验。

模型设定如下。

（1）基于现货指数滞后期因变量对现货指数的外推模型：

$$R_t^{si} = \alpha + \sum_{n=1}^{k} \varphi_n R_{t-n}^{si} + \varepsilon_t \qquad (6-3)$$

其中，R_t^{si} 为现货指数高频收益率，R_{t-n}^{si} 为 $t-n$ 期滞后现货指数高频收益率，滞后期 k 由第四章 VAR 模型结论给定。根据模型模拟效果和 φ_n 的显著性，确定最大 k 后，R_t^{si} 序列剔除从第一个

---

① 由于第四章结论已证明股指期货领先现货的显著关系，故不设定先行变量。

数据开始的 k 个值，剔除最大 k 个值的 R_t^{si} 序列保持不变，而 R_{t-n}^{si} 序列根据选取的 k，从最大 k 到最小 k 滞后期依次剔除部分值与 R_t^{si} 序列配对，如最大 k 为 8，则 R_{t-n}^{si} 序列从末端向前剔除 8 个值与 R_t^{si} 序列配对；k 为 7 时，R_{t-n}^{si} 序列从开始去除 1 个值，从末端剔除 7 个值；k 为 6 时，R_{t-n}^{si} 序列从开始去除 2 个值，从末端剔除 6 个值。依此类推，在最大 k 之后，R_{t-n}^{si} 序列从开始去除最大 k 减去实际 k 个值，从末端剔除实际 k 个值与 R_t^{si} 序列配对。

（2）基于指数期货当期及滞后期因变量对现货指数的外推模型：

$$R_t^{si} = \alpha + \sum_{n=0}^{k} \varphi_n R_{t-n}^{if} + \varepsilon_t \qquad (6-4)$$

其中，R_t^{si} 为股指现货日内高频收益率，R_{t-n}^{if} 为 $t-n$ 期滞后指数期货高频收益率，当 $n=0$ 时，R_{t-n}^{if} 与 R_t^{si} 为已配对状态，滞后期 k 同样由第四章 VAR 模型结论给定。根据模型模拟效果和 φ_n 的显著性，确定最大 k 后，R_t^{si} 序列剔除从第一个数据开始的 k 个值，剔除最大 k 个值的 R_t^{si} 序列保持不变，而 R_{t-n}^{if} 序列根据选取的 k，从最大 k 到最小 k 滞后期依次剔除部分值与 R_t^{si} 序列配对，如最大 k 为 8，则 R_{t-n}^{if} 序列从末端向前剔除 8 个值与 R_t^{si} 序列配对；k 为 7 时，R_{t-n}^{if} 序列从开始去除 1 个值，从末端剔除 7 个值；k 为 6 时，R_{t-n}^{if} 序列从开始去除 2 个值，从末端剔除 6 个值。依此类推，在最大 k 之后，R_{t-n}^{if} 序列从开始去除最大 k 减去实际 k 个值，从末端剔除实际 k 个值与 R_t^{si} 序列配对。

上述两类模型（1）、（2）使用同一时期、同一跨度、同一频率的期现货数据进行回归与外推检验。

（二）模型外推

使用样本数据最后 30 分钟（A50 指数为最后 150 分钟）实际值用于预测检验。之前其他数据用于模型估计。

三　外推效果评价指标描述

预测指标的设定依据股票现货指数价格相关序列的实际值与上述模型预测值的对比，共有 7 个预测精度指标用于对比。

假设预测样本区间为 $t = T+1, \cdots, T+n$，其中，T 为上述两类模型使用的估计数据的最后一期时间；仍然使用一阶矩收益率序列对预测精度指标进行说明，R_t^{si} 为现货指数收益率实际值，$\hat{R}_t^{si}$ 为现货指数的预测值。具体指标为：[①]

（1）均方根误差（Root Mean Squared Error，RMSE）。

$$RMSE = \sqrt{\frac{1}{n} \sum_{t=T+1}^{T+n} (\hat{R}_t^{si} - R_t^{si})^2} \qquad (6-5)$$

（2）平均绝对误差（Mean Absolute Error，MAE）。

$$MAE = \frac{1}{n} \sum_{t=T+1}^{T+n} |\hat{R}_t^{si} - R_t^{si}| \qquad (6-6)$$

（3）平均相对误差（Mean Abs. Percent Error，MPE）。

$$MPE = \frac{1}{n} \sum_{t=T+1}^{T+n} \left| \frac{\hat{R}_t^{si} - R_t^{si}}{R_t^{si}} \right| \qquad (6-7)$$

（4）Theil 不等系数（Theil Inequality Coeffiecient，TU）。

---

① 参见高铁梅等《计量经济分析方法与建模——EViews 应用及实例》，清华大学出版社，2009，第 2 版，第 88~90 页。

$$TU = \frac{\sqrt{\dfrac{1}{n}\sum_{t=T+1}^{T+n}(\hat{R}_t^{si} - R_t^{si})^2}}{\sqrt{\dfrac{1}{n}\sum_{t=T+1}^{T+n}(\hat{R}_t^{si})^2} + \sqrt{\dfrac{1}{n}\sum_{t=T+1}^{T+n}(R_t^{si})^2}} \qquad (6-8)$$

（1）～（4）指标中 MAE 和 RMSE 指标受现货指数收益率量纲影响，因此，在计算时需统一量纲；MPE 和 TU 指标则不受量纲影响。

（5）均方差（Mean Squared Error，MSE）分解指标。

此指标由均方差分解后形成的 3 个指标构成，均方差可分解为：

$$MSE = \frac{1}{n}\sum_{t=T+1}^{T+n}(\hat{R}_t^{si} - R_t^{si})^2 = (\overline{\hat{R}^{si}} - \overline{R}^{si})^2 +$$
$$(\sigma_{\hat{R}^{si}} - \sigma_{R^{si}})^2 + 2(1-\rho)\sigma_{\hat{R}^{si}}\sigma_{R^{si}} \qquad (6-9)$$

其中，$\overline{\hat{R}^{si}}$、$\overline{R}^{si}$ 分别为 $\hat{R}_t^{si}$、R_t^{si} 的均值；$\sigma_{\hat{R}^{si}}$、$\sigma_{R^{si}}$ 分别为 $\hat{R}_t^{si}$、R_t^{si} 的标准差；ρ 为 $\hat{R}_t^{si}$、R_t^{si} 的相关系数，在 MSE 分解式基础上形成 3 个预测精度指标。

①偏差比例（Bias Proportion，BP）。

$$BP = \frac{(\overline{\hat{R}^{si}} - \overline{R}^{si})^2}{\dfrac{1}{n}\sum_{t=T+1}^{T+n}(\hat{R}_t^{si} - R_t^{si})^2} \qquad (6-10)$$

②方差比例（Variance Proportion，VP）。

$$BP = \frac{(\overline{\hat{R}^{si}} - \overline{R}^{si})^2}{\dfrac{1}{n}\sum_{t=T+1}^{T+n}(\hat{R}_t^{si} - R_t^{si})^2} \qquad (6-11)$$

③协方差比例（Covariance Proportion，CP）。

$$CP = \frac{2(1-\rho)\sigma_{\hat{R}^{si}}\sigma_{R^{si}}}{\dfrac{1}{n}\sum_{t=T+1}^{T+n}(\hat{R}_t^{si} - R_t^{si})^2} \qquad (6-12)$$

偏差比例度量现货指数收益率预测值均值与实际值均值的偏离程度，表示系统误差；方差比例度量现货指数收益率预测值方差与实际值方差的偏离程度；协方差比例度量剩余非系统预测误差，且 $BP + VP + CP = 1$，相对而言，BP、VP 较小而 CP 较大表示预测精度较高。

使用上述两类模型进行预测，分别计算出各模型预测结果的 7 个预测精度指标，然后进行比较得出结论。

四　样本数据说明

样本数据在第四章高频数据基础上处理为同一时期、同一跨度的期现货数据进行回归与外推检验。A50 指数预测分析使用 5 分钟高频数据，其他样本使用 1 分钟数据，数据来源同第四章。

第二节　ARMA 模型中外样本外推实证
检验结果及比较

首先对所有样本序列进行平稳性检验，发现所有序列均为平稳序列，可以建立 ARMA 模型并进行预测。外推分为两个阶段。第一阶段为 ARMA 模型识别阶段，第二阶段为外推。本书使用样本数据减去 100 个数据作为 ARMA 模型识别估计使用，然后用剩下的 100 个数据作为外推检验。从逻辑上说，日内高频数据含有较多噪声，很难用滞后高频数据对当前数据进行预测，经过反复试验也发现，即使 ARMA 模型的 p、q 定阶符合要求，模型估计结果较好，并且对模型残差检验均为不存在自相关（白噪声）的序列，但外推结果始终不是非常理想，在进一步研究中可考虑降低数据频率进行检验估计，但由于前述章节已经实证股指期货领先现货未超过 20 分钟，因此，这里还是使用 1 分钟高频数据（A50

指数使用 5 分钟）进行分析。当然，更为重要的一点是如本章开篇时所述的，本书不试图对现货价格序列使用模型进行精确预测，而是使用时间序列预测方法对比加入股指期货价格序列前后的预测精度指标变化，描述股指期货价格所包含的信息对现货价格预测的作用，从而在第四、第五章的结论基础上进一步证明股指期货价格所包含信息领先于现货价格信息，并且也说明了信息含量的对比关系。

（一）ARMA 模型识别阶段分析结果

在 ARMA 模型识别或定阶阶段，比较加入股指期货收益率序列前后的估计相关参数变化可获得关于股指期货价格包含信息的重要依据，本章在指数现货收益率 ARMA 模型识别和估计的基础上，不做修改直接加入股指期货收益率序列进行重新估计来获得重要参数信息，这样做意味着加入股指期货收益率序列的 ARMA 模型不一定是最优模型，但从参数中已可以获得重要结论信息。为比较加入前后 ARMA 模型估计结果的变化，重点关注回归残差平方和、调整后的 R^2、AIC、SC、对数似然值等值变化来获得结论信息。各市场样本实证结果见表 6-1。

表 6-1　现货指数加入股指期货收益率序列前后估计参数对比

指数	ARMA 模型 (p, q)	加入期货序列步骤	调整后的 R^2	残差平方和	AIC	SC	对数似然值
沪深300	(3,3)	加入前	0.345074	0.000043	-13.63	-13.6012	4188.409
		加入后	0.354295	0.000042	-13.6426	-13.6066	4193.266
日经225	(4,0)	加入前	0.060179	0.000506	-11.1987	-11.1917	3545.39
		加入后	0.638601	0.000194	-12.1528	-12.1388	3848.373
恒生指数	(2,0)	加入前	0.017332	0.000973	-10.7672	-10.7554	4265.811
		加入后	0.346112	0.000646	-11.1733	-11.1556	4427.618
国企指数	(3,3)	加入前	0.036701	0.000322	-11.2598	-11.2039	2477.518
		加入后	0.460602	0.00018	-11.8374	-11.7723	2605.315
A50指数	(2,2)	加入前	0.014301	0.000836	-10.2574	-10.2379	2109.902
		加入后	0.041316	0.000811	-10.2828	-10.2535	2116.115

从表6-1结果可以明显看出以下结论。

（1）所有样本现货指数ARMA模型在加入股指期货收益率序列后，调整后的R^2均上升，残差平方和均下降，AIC、SC值均不同程度减小，对数似然值均增大。这些指标变化表明模型估计效果改善了，可以初步得出结论，股指期货价格所包含的信息对标的物现货指数的预测均有有利帮助，股指期货价格包含优于现货指数序列本身的更多信息。

（2）A50指数ARMA模型在加入股指期货收益率序列前后，各参数值虽有改善但变化不大，再次说明中国内地现货市场相对于A50指数期货市场的主导特征。

（二）外推阶段分析结果

在现货指数ARMA模型外推结果基础上，在加入股指期货收益率序列后再进行第二次外推，从而获得加入前后的估计精度指标值，从而进行比较，结果如表6-2所示。

表6-2 现货指数加入股指期货收益率序列前后外推精度指标对比

指数	加入期货序列步骤	RMSE	MAE	MPE	TU	BP	VP	CP
沪深300	加入前	0.000213	0.000158	121.4791	0.532777	0.001275	0.218814	0.779912
	加入后	0.000206	0.000152	115.6048	0.527608	0.001193	0.210087	0.78872
日经225	加入前	0.000349	0.000234	136.9916	0.852076	0.002584	0.514965	0.482451
	加入后	0.000417	0.000307	297.8299	0.723439	0.000182	0.038182	0.961636
恒生指数	加入前	0.000673	0.000499	143.6369	0.867478	0.003086	0.815819	0.181095
	加入后	0.000768	0.000583	330.4345	0.632569	0.000079	0.049396	0.950525
国企指数	加入前	0.000498	0.000371	271.7969	0.840558	0.020101	0.590818	0.389081
	加入后	0.000499	0.000384	969.4799	0.498468	0.017595	0.003002	0.979402
A50指数	加入前	0.001194	0.000885	487.6377	0.881866	0.00302	0.670627	0.326353
	加入后	0.001179	0.000897	694.493	0.793141	0.001561	0.515383	0.483055

根据表 6 - 2 结果，结合精度指标使用方法，可以得到如下结论。

（1）相比其他指数样本，沪深 300 指数外推效果在加入沪深 300 股指期货收益率序列后得到较为显著的改善，前 4 个误差精度指标均减小，BP、VP 值均减小，而 CP 值增大，表明外推效果明显改善。

（2）日经 225、恒生、国企及 A50 指数外推效果前 3 个误差精度指标有增有减，但变化不大，而 TU 指标均减小，同时，BP、VP 值均减小，而 CP 值增大，表明外推效果也明显得到改善。

（3）A50 指数外推效果较差，再次说明中国内地市场的主导性。

（4）综合看，从外推精度指标变化看，加入股指期货序列后的外推效果明显改善，进一步说明股指期货价格所包含的信息对标的物现货指数的预测均有有利帮助，股指期货价格包含优于现货指数序列本身的更多信息，同时，股指期货价格对现货指数价格的引导程度强于现货对期货的引导强度。

（5）比较沪深 300 指数与其他样本指数外推效果，也表明单一标的物衍生品对标的物的引导程度以及单一标的物衍生品的信息含量相对于多种标的物衍生品要强、要丰富。这些结论都与前述章节结论保持了一致。

第三节　多元回归模型中外样本外推
实证检验结果及比较

首先，同样对所有样本序列进行平稳性检验，发现所有序列均为平稳序列。多元回归模型外推实证同样不试图对现货价格序列使用模型进行精确预测，而是使用该方法对比现货价格与期货价格序列对现货价格的预测精度指标变化，来描述股指期货价格所包含的信息对现货价格预测的作用，从而在第四、第五章的结论基础上进一步证明股指期货价格所包含信息领先于现货价格信息，并且说明信息含量的对比关系。以下将式（6-3）和式（6-4）简称模型1和模型2。

（一）　沪深300股指期现货多元回归模型估计及外推效果比较

沪深300股指期现货多元回归模型估计结果及外推效果评价指标结果见表6-3。

表 6 - 3　沪深 300 股指期现货多元回归模型估计及外推结果

模型	$R_t^{si} = \alpha + \sum_{n=1}^{k} \varphi_n R_{t-n}^{si} + \varepsilon_t$（模型1）			$R_t^{si} = \alpha + \sum_{n=0}^{k} \varphi_n R_{t-n}^{if} + \varepsilon_t$（模型2）		
	系数	估计值	t 值	系数	估计值	t 值
估计	φ_1	0.360716 ***	32.06089	φ_0	0.396627 ***	62.4221
	φ_2	0.057728 ***	4.830231	φ_1	0.304023 ***	47.83933
	φ_3	- 0.05141 ***	- 4.29963	φ_2	0.181295 ***	28.52424
	φ_4	- 0.04537 ***	- 4.02924	φ_3	0.104215 ***	16.39945
	φ_5	NA	NA	φ_4	0.03399 ***	5.352069
	φ_6	NA	NA	φ_5	NA	NA
	φ_7	NA	NA	φ_6	- 0.01257 **	- 1.97846
	φ_8	- 0.04256 ***	- 4.07728	φ_7	NA	NA
	—	—	—	φ_8	- 0.01227 **	- 1.93037
	$\bar{R}^2$	0.147703		$\bar{R}^2$	0.493964	
	对数似然值	48805.38		对数似然值	50912.56	
外推	RMSE	0.000166		RMSE	0.000132	
	MAE	0.000137		MAE	0.000108	
	MPE	137.4822		MPE	95.8096	
	TU	0.603339		TU	0.35346	
	BP	0.134702		BP	0.009142	
	VP	0.372221		VP	0.010564	
	CP	0.493078		CP	0.980294	

"***"表示在1%水平上显著，"**"表示在5%水平上显著，"*"表示在10%水平上显著。表中NA项不显著已略去。

从表6-3结果可以明显看到，在估计阶段，沪深300指数现货滞后项以及期货当期及滞后项均对现货价格有预测作用，但从调整 R^2 和对数似然值来看，基于期货当期及滞后项对现货指数的估计模型都大于基于现货指数滞后项对现货指数的估计模型，即估计效果模型2优于模型1；再从外推精度的各指标结论看，前4个精度指标，模型2都小于模型1，后3个指标即 BP、VP、CP，依据外推精度方法介绍中的描述，模型2的外推效果显著优于模型1，可以得出结论，在使用相同时期、相同步长的数据对现货指数价格进行外推时，使用沪深300股指期货当期及滞后期的收益率序列的外推效果显著优于现货指数滞后期的外推效果，证明了股指期货价格领先于现货价格，而且股指期货序列所包含的信息对预测现货指数价格更为有效，即股指期货价格序列所包含的信息量大于现货价格序列所包含的信息量。

（二）恒生指数期现货多元回归模型估计及外推效果比较

恒生指数期现货多元回归模型估计结果及外推效果评价指标结果见表6-4。

表6-4　恒生指数期现货多元回归模型估计及外推结果

模型	$R_t^{si} = \alpha + \sum_{n=1}^{k} \varphi_n R_{t-n}^{si} + \varepsilon_t$（模型1）			$R_t^{si} = \alpha + \sum_{n=0}^{k} \varphi_n R_{t-n}^{if} + \varepsilon_t$（模型2）		
	系数	估计值	t 值	系数	估计值	t 值
估计	φ_1	0.060924 ***	5.742537	φ_0	0.769826 ***	139.1399
	φ_2	NA	NA	φ_1	0.180052 ***	32.53858
	φ_8	NA	NA	φ_2	0.059214 ***	10.70102
	—	—	—	φ_8	−0.01207 **	−2.18313
	$\bar{R}^2$	0.003708		$\bar{R}^2$	0.697294	
	对数似然值	46283.07		对数似然值	51557.17	

续表

模型	$R_t^{si} = \alpha + \sum_{n=1}^{k} \varphi_n R_{t-n}^{si} + \varepsilon_t$（模型1）		$R_t^{si} = \alpha + \sum_{n=0}^{k} \varphi_n R_{t-n}^{if} + \varepsilon_t$（模型2）	
外推	RMSE	0.000806	RMSE	0.000824
	MAE	0.000606	MAE	0.000618
	MPE	99.88523	MPE	164.3684
	TU	0.932777	TU	0.55158
	BP	0.013089	BP	0.00005
	VP	0.910386	VP	0.031913
	CP	0.076526	CP	0.968037

"***"表示在1%水平上显著，"**"表示在5%水平上显著，"*"表示在10%水平上显著。表中 NA 项不显著已略去。

从表6－4结果可以明显看到，在估计阶段，恒生指数现货滞后项以及期货当期及滞后项均对现货价格有预测作用，但从调整 R^2 和对数似然值来看，基于期货当期及滞后项对现货指数的估计模型都显著大于基于现货指数滞后项对现货指数的估计模型，即估计效果模型2优于模型1。再从外推精度的各指标结论看，前3个精度指标，模型2和模型1较为接近，但后4个指标即 TU、BP、VP、CP，尤其是后3个指标更能反映预测的精度，依据外推精度方法介绍中的描述，模型2的外推效果显著优于模型1，仍然可以得出结论，在使用相同时期、相同步长的数据对现货指数价格进行外推时，使用恒生指数期货当期及滞后期的收益率序列的外推效果显著优于现货指数滞后期的外推效果，证明了股指期货价格领先于现货价格，而且股指期货序列所包含的信息对预测现货指数价格更为有效，即股指期货价格序列所包含的信息量大于现货价格序列所包含的信息量。

（三）国企指数期现货多元回归模型估计及外推效果比较

国企指数期现货多元回归模型估计结果及外推效果评价指标结果见表6－5。

表 6-5　国企指数期现货多元回归模型估计及外推结果

模型	$R_t^{si} = \alpha + \sum\limits_{n=1}^{k} \varphi_n R_{t-n}^{si} + \varepsilon_t$（模型 1）			$R_t^{si} = \alpha + \sum\limits_{n=0}^{k} \varphi_n R_{t-n}^{if} + \varepsilon_t$（模型 2）		
	系数	估计值	t 值	系数	估计值	t 值
估计	φ_1	0.054297 ***	4.499665	φ_0	0.78757 ***	135.2353
	φ_4	0.021819 *	1.808235	φ_1	0.175295 ***	30.09311
	—	—	—	φ_2	0.034891 ***	5.990936
	—	—	—	φ_3	0.010809 *	1.856362
	—	—	—	φ_8	-0.00889 *	-1.52839
	$\bar{R}^2$	0.003282		$\bar{R}^2$	0.736253	
	对数似然值	33654.39		对数似然值	38206.7	
外推	$RMSE$	0.000665		$RMSE$	0.00058	
	MAE	0.000481		MAE	0.00042	
	MPE	92.06829		MPE	198.1646	
	TU	0.935872		TU	0.43501	
	BP	0.089689		BP	0.010683	
	VP	0.809465		VP	0.000251	
	CP	0.100846		CP	0.989067	

"***"表示在 1%水平上显著,"**"表示在 5%水平上显著,"*"表示在 10%水平上显著。表中"—"表示不显著项略去。

从表 6-5 结论看,使用国企指数期现货收益率序列的模型 1、模型 2 分析结果与上述(一)和(二)的结论保持了一致。

(四) A50 指数期现货多元回归模型估计及外推效果比较

A50 指数期现货多元回归模型估计结果及外推效果评价指标结果见表 6-6。

从表 6-6 结果看,虽然 A50 指数期现货对应模型使用 5 分钟数据进行实证,但与前述样本分析结果仍然保持了一致。

(五) 日经 225 指数期现货多元回归模型估计及外推效果比较

日经 225 指数期现货多元回归模型估计结果及外推效果评价指标结果见表 6-7。

表 6 − 6　A50 指数期现货多元回归模型估计及外推结果

模型	$R_t^{si} = \alpha + \sum\limits_{n=1}^{k} \varphi_n R_{t-n}^{si} + \varepsilon_t$（模型1）			$R_t^{si} = \alpha + \sum\limits_{n=0}^{k} \varphi_n R_{t-n}^{if} + \varepsilon_t$（模型2）		
	系数	估计值	t 值	系数	估计值	t 值
估计	ϕ_1	0.02041 *	1.613221	φ_0	0.231117 ***	22.57224
	ϕ_5	− 0.02637 **	− 2.08539	φ_1	0.055653 ***	5.421471
	—	—	—	φ_2	0.16675 ***	16.24696
	—	—	—	φ_3	0.311144 ***	30.30658
	—	—	—	φ_4	0.063877 ***	6.235105
	$\bar{R}^2$	0.000724		$\bar{R}^2$	0.210899	
	对数似然值	30991.21		对数似然值	31730.29	
外推	$RMSE$	0.001194		$RMSE$	0.000997	
	MAE	0.000864		MAE	0.00069	
	MPE	92.05553		MPE	123.39	
	TU	0.965009		TU	0.592776	
	BP	0.000061		BP	0.003029	
	VP	0.919545		VP	0.495561	
	CP	0.080394		CP	0.50141	

"***"表示在1%水平上显著，"**"表示在5%水平上显著，"*"表示在10%水平上显著。表中"—"表示不显著项略去。

表 6 − 7　日经 225 指数期现货多元回归模型估计及外推结果

模型	$R_t^{si} = \alpha + \sum\limits_{n=1}^{k} \varphi_n R_{t-n}^{si} + \varepsilon_t$（模型1）			$R_t^{si} = \alpha + \sum\limits_{n=0}^{k} \varphi_n R_{t-n}^{if} + \varepsilon_t$（模型2）		
	系数	估计值	t 值	系数	估计值	t 值
估计	ϕ_2	− 0.02184 **	− 2.2689	φ_0	0.665696 ***	101.676
	ϕ_4	0.099951 ***	10.38342	φ_1	0.027203 ***	4.229772
	—	—	—	φ_4	0.117879 ***	18.33506
	$\bar{R}^2$	0.010515		$\bar{R}^2$	0.500719	
	对数似然值	60779.55		对数似然值	64453.9	

续表

模型	$R_t^{si} = \alpha + \sum_{n=1}^{k} \varphi_n R_{t-n}^{si} + \varepsilon_t$（模型1）		$R_t^{si} = \alpha + \sum_{n=0}^{k} \varphi_n R_{t-n}^{if} + \varepsilon_t$（模型2）	
外推	*RMSE*	0.000154	*RMSE*	0.000432
	MAE	0.000123	*MAE*	0.00031
	MPE	118.4598	*MPE*	228.0597
	TU	0.899333	*TU*	0.699373
	BP	0.004931	*BP*	0.000029
	VP	0.747673	*VP*	0.135824
	CP	0.247395	*CP*	0.864147

"***"表示在1%水平上显著，"**"表示在5%水平上显著，"*"表示在10%水平上显著。表中"—"表示不显著项略去。

同样，从表6-7结果看，日经225指数期现货收益率分析结果与上述结论保持了一致。

综合各样本多元回归模型外推分析的结果，首先，在使用相同时期、相同步长的数据对现货指数价格进行外推时，使用股指期货当期及滞后期的收益率序列的外推效果显著优于现货指数滞后期的外推效果，股指期货价格引导现货价格，而且股指期货序列所包含的信息对预测现货指数价格更为有效，即股指期货价格序列所包含的信息量大于现货价格序列所包含的信息量，从外推角度证实了第四、第五章的结论。其次，相对于其他样本，从外推精度各指标的表现来看，沪深300股指期货对现货标的指数的价格预测效果较好，尤其是相对于A50指数期货来说，再次说明当前沪深300股指期货市场严格防范风险和较高的入市门槛的制度设计较好地促进了股指期货功能的发挥，在对A股市场的信息引导上处于主导地位，而A50指数期货价格发现功能较弱。最后，现货市场本身的价格发现功能不显著，并不是市场缺乏效率，而从市场效率所导致的市场价格随机游走的角度上说，正好说明样本各现货市场都是具有效率的，而在此基础上，更进一步说明股指期货市场的信息效率优势。当然，相对而言，沪深300现货市场从自身的价格发现效率看，相对于样本其他现货市场效率偏低。

第四节　信息效率关系实证结果总结分析

本章从普通的时间序列模型和多元回归模型外推方法角度对第四、第五章的结论进行了补充和夯实，外推实证方法的结果与四、五章结果保持了较高的一致性。

（1）综合第四、第五、第六章的结果，本书以多角度、多样本市场的方式实证了第一章关于股指期现货市场信息效率对比关系的理论假说。以沪深300、恒生、国企、日经225和A50指数期现货的近期长跨度高频数据样本和较为成熟的实证方法及方法改进，证明了关于股指期货市场信息效率优于指数现货市场的基本理论假说，并在比较基础上得出一些新见解。

（2）信息效率对比关系研究分为信息传递关系和信息含量对比关系。两个部分相辅相成，信息传递关系实证了股指期货市场价格与现货市场价格的引导关系，其隐含了信息含量的对比关系，而只有在信息含量对比关系的基础上，才会产生信息传递关系的领先滞后关系结果，两者共同解释了股指期现货市场之间的信息效率关系。在此基础上，通过外推检验将两者的实证结果合二为一，形成了一个完整的股指期现货市场信息效率关系实证体系。

（3）虽然对股指期现货市场信息效率基本关系的假说得到

了较为一致的结论，但各样本市场的具体结果存在差异。

①在信息传递关系层面，日内非同步交易阶段的股指期货相对于现货的早开晚收或延长时段交易制度设计，从更为可靠的价格波动率引导关系实证结果上看，各市场都有较好的应用效果。基于波动率序列和收益率序列的引导关系检验结果存在差异。

②日内同步交易阶段，除 A50 指数期现货高频数据为 5 分钟间隔数据外，其他样本数据的期现货引导关系基本表现为，期货领先现货 5~8 分钟，现货领先期货 0~4 分钟。沪深 300、恒生、国企股指期现货市场价格表现出较为清晰和明确的引导关系特征，而从日经 225、A50 指数期现货市场样本实证结果看，非本土指数期货市场与其标的物本土现货指数市场的引导关系相对本土股指期现货市场关系表现较弱且不明确，尤其是从沪深 300 股指期现货市场与 A50 指数期现货市场的对比结果可看出，沪深 300 期现货市场信息效率高于 A50 指数期现货市场。

③在本土期现货市场引导关系中，沪深 300 期现货市场的引导关系特征与恒生指数及国企指数期现货市场的引导关系特征不同，相对于更为成熟的恒生及国企指数期现货市场，沪深 300 股指期现货市场呈现期现货相互引导的双向关系，而恒生及国企指数期货市场则在指数市场定价过程中发挥了更为显著的作用，呈股指期货对现货的单向引导关系。

④各样本市场的期现货信息含量对比关系的实证检验总体表明，股指期货价格序列所包含的信息量显著大于指数现货价格序列，GS 模型、脉冲响应函数以及方差分解方法的结论较为一致，即股指期货价格序列中所包含的信息能够解释大部分现货指数价格序列中的信息，而现货指数价格序列中的信息对自身及指数期货价格序列中的信息解释力度相对较弱。相同或类似现货指数标

的物的本土股指期货市场价格相对于海外股指期货市场价格具有更高的信息含量，本土股指期货市场表现出更高的信息效率。从沪深300指数和恒生、国企、A50指数对应分析结果比较看，由于标的物指数相关性极强，对应于各自指数现货市场，沪深300股指期货价格信息含量略低于恒生、国企指数期货价格，而明显高于标的物极为类似的A50指数期货价格，即相对于A50指数期货，沪深300股指期货在信息效率上居于主导地位。中国内地现货股票市场价格走势对国企指数，尤其是A50指数期货价格的反向影响力较强。同时，基差对于现货市场收益率走势具有明显的预测功能。

（4）由于目前中国国内的金融衍生产品较为单一，且交易制度、监管制度较为严格，因此，从当前信息效率角度实证的结果可以证明沪深300股指期货运行较为平稳，并且较好地发挥了应有的功能，这表明沪深300股指期货在推出时，充分地研究借鉴了各已有股指期货市场的制度优势，同时通过制度安排加大了对风险的控制力度，因此，从微观结构实证角度表现出成熟市场的信息效率特征。但随着新的衍生产品不断推出、交易者结构和交易制度变化，沪深300股指期货的各项功能发挥以及信息效率也存在变化的可能。

第七章 股指期货与现货市场运行
效率对比关系实证研究

本书在第四章开始讨论股指期现货定价效率对比关系时，已经提及了运作效率作为市场信息效率的基础，运作效率决定了市场信息效率和定价效率是否能够得以实现，其是资本市场微观结构运行以及资本市场制度设计所要达到的核心目的之一。

1987 年及之后的多次金融危机，都使世界金融体系及经济遭受冲击，而严重缺乏流动性是每次金融危机爆发时的显著特征。1987 年之后，国内外学者都充分重视流动性的研究，将其作为衡量市场运行效率和质量的重要指标，开始运用经济学、金融学方法进行研究。在第一章文献回顾中提到 West（1975）的论述较为清晰地界定了资本市场运作效率的含义，并指出了流动性作为运作效率的核心将影响资本市场的外在效率。在 Easley 和 O'Hara（1992）的文献中，强调市场运作效率由流动性、低成本和透明性 3 个方面决定，而市场运作效率由证券市场微观结构决定，流动性是衡量市场运作效率的核心指标。证券市场设计的本质就是在交易成本尽可能低的情况下，使投资者能够迅速、有效地执行交易，即证券市场必须提供足够的流动性。自 20 世纪 80 年代以来，大量的国内外学者对资本市场流动性展开了深入研究。本书在已有研究结论基础上，也将流动性作为市场运行效率的指标，通过股指期货市场与现货市场流动性指标的实证研究，比较两个市场的流动性差异，进一步论述股指期现货市场定价效率对比关系以及市场微观结构差异。

流动性没有一个统一的定义，由于市场不同以及影响因素不同，因此，其可涵盖具有流动性特征的微观及宏观角度解释，而本书对流动性的定义解释集中于资本市场的微观解释。Black（1971）指出，市场有流动性是指可立即进行任意数量的证券交易，或者说可按接近目前市场价格成交小额交易、可按接近一段时间内的平均市场价格成交大额交易。Lippman 等（1986）则指出，若某资产可以预期的价格迅速成交，则该资产具有较高流动性。Schwartz（1988）也认为流动性是以合理价格迅速成交的能力。

Amihud 和 Mendelson（1989）认为，流动性即完成交易需要的成本，或得到一个预期价格所需的时间。Glen（1994）把流动性定义为立即交易且不造成价格大幅波动的能力。Massimb 和 Phelps（1994）把流动性概括为"为委托单提供立即执行交易的一种市场能力（通常称为'即时性'）和执行小额市价订单时不会导致市场价格较大幅度变化的能力（通常称为'市场深度'或'弹性'）"；O'Hara（1995）认为，流动性就是立即完成交易的价格等①。

在期货领域，Pennings 和 Leuthold（1999）指出，"如果交

---

① 以上内容参考刘逖《如何衡量流动性：理论与文献综述》（上海证券交易所：《上证联合研究计划课题报告》2002 年第 3 期）。

易者可以迅速地买卖期货合约并且交易对于市场价格没有太大影响，那么该市场富有流动性"。Hasbrouck（2002）指出，"期货市场中流动性交易者支付的交易费用以及交易对于期货价格变化的影响就是期货市场流动性"。

在流动性衡量领域，Garbade（1985）使用宽度、深度和弹性3个指标衡量流动性。Kyle（1985）把流动性定义为3个指标：密度、深度和弹性，其中密度指交易价格偏离有效价格的程度，即宽度。Harris（1990）指出流动性包括宽度、深度、即时性和弹性4个维度。Schwartz（1991）"将流动性总结为深度、广度和弹性"。[①] 流动性指标之间存在一定的矛盾，因此，很难就流动性得出一个一致的定义。但从上述文献可以看出，流动性的含义必然包括时间、价格、交易成本和交易数量等内容。

基于流动性的定义和衡量指标，现有文献总结起来有四类流动性实证方法：一是基于买卖价差、市场效率系数（方差比例）等分析的价格法；二是基于市场深度、成交量、换手率等分析的交易量法；三是基于量价结合的交易成本、冲击成本等模型分析的量价结合法；四是基于交易频率、弹性模型等分析的时间法。已有具体方法见表7-1。

本书在已有方法基础上选择了适合期现货市场以及考虑已有数据可操作性的方法进行多角度分析，具体见下一节。

本书不针对流动性概念和衡量指标本身进行深入讨论，故不试图去定义一个流动性的具体概念，也不对每种已有衡量方法进

---

① 以上内容参考刘逖《如何衡量流动性：理论与文献综述》（上海证券交易所：《上证联合研究计划课题报告》2002年第3期）。

表 7 - 1　资本市场流动性实证方法

流动性实证方法分类	具体实证方法
价格法	买卖价差有效价差
	实现价差
	定位价差
	方差比例
	折价(溢价)比例
	机会成本模型
交易量法	市场深度
	成交深度
	成交报价数量比例
	成交量
	换手率
量价结合法	冲击成本模型
	流动性比率模型
时间法	交易频率
	弹性
	流动性风险模型

行具体描述,而是在符合上述文献讨论的基础上,选取适合的流动性指标对股指期现货市场流动性进行实证,在实证的基础上进行比较,得出一个基于比较的结论,因此,相对于专门研究流动性的文献略有粗糙之处。第七章结构如图 7 - 1 所示。

图 7 - 1　第七章结构

第一节 流动性实证方法选择与样本数据说明

本书对股指期现货市场流动性实证指标的选择考虑了以下因素。

（1）股指期货市场与现货市场流动性的共同性与差异性。成交量、成交额、价格相关序列等指标在统计上具有相同性，但存在如期货在持仓量指标上有别于现货，期货存在交割率问题、现货不存在，期货买卖指令簿可获得、现货指数则不可获得等差异。因此，选择两个市场的流动性指标是必须具有可比性。

（2）数据资料的可获得性以及方法的可操作性。由于两个市场的 Ticks 数据（或超高频数据）难以获得，尤其是海外市场相关数据难以获得，如买卖价差、订单数量、交易方向及大额交易数量无法进行计算，因此，部分流动性指标无法衡量。

（3）考虑股指期现货市场的联系性。理论上，金融衍生品市场的交易量与其标的物市场的供求状况具有紧密联系，因此，可以从期现货交易量联系上间接反映交易活跃程度以说明两者的流动性联系。

在考虑上述因素后，本书遵照流动性的含义对流动性部分指标进行一定的改进，以适合股指期现货市场流动性的比较，包括成交量（额）法、价格法和量价结合法，具体分析方法描述如下。

一 成交额与成交额增长率方法

由于股指期现货交易量的量纲不同，在比较时应折算为成交金额进行比较；股指期货成交金额为当日或一定周期内合约总价值的衡量，此指标为虚拟化指标。[①]

股指期货成交金额计算公式为：

$$AMO_t^{if} = P_t^{if} \cdot cmul \cdot V_t^{if} \qquad (7-1)$$

其中，P_t^{if} 为 t 日股指期货价格指数；$cmul$ 为合约乘数；V_t^{if} 为 t 日合约成交量。现货指数成交金额可直接获取，表示为 AMO_t^{si}。在此基础上直接比较股指期现货市场的成交金额大小。一般情况下，流动性好的市场表现为交易频繁，成交量大，成交金额自然是反映市场流动性的最为直接的指标。但同时，其也为最为宏观和粗糙的指标，因为交易金额相对较大，并不一定代表市场价格波动性较小，因此，并不能完全满足流动性的含义。本书只是用其作为股指期现货市场流动性比较的引入指标，表示一种直观感觉。

股指期现货成交额增长率均按以下公式计算：

$$RAMO_t = \left| \frac{AMO_t - AMO_{t-1}}{AMO_{t-1}} \right| \qquad (7-2)$$

AMO_t 为 t 日期货或现货成交额；AMO_{t-1} 为 $t-1$ 日期货或现货成交额。在分别计算期货、现货成交额增长率序列后，可使用均值比较大小。一般认为，成交额增长率越大，市场活跃程度越高，流动性越好。同样，这也是一个较为粗糙的指标。

二　期现货成交额比例方法[②]

期现货成交额比例从较为宏观的层面衡量了股指期现货市场

---

① 因为股指期货合约交易为保证金交易，因此，在不计算杠杆的情况下表现为虚拟的价值。

② 该指标参考了童宛生、管炎彬等《期货市场流动性研究》（中国期货业协会重点课题，2001 年）。

流动性的联系，定义期现货成交额比例为：

$$FSR_t = \frac{AMO_t^{if}}{AMO_t^{si}} \qquad (7-3)$$

FSR_t 表示 t 日股指期货成交额与现货指数成交额之间的倍数关系。该指标数值越大，股指期货市场的虚拟程度越高，交易者投入该市场的资金量也越大，投资者更为频繁地进出股指期货市场参与交易，使得市场中各类交易者能够以更低的成本在短时间内进行交易，从而表明期货市场的流动性水平较高，相反，该指标数值越小，则流动性水平越低。分别计算各指数及其期货的日 FSR_t，并计算其均值进行比较。

三 方差比率（市场效率系数）方法

Hasbrouck 和 Schwartz（1988）、Cochrane（1988）、Lo 和 Mackinlay（1989）、Hasbrouck（1991、1993、1995）均对方差比率（市场效率系数）检验方法进行了详尽的讨论。方差比率（市场效率系数）衡量执行成本对金融资产短期价格波动的影响。方差比率表明，金融资产交易的实际价格与均衡价格存在差异。"市场流动性越低，交易成本越大，实际价格相对于均衡价格的波动幅度就越大，因此，市场效率系数偏离 1 的程度也就越大；市场的流动性越高，实际价格相对于均衡价格的波动幅度就越小，因此，市场效率系数偏离 1 越小。"[①] 方差比率或市场效率系数是长期收益率的方差与短期收益率的方差的比率，其计算方法如下：

[①] 该指标参考了刘逖《如何衡量流动性：理论与文献综述》（上海证券交易所：《上证联合研究计划课题报告》2002 年第 3 期）。

$$VR_{t,T}(MEC_{t,T}) = \frac{VAR(R_T)}{k \cdot VAR(R_t)} \qquad (7-4)$$

其中，$VR_{t,T}(MEC_{t,T})$ 为方差比例（市场效率系数）；$VAR(R_T)$ 为长期收益率方差；$VAR(R_t)$ 为短期收益率方差；k 为长期定义时间段内所包含的短期定义时间段的数量，即 $k = \frac{T}{t}$，其中 T、t 的时间单位需统一①。长、短期界定较为灵活，可通过多个不同的界定进行比较，本章定义 t 为 1 分钟，T 分别取 5、10、15、30 分钟，即分析 k 分别为 5、10、15、30 时的方差比例（市场效率系数）。

如果 $VR_{t,T}(MEC_{t,T}) < 1$，则表示收益率存在短期内负的自相关，说明价格短期内波动过度；如果 $VR_{t,T}(MEC_{t,T}) > 1$，则表示收益率存在短期内正的自相关，说明价格短期内不存在波动过度；当市场充分有效时，则价格随机游走，故不存在任何形式的自相关，即 $VR_{t,T}(MEC_{t,T}) = 1$。用 $|1 - VR_{t,T}(MEC_{t,T})|$ 衡量，$VR_{t,T}(MEC_{t,T})$ 偏离 1 越远，说明市场信息处理效率越低，流动性相对较差；反之，则流动性相对较高。

以式（7-4）为基础分别计算不同 k 值的股指期现货市场 $VR_{t,T}(MEC_{t,T})$，然后进行比较得出结论。

四　即时交易成本模型方法

在方差比率（市场效率系数）估计的基础上，Hasbrouck 和 Schwartz（1988）建立了即时交易成本模型。本书也采用此模型

---

① 如 $T = 30$ 分钟，$t = 1$ 分钟，则 $k = 30$，依此类推。如果 T 为日，则日是指当日内交易时间段，而不是 24 小时全日。

来进一步比较股指期现货市场流动性，模型如下：

$$IC = \sqrt{\frac{1}{2}VAR(R_t)(1 - MEC_{t,T})}, \ if \ \ MEC_{t,T} < 1$$

$$IC = -\sqrt{\frac{1}{2}VAR(R_t)(MEC_{t,T} - 1)}, \ if \ \ MEC_{t,T} > 1 \quad (7-5)$$

其中，$VAR(R_t)$ 定义同式（7-4）。模型主要缺陷是假定市场有效，而且当价格变化的一阶自相关为正时，则模型无法定义[即时交易成本为负数，见式（7-5）]，因此，采用 $|IC|$ 来进行比较。$VR_{t,T}(MEC_{t,T})$ 偏离 1 的程度越大，则即时交易成本 $|IC|$ 越大，$|IC|$ 大的市场其处理信息的能力相对更弱，流动性相对更差；反之，则流动性相对更高。

同样，在第七章第一节计算基础上，分别计算不同 k 值的股指期现货市场的 $|IC|$，进行比较后得出结论。

五　市场深度方法

按照 Kyle（1985）和 Glen（1994）对深度的解释，市场深度为在特定价格上存在的订单总数量（通常指等于最佳买卖报价的订单数量）或者在目前价格上可交易的能力。深度指标的度量目前还没有一致的方法，学者们从不同角度对深度指标有着不同的看法，综合起来，大多数研究都认同应综合考虑价格和交易量两个因素设定深度指标。围绕深度的定义，目前有两种主要方法进行深度的衡量：一是基于超高频数据（买卖指令簿）的最优买卖价格上的订单数量计算方法；二是依据普通等间隔高频数据计算一定价格波动区间内的成交金额的方法。虽然后者比前者略显粗糙，但没有违背深度的含义，故考虑到数据可得性和本书流动性研究角度为期现货市场比较，选择后者为市场深度的度量方法并进行了一定的改进，具体为：

$$L_t^{Depth} = \frac{\ln AMO_t}{\ln P_t^H - \ln P_t^L} \qquad (7-6)$$

其中，L_t^{Depth} 为 t 时刻市场深度流动性指标；$\ln AMO_t$ 为 t 时刻证券对数成交金额；$\ln P_t^H$ 为 t 时刻对数最高成交价格；$\ln P_t^L$ 为 t 时刻对数最低成交价格[①]。在此基础上，分别计算股指期现货市场的 L_t^{Depth} 序列，并求其均值进行比较，L_t^{Depth} 越大，表明市场拥有较高深度水平，即流动性越好，本章 A50 指数期现货量价序列 t 为 5 分钟，其他指数期现货量价序列 t 为 1 分钟。

六　样本数据说明

价格相关高频 1 分钟、5 分钟序列样本数据使用同第四章，高频成交量（额）数据数量与价格序列数据配对，日经 225 指数期现货成交量（额）数据无法获得；日成交量（额）数据为 2010 年 4 月 16 日至 2011 年 12 月 2 日的日数据，并剔除异常数据，沪深 300 期现货成交量（额）数据各 398 个，恒生、国企指数期现货成交量（额）数据各 391 个，A50 指数期现货成交量（额）数据各 351 个。10、15、30 分钟价格数据，数据跨度同 1 分钟数据，剔除异常值后，沪深 300 期现货数据各分别为 9552 个、6386 个、3184 个，日经 225 指数期现货数据各分别为 3630 个、2420 个、1210 个，恒生、国企指数期现货数据各分别为 6720、4480、2240 个。A50 指数期现货价格 1、5、10、15、30 分钟数据各分别为 17100 个、3420 个、1710 个、1140 个、570 个。数据来源均同第四章。

---

① 这样设置参考了张维、梁朝晖《中国股票市场流动性与收益动态关系研究》（《系统工程理论与实践》2004 年第 10 期）的方法。

第二节 成交额相关指标中外样本实证 检验结果及比较

一 成交额与成交额增长率检验结果及比较

1. 各样本合约乘数

各样本合约乘数如表 7 – 2[1]。

表 7 – 2 各样本合约乘数

合约	沪深 300	恒生指数	国企指数	A50 指数
cmul	CNY300	HKD50	HKD50	USD10

由于本指标只是粗略地引入一个流动性的直观表述，故采用股指期现货日数据进行比较，在股指期货合约的成交额计算中，采用日内期货指数价格的均价进行成交额的计算，并计算成交额均值进行比较，计算后，各指数期现货日成交额对比关系见表 7 – 3。

表 7 – 3 各指数期现货日成交额均值对比

单位：万元

指数	沪深 300（CNY）	恒生指数（HKD）	国企指数（HKD）	A50 指数（CNY）
期货	16769049	8297426	2731643	495175
现货	7536146	6898145	1657308	1956914

---

[1] 由于日经 225 现货指数成交量、成交额数据不能获得，故涉及成交额数据的日经 225 指数期现货分析无法进行，后面各节其他分析均同。

从表 7 - 3 可以粗略地看到，除 A50 指数外，其余指数的期货市场成交额均值都远大于现货市场成交额均值，因此，可以初步判断从成交额角度股指期货市场的流动性优于现货市场，同时，与沪深 300 指数期货相比，A50 指数期货的流动性较差，A50 指数期货的流动性甚至比现货市场低。

2. 日成交额增长率均值计算对比

日成交额增长率均值计算对比结果见表 7 - 4。

表 7 - 4　各指数期现货成交额增长率（*RAMO*）均值对比结果

指数	沪深 300	恒生指数	国企指数	A50 指数
期货	1. 168213	0. 348791	0. 362656	0. 541278
现货	0. 178841	0. 143815	0. 261282	0. 227914

从股指期现货市场日成交额增长率角度，同样可以粗略判断股指期货市场的流动性远比现货市场大，同时，沪深 300 股指期货的成交额增长率甚至大于 1，表明中国内地股指期货市场流动性的高速增长，远大于其他样本市场。

二　成交额比例检验结果及比较

在本节一的基础上，计算各指数期现货成交额比例均值，进一步反映股指期现货的流动性关系，见表 7 - 5。

表 7 - 5　各指数期现货成交额比例（*FSR*$_t$）均值

指数	沪深 300	恒生指数	国企指数	A50 指数
FSR$_t$	2. 796899	1. 229807	1. 765688	0. 28864

同样，除 A50 指数期现货比例外，其余样本指数期现货比例都显著大于 1，粗略表明这些指数期货市场虚拟程度较高，流

动性较好，尤其是沪深 300 指数期货由于合约乘数为 300 元人民币，其合约价值也即虚拟程度较为突出，而 A50 指数期货合约从此指标上看，流动性较差。

第三节 市场效率系数及即时交易成本模型
中外样本实证检验结果及比较

一 市场效率系数检验结果及比较

各样本市场市场效率系数（方差比率）检验结果见表 7 - 6。

表 7 - 6 方差比率 $VR_{t,T}$（$MEC_{t,T}$）检验结果

样本指数	市场	$k = 5$	$k = 10$	$k = 15$	$k = 30$
沪深 300	现货	1.556790654	1.613410321	1.709258839	1.777779386
	期货	1.117540393	1.076595649	1.137319023	1.117404582
日经 225	现货	1.09532717	0.99392405	0.983269864	0.837579389
	期货	0.60185146	0.561792018	0.596180708	0.537912091
恒生	现货	1.094409472	1.07588437	0.983386463	0.935687519
	期货	0.903481355	0.868615174	0.820465316	0.751338171
国企	现货	1.049025388	1.028521012	0.99387884	1.012962317
	期货	0.908131252	0.863273057	0.802802665	0.745065198
A50	现货	1.027981892	1.034115908	1.002921409	0.909355877
	期货	0.727657401	0.651108058	0.650511676	0.597995853

由表 7 - 6 结果，在不考虑成交量和交易成本等其他指标的情况下，可以得出以下结论。

（1）沪深 300 股指期货市场方差比率较现货市场更接近于 1，说明沪深 300 股指期货市场对信息的处理比现货市场更为高效，价格随机性高，可预测性低，故流动性高于现货市场。同时，沪深 300 股指期现货市场方差比率都大于 1，表明两者短期收益率正自相关，短期内没有过度波动，但期货市场短期波动大于现货市场波动。

（2）其他样本指数期货市场方差比率都小于 1，表明期货市场收益率存在明显负自相关，短期内都存在过度波动现象。同时，恒生指数、国企指数、日经 225 指数现货市场方差比率不同周期内都存在小于 1 的现象，也存在过度波动现象。这与这些市场不存在涨跌幅限制或存在现货卖空机制有一定关系。

（3）恒生指数期货市场方差比率和现货市场方差比率都相对接近于 1，差距较小，但经具体计算看出，恒生指数现货市场的方差比率较期货市场更接近于 1，说明恒生指数现货市场对信息处理较期货市场更为高效，价格随机性高，可预测性低，故流动性高于期货市场。国企指数期现货方差比率关系类似于恒生指数期现货。在不考虑更为细致因素的情况下，这与香港股票现货产品允许卖空的制度规定不无关系，同时与期货市场的短期较大波动使隐性成交成本提高也存在关系。当然，与前述章节中描述的一样，存在同标的物和不同标的物的众多其他衍生产品，也使得恒生和国企指数期货的流动性相对不及现货指数市场，不过无大的显著差距。

（4）A50 指数、日经 225 指数现货市场方差比率较期货市场更接近于 1，而且两者期货市场的方差比率小于 1，且偏离 1 较远，说明不但存在过度波动，而且这两个期货市场处理信息的效率比现货市场低，即流动性低于现货市场。由于日经 225 指数期货样本选择的是新加坡交易所交易产品，因此，与 A50 指数期货具有一个相同的特征，这在第四章中已提及，即它们都属于非标的物本土股指期货市场（品种），因此，A50 指数期货市场相对于中国内地非完全开放的现货市场以及沪深 300 股指期货而言流动性较差，新加坡日经 225 指数期货也存在类似特征，在东京交易所日经 225 指数期货数据可获得的情况下可以得到更为确切的论述。

（5）综合看，从市场效率系数角度，在所选择样本中，只有沪深 300 股指期货表现出流动性高于现货指数市场流动性的特征；恒生、国企指数期现货流动性较为接近，但由于期货价格波动相对高于现货市场指数价格，因此，流动性略低于现货市场；而样本内非标的物指数本土指数期货市场表现出较差的流动性。上述结果的原因，一方面，可以从中国内地市场的相对单一衍生品功能较为突出，以及相对较为严格的风险管制制度角度获得一定解释，也可从中国内地股票现货市场与其他样本市场相比没有卖空机制角度获得解释；由于指数期货市场存在买空卖空双向交易机制，且交易成本低，因此，处理信息能力强于现货市场，流动性也相对高，而现货市场对宏观系统信息的反应存在因交易方式导致的延迟，相对而言流动性较低。另一方面，也与非标的物指数本土指数期货市场相对于本土指数期货市场更难以进行期现联动交易等一系列因素以及现货市场开放程度等有一定联系。

（6）从上述论证中还可以看到，股指期现货市场流动性对比关系研究应考虑市场波动性程度特征，现货市场有无卖空限制，是否存在多种同标的物衍生产品，以及期现货市场地域和开放程度等一系列因素后进行综合分析。

二 即时交易成本模型实证结果及比较

各样本市场即时交易成本模型实证结果见表 7-7。

表7-7 各样本即时交易成本模型实证结果

样本指数	市场	$k=5$	$k=10$	$k=15$	$k=30$
沪深300	现货	0.000370289	0.000388661	0.000417924	0.000437647
	期货	0.000214323	0.000173012	0.000231654	0.000214199
日经225	现货	0.000101911	0.0000257287 0	0.00004269337	0.000133024
	期货	0.00022933	0.00024059	0.000230957	0.000247058
恒生	现货	0.000267554	0.000239872	0.000112237	0.000220826
	期货	0.00029339	0.000342304	0.000400141	0.000470916
国企	现货	0.000268251	0.000204603	0.00009478660	0.000137934
	期货	0.00037575	0.000458397	0.00055051024	0.000625935
A50	现货	0.00008399555	0.00009274622	0.00002714026	0.00015117764
	期货	0.000349221	0.000395265	0.000395602	0.000424285

从表7-7中结果可以清晰地看到，首先，即时交易成本模型的实证结果建立在市场效率系数估计的基础上，进一步具体说明了市场效率系数估计的结论，除沪深300股指期货的即时成交成本小于现货指数市场外，其他市场样本的即时成交成本都相反，即现货指数市场小于期货市场；其次，随着时间间隔（k）的增大，股指期现货市场之间的即时成交成本差距也不断加大，说明交易者在得知系统信息时，先选择交易成本低的股指期货市场进行交易获取最大利润，从样本估计结果来看，沪深300股指期货市场流动性显然比现货市场高，股指期货市场信息反映速度远超现货市场，其他市场结果相反。

显然，从即时成交成本模型的构成和结果看，除沪深300股指期货外，其他样本指数期货市场的价格波动幅度相对现货指数价格波幅较大是造成上述结果的直接原因，其他原因可参考上小节市场效率系数的探讨。

市场效率系数和即时交易成本模型方法并未得到与理论假说

一致的结论，但正如前述关于流动性的描述那样，这种结论并不能够全面地解释两个市场流动性的更深层次对比关系，这也是本书的一个不足之处，在买卖价差等超高频数据可获得的前提下，再综合其他指标，这个问题可以被更为清晰地解释。

第四节　市场深度指标中外样本实证检验结果及比较

各样本市场市场深度指标均值计算结果见表7-8。

表7-8　各股指期现货市场深度指标 L_t^{Depth} 均值比较

市场	沪深300	恒生指数	国企指数	A50指数
期货	14613.03	10817.35	7354.883	9794.856
现货	42589.44	29568.74	17565.53	14554.33

表7-8结果表明，样本各股指期货市场在深度指标上表现为比现货市场低的深度，从指标设计上看，存在这样结果的原因主要为分母的大小。由于股指期货市场的波动性较现货市场大，这也是前述章节中已经实证的结果，故从 L_t^{Depth} 指标看，股指期货的市场深度不如现货市场。经过仔细分析可以发现，由于股指期货等衍生品可以自由地进行双向交易，在信息到达时，交易者可以通过方便的买卖合约来揭示其预期，从而直接导致期货价格的变动；而现货指数的波动需要通过指数成分股的交易而表现出来，这其中存在两个问题：一是成分股不同时进行交易，或成分股针对新息的调整速度不一致，会导致指数变动的幅度较为滞后或者不会大幅同时变动；二是成分股交易对指数的影响还通过其

权重表现出来，即某时点大额交易的成分股，其价格变动对指数的影响是通过其权重进行折算后才产生的，而且大额交易的成分股如果权重小则对指数的变动影响就相对较小。两个问题同时存在，在相同系统新信息影响下，现货指数的波动小于股指期货的波动，这一观点其实在 Lo、Mackinlay、Brennan、Jegadeesh、Swaninathan、Dong-Hyun Ahn 等国外学者关于期现货价格陈旧价格理论和部分调整理论中就有了较为详细的描述。因此，股指期货价格的波动性较现货市场价格波动性大的特征，反映的是股指期货较现货对信息反应更为灵敏的微观结构特征。这一特征表现在市场深度指标上，必然使股指期货市场深度较现货市场低。

第五节　小结

本章从宏观的成交量（额）相关指标、微观的方差比率、即时成交成本及市场深度指标方面分别实证了股指期现货市场的流动性对比关系，从运行效率角度对股指期现货市场的定价效率对比关系进行了研究。

不同指标所呈现的股指期现货市场流动性对比关系不同，从成交量（额）相关指标角度分析，除 A50 指数期货市场外，其他样本股指期货市场的流动性远大于现货市场，而 A50 指数期货市场流动性相对较差。

微观的流动性指标的实证结论存在不一致和不确定性。从市场效率系数和即时成交成本模型实证结果看，只有沪深 300 股指期货市场的流动性较现货市场高，恒生、国企、日经 225 及 A50 指数现货市场的流动性则相对指数期货市场高，恒生、国企指数期现货市场的流动性差距不显著，而日经 225、A50 指数期现货市场流动性具有较为显著的差异。原因可从以下方面解释：短期内股指期货市场的过渡波动；中国内地市场单一衍生品功能较为显著，以及较为严格的风险管制制度；中国内地股票现货市场与其他样本现货市场相比没有卖空机制；非标的物指数本土指数期货市场相对于本土指数期货市场更难以进行期现货联动交易以及现货市场开放程度；等等。从市场深度指标实证结果看，样本各股指期货市场在深度指标上表现为比现货市场低的深度，这可从现货指数价格形成过程及市场波动性程度角度得到解释。综合各项指标，A50 指数期货合约流动性相对都差于中国内地股指期现货市场。

另外，即使在运行效率差距不大，或现货市场具有较高运行效率的条件下，结合第四章内容，也进一步说明股指期货市场的信息效率高于现货市场；股指期货市场的存在并未产生流动性挤出效应，即股指期货市场的存在并未削弱现货市场的运行效率或流动性。

从实证方法综合而言，股指期现货市场流动性对比关系研究应考虑市场波动性程度特征，现货市场有无卖空限制，是否存在多种同标的物的衍生产品，以及期现货市场地域和开放程度等一系列因素后进行综合分析。而流动性指标的选择对于结果也有较大影响，应结合其他更为先进的检验技术，如超高频数据检验获得更为可靠的结论。

第八章　总结、启示与不足之处

我国股指期货于 2010 年 4 月 16 日正式推出。在此背景下，股指期货理论与实践的研究也开始成为金融领域的一项研究重点与热点，但研究基础较为薄弱。伴随着我国股指期货的正式推出，国内学者有义务和责任应用我国股指期货市场的资料建立我国股指期货领域的理论与实践研究基础，开启股指期货领域研究的新篇章。通过对已有文献的整理和研究，本书在分析金融市场微观结构理论的基础上，将股指期现货市场关系创新地总结为价格波动影响关系和定价效率对比关系，其中，波动影响关系是指股指期货推出对现货市场价格波动变化的影响关系，包括股指期货推出与现货市场价格波动的关系和合约到期日股指期货与现货市场价格波动关系，即到期日效应；定价效率对比关系是指两个市场微观结构差异基础上体现出的定价效率差异的对比关系，包括信息传递、信息含量对比关系和运行效率（流动性）对比关系。本书以实证研究为主、比较研究为辅，采用我国沪深 300、恒生、国企、日经 225、A50 指数期现货市场的真实生产高低频数据对上述关系进行了分析。研究尝试建立了股指期现货市场微观结构关系的实证框架，从实证角度证明了股指期现货市场内在联系的各种理论假说，并在对比研究基础上突出了沪深 300 股指期货合约推出近两年以来的运行特征。

第一节 主要工作与结论回顾

全书主要工作和结论总结如下。

（1）本书使用传统的收益率序列、Garman-Klass 波动率和调整"已实现"波动率 ARV 对股指期现货价格波动率序列进行估计和描述，使波动率估计更加精确和具有可比性，尽量减少在波动率估计阶段存在的误差和各种争议，使后期实证结果更加可靠。

（2）利用高低频数据结合的波动率参数和非参数统计分析与改进的 ARCH 类模型多方法实证了中国内地股指期货推出前后的期现货市场价格波动关系，同时，利用基于重大宏观经济事件分段的定量、定性方法进一步研究了这一关系更为合理的性质，并在与海外主要市场类似方法分析结果比较基础上得出了关于此问题更为一般性的结论，同时突出了中国内地市场的特征。股指期货推出并不是现货市场波动和走势变化的充分必要条件。

不考虑其他因素，沪深 300 股指期货的推出在短期加大了现货市场价格的波动性，中期略微加大现货市场价格波动性，但无显著影响，长期看，股指期货推出充分发挥了风险规避功能，较好地平抑了现货市场的波动，降低了现货市场价格的波动性；股指期货通过功能发挥平滑了现货市场由于新息冲击而带来的波动性；现货市场新旧价格波动相关性的减小，波动更趋于随机游走，有效性明显得到提高。

（3）使用高低频数据结合的交易量增长率、相对交易量、价格反转指标及波动率参数和非参数统计检验以及成交量、波动率模型检验方法，对沪深 300、S&P 500、日经 225 指数、恒生指数、国企指数、A50 指数股指期货合约标的物现货市场到期日效应进行了实证分析，对检验方法进行改进，并尝试提出了价格反转程度检验方法，并对不同市场到期日效应的存在及表现差异原因进行了简要的与已有文献不同的解释，同时，为以后到期日效应分析提出了一个研究框架。主要结论包括以下几点。

①到期日效应表现在股指期货合约到期日现货市场交易量及价格波动较非到期日的异常变动效应两个方面；部分市场表现为其中某个方面效应显著；部分市场则表现为两个方面效应都显著。

②到期日成交量异常效应存在不一定使得到期日价格波动异常效应必然存在，也就说明可能存在到期日的超常期现货联动交易（如套利、投机等），但这些交易行为并未产生明显的价格波动，从侧面反映出当前各指数现货市场具有深度与较好的运行效率。

③比较而言，国企指数现货市场具有较为显著的到期日成交量异动及价格波动效应，恒生指数、A50 指数现货市场存在到期日效应的概率较大，但各检验结果存在不确定性。

④沪深 300 指数、日经 225 指数均不存在到期日效应，但从相对交易量及 RREV 统计指标上看，随着沪深 300 股指期货参与者数量结构的变化，并不排除未来存在到期日效应的可能。

⑤合约到期最终结算制度的不同设定导致了到期日效应在不同市场的表现存在差异；结论也间接说明对投机、套利限制较为严格的制度安排降低了到期日效应发生的可能性；市场开放程度决定了套利、投机规模与数量，从而也将影响到期日效应的存在

性与表现程度。

（4）对 5 个样本市场信息传递关系使用了一阶矩收益率和二阶矩波动率数据的 Granger 检验、当期引导关系检验、相关性检验、隔夜收益率变化检验以及 VAR、VEC 模型等方法进行了实证研究，创新了信息传递关系的研究架构，即股指期现货市场信息传递关系研究应包括非同步交易时段及同步交易时段的信息传递关系研究，同时，创新地对非同步交易时段股指期现货市场的具体引导关系形态进行了实证。主要结论包括以下几点。

①从收益率引导关系角度，非同步交易时段中的开盘阶段，除恒生指数外，其他各样本市场股指期货早开盘阶段收益率对现货开盘收益率具有指引作用。日内收盘时段，实证结果只从沪深 300 指数、A50 指数样本市场收益率引导关系印证本书的微观结构理论假设。恒生、国企及日经 225 指数期货市场收盘收益率引导关系结果不确定。

②从波动率引导关系角度，所有样本均说明日内早开盘阶段 15 分钟的股指期货价格波动率可以用作现货开盘阶段 15 分钟、30 分钟价格波动率的预测，证明了开盘阶段期现货价格波动率的动态关系的理论假说，开盘阶段股指期货充分发挥了价格发现功能，让投资者提前对隔夜信息做出反应并进行消化。收盘时段，除 A50 指数期现货价格波动率收盘引导关系略有滞后性外，现货市场收盘 15、30 分钟波动率可用作晚收盘延长交易时段的股指期货市场波动率的预测，也证明了微观结构理论假设，即在现货市场收盘后，股指期货为投资者提供了依据现货市场盈亏等信息进行对冲（套期保值）的工具，并同时给予投资者充分调整套期保值、套利头寸及相关策略的机会，充分反映了股指期货的对冲功能。

③非同步交易时段基于收益率序列和波动率序列的股指期现货市场引导关系检验结果存在差异。而从序列所包含的信息量角度及对市场波动性描述的精确度上看，基于波动率序列的检验结果更为可靠。

④沪深300股指现货样本的隔夜收益率均值相等性实证结果补充说明了在股指期货合约上市后，股指期货早开晚收的制度设计使现货市场投资者对隔夜信息的反应效率得到明显提高，收益波动及风险明显降低，投资者从先行的股指期货收益变动中得到了相应的隔夜信息，并及时进行消化，因而采取了更为高效的策略，平滑了剧烈的波动。

⑤同步交易时段的一阶矩收益率和二阶矩波动率实证结果具有一致性。除具体引导阶数有所不同外，所有样本市场实证结果均基本表明，股指期货市场价格引导指数现货市场价格，即使存在双向引导关系，股指期货市场对现货市场价格的引导强度也大于反向的引导关系。实证结果证明了理论假设，即股指期货市场对系统信息的反应快于现货市场，系统信息由股指期货市场向指数现货市场传递，同时存在现货市场对股指期货市场的反向引导关系说明非系统信息通过现货市场向股指期货市场传递，但就市场总体而言，样本实证结果清晰显示信息由期货市场向现货市场传递，股指期货市场信息效率高于现货市场。

⑥在同步交易时段信息传递关系实证中，沪深300、恒生、国企股指期现货市场价格表现出较为清晰和明确的引导关系特征，而从日经225、A50指数期现货市场样本实证结果看，非本土指数期货市场与其标的物本土现货指数的引导关系相对本土股指期现货市场关系表现较弱且不明确，尤其从沪深300股指期现货市场与A50指数期现货市场的对比结果可看出，沪深300期现

货市场信息效率高于 A50 期现货市场。

⑦在本土期现货市场引导关系中，沪深 300 期现货市场的引导关系特征与恒生指数及国企指数期现货市场的引导关系特征不同，相对于更为成熟的恒生及国企指数期现货市场，沪深 300 股指期现货市场呈现期现货相互引导的双向关系，而恒生及国企指数期货市场则在指数市场定价过程中发挥了更为显著的作用，呈股指期货对现货的单向引导关系。这种结果体现了较为发达的期货市场具有定价中心作用的基本假设。

（5）使用 GS 模型、脉冲响应函数以及方差分解方法对股指期现货市场价格一阶矩收益率和二阶矩波动率序列的信息含量对比关系进行了实证分析，较为一致的结论为，股指期货价格所含信息在市场定价（价格发现）过程中的贡献占比相对于指数现货市场价格信息具有明显优势，在系统信息传递过程中具有显著的主导作用，股指期货价格定价信息含量大于现货指数。

股指期现货价格信息含量对比关系在不同市场存在差异，相同或类似现货指数标的物的本土股指期货市场价格相对于海外股指期货市场价格具有更高的信息含量，本土股指期货市场表现出更高的信息效率。从沪深 300 指数和恒生、国企、A50 指数对应分析结果比较看，由于标的物指数相关性极强，对应各自指数现货市场，沪深 300 股指期货价格信息含量略低于恒生、国企指数期货价格，而明显高于标的物极为类似的 A50 指数期货价格，即相对于 A50 指数期货，沪深 300 股指期货在定价信息效率上居于主导地位。中国内地现货股票市场价格走势对国企指数，尤其是对 A50 指数期货价格的反向影响力较强。

从 GS 模型的实证结果可以清晰地看到，基差对于现货市场收益率走势具有明显的预测功能。

（6）使用 ARMA 模型和多元回归模型外推方法，对第四、第五章已得到的股指期现货市场信息效率关系结论进行了补充和夯实，外推实证方法的结果与已有结果保持了较高的一致性。通过外推检验将信息传递关系和信息含量对比关系的实证结果合二为一，形成了一个完整的股指期现货市场信息效率关系实证体系。

（7）从宏观的成交量（额）相关指标、微观的方差比例、即时成交成本及市场深度指标分别实证了股指期现货市场的流动性对比关系，从运行效率角度对股指期现货市场的定价效率对比关系进行了研究。主要结论有以下几点。

①不同指标所呈现的股指期现货市场流动性对比关系不同，从成交量（额）相关指标角度的分析，除 A50 指数期货市场外，其他样本股指期货市场的流动性远大于现货市场，而 A50 指数期货市场流动性相对较差。

②微观的流动性指标的实证结论存在不一致和不确定性。从市场效率系数和即时成交成本模型实证结果看，只有沪深 300 股指期货市场的流动性较现货市场高，恒生、国企、日经 225 及 A50 指数现货市场的流动性则相对指数期货市场高，但恒生、国企指数期现货市场的流动性差距不显著，而日经 225、A50 指数期现货市场流动性具有较为显著的差异。原因可从以下方面解释：短期内股指期货市场的过渡波动；中国内地市场单一衍生品功能较为显著，以及较为严格的风险管制制度；中国内地股票现货市场与其他样本现货市场相比没有卖空机制；非标的物指数本土指数期货市场相对于本土指数期货市场更难以进行期现联动交易以及现货市场开放程度；等等。从市场深度指标实证结果看，样本各股指期货市场在深度指标上表现为比现货市场低的深度，这可从现货指数价格形成过程及市场波动程度角度得到解释。综

合各项指标，A50 指数期货合约流动性相对都比中国内地股指期
现货市场差。

第二节 研究结论的启示

目前，沪深 300 的信息效率、运行效率都较高，投资者可以
应用股指期货较好地进行套期保值等风险规避业务，也可以从股
指期货所包含信息中得到现货市场交易提示，管理层可以通过股
指期货运行态势适时把握风险及市场走向，制定和实施合理的
措施。

股指期货的高效率运行有助于现货市场均衡价格的形成，助
推我国股票现货市场价值投资理念的形成。股指期货的风险管理
功能和定价效率高，必然减小现货市场的波动，可以从本书的实
证研究结论中得到验证。

股指期货市场的推出是多层次资本市场完善的一个标志，但
目前沪深 300 股指期货市场的制度设计偏重风险防范，这也使市
场较趋于制度理性，故实证结果表现出良性的成熟市场特征。这
些特征在投资者结构改变、其他制度限制放宽的情况下必然发生
改变，可以利用本书的方法进行密切的跟踪观察，得出一些新的
结论，供监管者、投资者参考。

沪深 300 的良好运行态势同时也说明，较为规范、单一的指
数衍生产品具有良好的本质功能，这可以为今后推出更多的衍生
产品提供一个良好的样板，而为了拓宽衍生产品的收益群体，可
以推出更多金融衍生产品，如小型合约等，这也可以利用本书的
比较方法，紧密跟踪具有多种衍生产品的市场的期现货关系特
征。同时，比较单一衍生产品和多种衍生产品市场的利弊，规范

我国金融期货市场的发展。应将我国股指期货市场和现货市场关系保持经常性的与关联、非关联海外市场进行比较，从中取长补短。

制度理性使市场趋于平稳，但使投资者从风险对冲、套利中受益，才是股指期货市场构建的根本目的，当前沪深300的良好运行态势到底给多少投资者带来哪些有益之处应是关注的重点，而这是理论研究的一个盲点。因此，不能以理论研究或假设代替实际运行绩效，应尽量揭示投资者交易的实际情况，让更多投资者受益于沪深300的良好运行态势。

与部分海外市场相比，中国证券市场在信用体系尚未完善与投机文化双向驱动下表现出不同的特征，如在投资者结构的差异，现货股票上市制度的缺失，股票估值与上市公司价值背离，证券市场融资和投资理念界定不清导致的一、二级市场投资收益背离以及退市制度缺失等特征存在的情况下，股指期货市场对现货市场的作用关系在本书中表现出与国外成熟市场类似的特征。一方面，表明我国股指期货市场现有制度设计充分借鉴了国外经验，表现出其合理性；另一方面，也充分表明股指期货产品对现货市场各种缺陷的正面修复作用，说明了股指期货等金融衍生产品对证券市场完善的重要价值，但也从另一个角度提示了未来制度设计完善和研究的一些问题，即随着时间的推移，在现有较严格的股指期货市场制度进一步放松的条件下，同时伴随现货市场制度的不断完善，股指期现货市场关系是否发生变化；排除其他现货市场制度完善措施，股指期货是否有利于上述现货市场的制度特征缺失的修正等，都有待进一步研究。

到期日效应的实证检验结果与分析方法，样本数据选择具有较强关系，多方法、多种数据分析结果具有较高一致性，才能得出较为可靠的结论，而所使用的实证方法应包括统计检验方法和充分考虑其他影响因素的模型检验方法。

股指期现货市场流动性对比关系研究，应考虑市场波动性程度特征、现货市场有无卖空限制、是否存在多种同标的物衍生产品，以及期现货市场地域和开放程度等一系列因素后进行综合分析。

第三节　待完善与不足之处

关于股指期货推出前后期现货市场关系的研究还可深入指数权重股、非权重股、其他现货指数产品如 ETF 等权证产品与股指期货市场的关系上，同时，也应更为深入地比较股指期现货市场两类制度的关系。

股指期现货市场关系在不同趋势、背景中的表现是否存在差异，也值得进一步研究①。

例如，一些涉密资料和数据可获得②，可充分考虑不同交易者（如大户、散户、机构投资者）在股指期货推出后的投资行为变化，即可以从不同投资者交易股指期货标的成分股（非成分股）的偏好与持有股指期货标的成分股（非成分股）的偏好角度比较股指期货推出前后的投资者行为变化。

---

①　在本书实证过程中，已尝试对不同市场趋势下的期现货信息传递关系进行了研究，但研究结果与不考虑趋势的结果基本相同，故未专设章节进行论述，但这可能是由于研究期间使用的数据未体现这一问题的偶然所致。

②　涉密资料主要指交易账户交易统计信息，这些资料在我国为非公开商业机密文件，一般情况下只有交易所和监管机构的决策报告中可以涉及，我国 Wind 数据终端中的部分数据需要累积加总，连续数据也无法获得。

对同类标的物多衍生产品市场的期现关系值得深入研究，以区分同类标的物不同衍生产品在微观结构上与标的物的关系，为我国推出更多金融衍生产品提供参考。

在数据可获得的情况下，还可具体分析沪深300股指期货推出前后，其他关联市场，如恒生、国企、A50等指数期现货市场关系的变化特征，以深刻揭示关联衍生品市场的联动效应。

期现货市场流动性的对比，由于笔者的能力局限，以及数据的可获得性，还未考虑如冲击成本模型、高频数据买卖价差模型等更为准确的指标应用。

虽然使用了较多方法，但更为先进和创新方法使用未即时补充，更多方法的添加与应用将使结论更为可靠和丰富。基于时间序列分析的实证方法，存在着因样本序列改变而导致结果变化的敏感性，随着分析方法的不断创新，应在更多合理模型方法比较的基础上得到更为稳健的结论，如在序列选择上应以更为合理的方法进行抽样频率的选择，模型选择也应多方法比较。

在实证基础上，还可进一步与交易实践、监管实践、制度变更实践结合，具体阐述理论、实证研究与现实情况的关系，如领先滞后关系的交易应用、期现关系变化的监管意义等，以及制度变化对关系变化的具体影响。

上述种种不足与待完善之处，都为今后的研究打下了基础。

参考文献

［1］ 汪利娜：《英国金融期货市场：监管、发展及对中国的借鉴意义》，《财贸经济》1996 年第 1 期。

［2］ 苏东荣：《论中国金融期货市场的发展方略》，《中央财经大学学报》1997 年第 4 期。

［3］ 朱孟楠：《香港金融衍生品市场的发展及其管理》，《世界经济》1997 年第 6 期。

［4］ 钱小安：《金融期货期权大全》，中国金融出版社，1996。

［5］ 王开国：《股指期货：市场深化过程中的金融创新》，《经济研究》2000 年第 7 期。

［6］ 刘通：《我国开设股指期货的理论分析》，《重庆商学院学报》2002 年第 18（2）期。

［7］ 邹新月：《股指期货：中国资本市场深化的必然选择》，《科技进步与对策》2002 年第 4 期。

［8］ 景乃权：《股指期货的国际发展及在我国推行的现实意义和可行性探析》，《投资与证券》2002 年第 9 期。

［9］ 姚兴涛：《论中国股指期货市场发展的主体》，《金融研究》2000 年第 5 期。

[10] 施红梅：《股票指数期货：模式设计和运作构想》，《证券市场导报》2000 年第 1 期。

[11] 傅强：《关于在我国建立股票指数期货的思考》，《投资研究》2000 年第 4 期。

[12] 徐国祥、檀向球：《全国统一股价指数编制研究》，《统计研究》2001 年第 9 期。

[13] 杨峰：《海外股指期货市场研究》，《金融研究》2002 年第 7 期。

[14] 邹功达：《对亚洲金融衍生产品市场的考察与分析》，《证券市场导报》2002 年第 7 期。

[15] 朱继军：《对我国证券市场发展股票指数期货问题的探讨》，《投资与证券》2002 年第 8 期。

[16] 顾银宽、陈纪南：《近期建立股票指数期货的难点》，《投资与证券》2002 年第 8 期。

[17] 朱洪波、崔晶：《股指期货在中国的"水土不服"》，《中央财经大学学报》2002 年第 7 期。

[18] 刘建军：《当前推出指数期货可能遭遇尴尬困境》，《经济学消息报》2002 年第 10（2）期。

[19] 徐晓光：《股指期货与模糊综合评价》，《深圳大学学报》2003 年第 20（2）期。

[20] 石慧：《股指期货的风险特性与成因分析》，《财经科学》2003 年第 1 期。

[21] 程婧、刘志奇：《恒生股指期货与股票现货协整关系研究》，《金融与经济》2003 年第 11 期。

[22] 刘海龙、吴冲锋：《金融市场微观结构理论综述》，《管理评论》2003 年第 15（1）期。

[23] 肖辉、吴冲锋：《股指与股指期货日内互动关系研究》，《系统工程理论与实践》2004 年第 5 期。

[24] 陈静：《我国设立股指期货的可行性分析》，《北方经贸》2005 年第 4 期。

[25] 李治：《股指期货——影响我国证券市场有效性的一把双刃剑》，《生产力研究》2005 年第 4 期。

[26] 肖辉、鲍建平、吴冲锋：《股指与股指期货价格发现过程研究》，《系统工程学报》2006 年第 4 期。

[27] 任燕燕、李学：《股指期货与现货之间超前滞后关系的研究》，《山东大学学报（哲学社会科学版）》2006 年第 5 期。

[28] 陈芳平、李松涛：《股指期货推出对股指波动性影响的实证研究》，《证券投资》2006 年第 136（2）期。

[29] 常清：《股指期货宜先行》，《资本市场》2006 年第 5 期。

[30] 涂志勇、郭明：《股指期货推出对现货市场价格影响的理论分析》，《金融研究》2008 年第 10 期。

[31] 刘凤根、王晓芳：《股指期货与股票市场波动性关系的实证研究》，《财贸研究》2008 年第 3 期。

[32] 熊熊、王芳：《我国沪深 300 股指期货仿真交易的价格发现分析》，《天津大学学报（社会科学版）》2008 年第 4 期。

[33] 张宗成、王郧：《股指期货波动溢出效应的实证研究——来自双变量 EC-EGARCH 模型的证据》，《华中科技大学学报（社会科学版）》2009 年第 4 期。

[34] 汪冬华、欧阳卫平：《股指期货推出前后股市反应的国际比较研究》，《国际金融研究》2009 年第 4 期。

[35] 邢天才、张阁：《股指期货的推出对现货市场影响的实证

研究——基于新华富时 A50 的分析》，《财经问题研究》2009 年第 7 期。

［36］严敏、巴曙松、吴博：《我国股指期货市场的价格发现与波动溢出效应》，《系统工程》2009 年第 10 期。

［37］蒋瑛琨、何苗、杨喆：《股指期货对现货的引导与预测：理论、实证与案例》，载朱玉辰、中国金融期货交易所编《股指期货应用策略与风险控制——首届金融期货与期权研究征文大赛获奖论文选编》，中国金融出版社，2009。

［38］马龙官、陈洪赟、赵立臣：《股指期货与现货联动操纵及反操纵研究》，见黄湘平、中国证券业协会编《中国证券市场发展前沿问题研究》，中国财政经济出版社，2009。

［39］莫扬：《股票市场波动性的国际比较研究》，《数量经济技术经济研究》2004 年第 10 期。

［40］徐正国、张世英：《调整"已实现"波动率与 GARCH 及 SV 模型对波动的预测能力的比较研究》，《系统工程》2004 年第 11（8）期。

［41］张世英、许启发等：《金融时间序列分析》，清华大学出版社，2008。

［42］张世英、樊智：《协整理论与波动模型——金融时间序列分析及应用》，清华大学出版社，2009，第 2 版。

［43］徐凌、赵昌文：《期货交易、信息传递与现货市场波动关联性研究——基于中国香港市场 H 股指数、中国台湾加权指数期货的实证分析》，《经济体制改革》2008 年第 5 期。

［44］高铁梅：《计量经济分析方法与建模——EViews 应用及实例》，清华大学出版社，2009，第 2 版。

［45］袁鲲：《股指期货推出对现货市场走势的影响》，《中国金

融》2010 年第 1 期。

[46] 魏宇：《沪深 300 股指期货的波动率预测模型研究》，《管理科学学报》2010 年第 13（2）期。

[47] 薛薇：《基于 SPSS 的数据分析》，中国人民大学出版社，2011，第 2 版。

[48] 张一锋、常清：《非同步交易时段我国股指期现货动态关系分析》，《价格理论与实践》2011 年第 7 期。

[49] 王亮、刘豹：《单变量时间序列预测：综述与评价》，《天津大学学报》1991 年第 2 期。

[50] 陈荣、郑振龙：《期货价格能否预测未来的现货价格?》，《国际金融研究》2007 年第 9 期。

[51] 刘逖：《如何衡量流动性：理论与文献综述》，上海证券交易所、上证联合研究计划课题报告，2002。

[52] 童宛生、管炎彬等：《期货市场流动性研究》，中国期货业协会重点课题，北京工商大学证券期货研究所，2001。

[53] 张维、梁朝晖：《中国股票市场流动性与收益动态关系研究》，《系统工程理论与实践》2004 年第 10 期。

[54] Alan Kraus et al., "Price Impacts of Block Trading on the New York Stock Exchange", *The Journal of Finance* 27（3），1972.

[55] Albert S., Kyle, "Continuous Auctions and Insider Trading", *Econometrica* 53（6），1985.

[56] Andrew W., Lo, A., Craig MacKinlay, "The Size and Power of the Variance Ratio Test in Finite Samples：A Monte Carlo Investigation", *Journal of Econometrics* 40（2），1989.

[57] Anthony F., Herbst, Edwin D., Maberly, "Stock Index

Futures, Expiration Day Volatility, and the 'Special' Friday Opening: A Note", *Journal of Futures Markets* 10 (3), 1990.

[58] Avanidhar Subrahmanyam, "A Theory of Trading in Stock Index Futures", *Review of Financial Studies* 4 (1), 1991.

[59] Anne Fremault, "Stock Index Futures and Index Arbitrage in a Rational Expectations Model", *The Journal of Business* 64 (4), 1991.

[60] Ananth Madhavan, "Trading Mechanisms in Securities Markets", *The Journal of Finance* 47 (2), 1992.

[61] Ananth Madhavan, "Market Microstructure: A Survey", *Journal of Financial Markets* 3 (3), 2000.

[62] Ali F. et al., "On the Role of Futures Trading in Spot Market Fluctuations: Perpetrator of Volatility or Victim of Regret?", *Journal of Financial Research* 25 (3), 2002.

[63] Antonios Antoniou, Phil Holmes, "Futures Trading, Information and Spot Price Volatility: Evidence for the FTSE – 100 Stock Index Futures Contract Using GARCH", *Journal of Banking & Finance* 19 (1), 1995.

[64] Andreas Pericli, Gregory Koutmos, "Index Futures and Options and Stock Market Volatility", *Journal of Futures Markets* 17 (8), 1997.

[65] Antonios Antoniou et al., "The Effects of Stock Index Futures Trading on Stock Index Volatility: An Analysis of the Asymmetric Response of Volatility to News", *Journal of Futures Markets* 18 (2), 1998.

[66] Arjun Chatrath et al., "Index Futures Leadership, Basis

Behavior and Trader Selectivity", *Journal of Futures Markets* 22 (7), 2002.

[67] Brad Baldauf, G. J. Santoni, "Stock Price Volatility: Some Evidence from an ARCH Model", *Journal of Futures Markets* 11 (2), 1991.

[68] Brad M., Barber, Terrance Odean, "Trading Is Hazardous to Your Wealth: The Common Stock Investment Performance of Individual Investors", *The Journal of Finance* 55 (2), 2000.

[69] Chao Chen, James Williams, "Triple-Witching Hour, the Change in Expiration Timing, and Stock Market Reaction", *Journal of Futures Markets* 14 (3), 1994.

[70] David Easley and Maureen O'Hara, "Adverse Selection and Large Trade Volume: The Implications for Market Efficiency", *Journal of Financial and Quantitative Analysis* 27 (2), 1992.

[71] Donald B., Keim and Ananth Madhavan, "The Upstairs Market for Large-Block Transactions: Analysis and Measurement of Price Effects", *Review of Financial Studies* 9 (1), 1996.

[72] Donald B., Keim and Ananth Madhavan, "Transactions Costs and Investment Style: an Inter-Exchange Analysis of Institutional Equity Trades", *Journal of Financial Economics* 46 (3), 1997.

[73] Eugene F., Fama, "The Behavior of Stock Market Prices", *Journal of Business* 38 (1), 1965.

[74] Eugene F., Fama, "Efficient Capital Markets: A Review of Theory and Empirical Work", *Journal of Finance* 25 (2), 1970.

[75] Eric C. et al., "Does Futures Trading Increase Stock Market

Volatility? The Case of the Nikkei Stock Index Futures Markets", *Journal of Banking & Finance* 23 (5), 1999.

[76] Franklin R., Edwards, "Does Futures Trading Increase Stock Market Volatility?", *Financial Analysts Journal* 44 (1), 1988.

[77] Freris A. F., "The Effects of the Introduction of Stock Index Futures on Stock Prices: the Experience of Hong Kong 1984 – 1987", *Pacific – Basin Capital Markets*, 1990.

[78] Frankie Chau et al., "The Impact of Universal Stock Futures on Feedback Trading and Volatility Dynamics", *Journal of Business Finance & Accounting* 35 (1 – 2), 2008.

[79] Gregory J et al., "The Effects of Amendments to Rule 80a on Liquidity, Volatility, and Price Efficiency in the S&P 500 Futures", *Journal of Futures Markets* 12 (4), 1992.

[80] G. D. Hancock, "Whatever Happened to the Triple Witching Hour?", *Financial Analysts Journal* 49 (3), 1993.

[81] George Andrew Karolyi, "Stock Market Volatility around Expiration Days in Japan", *Journal of Derivatives* 4 (2), 1996.

[82] Harold Demsetz, "The Costs of Transacting", *Quarterly Journal of Economics* 82 (1), 1968.

[83] Hans R. Stoll and Robert E. Whaley, "Program Trading and Expiration-Day Effects", *Financial Analysts Journal* 43 (2), 1987.

[84] Hans R. Stoll and Robert E. Whaley, "Program Trading and Individual Stock Returns: Ingredients of the Triple-Witching Brew", *The Journal of Business* 63 (1), 1990.

[85] Hans R. Stoll and Robert E. Whaley, "Expiration-Day

Effects: What Has Changed?", *Financial Analysts Journal* 47 (1), 1991.

[86] Hans R. Stoll and Robert E. Whaley, "Expiration-Day Effects of the All Ordinaries Share Price Index Futures: Empirical Evidence and Alternative Settlement Procedures", *Australian Journal of Management* 22 (2), 1997.

[87] Hodgson A. and Nicholls, "The Impact of Index Futures Markets on Australian Share Market Volatility", *Journal of Business Finance & Accounting* 18 (2), 1991.

[88] Hendrik Bessembinder, Paul J. Seguin, "Futures-Trading Activity and Stock Price Volatility", *The Journal of Finance* 47 (5), 1992.

[89] Hendrik Bessembinder, "Trade Execution Costs on NASDAQ and the NYSE: A Post-Reform Comparison", *Journal of Financial and Quantitative Analysis* 34 (3), 1999.

[90] Huseyin Gulen, Stewart Mayhew, "Stock Index Futures Trading and Volatility in International Equity Markets", Purdue CIBER Working Papers, 1999.

[91] Ira G., Kawaller, Paul D., Koch and Timothy W., Koch, "The Temporal Price Relationship Between S&P 500 Futures and the S&P 500 Index", *The Journal of Finance* 42 (5), 1987.

[92] James Tobin, "A Proposal for International Monetary Reform", *Eastern Economic Journal* 4 (3–4), 1978.

[93] Joel Hasbrouck, Robert A. Schwartz, "Liquidity and Execution Costs in Equity Markets", *The Journal of Portfolio*

Management 14 (3), 1988.

[94] John H. Cochrane, "How Big Is the Random Walk in GNP?", *Journal of Political Economy* 96 (5), 1988.

[95] Joel Hasbrouck, "Measuring the Information Content of Stock Trades", *The Journal of Finance* 46 (1), 1991.

[96] Joel Hasbrouck, "The Summary Informativeness of Stock Trades: An Econometric Analysis", *Review of Financial Studies* 4 (3), 1991.

[97] Joel Hasbrouck, "Assessing the Quality of a Security Market: A New Approach to Transaction-Cost Measurement", *Review of Financial Studies* 6 (1), 1993.

[98] J. D. Glen, "An Introduction to the Microstructure of Emerging Markets, Washington D. C. ", International Finance corporation Discussion Paper, 1994.

[99] Joel Hasbrouck, "One Security, Many Markets: Determining the Contributions to Price Discovery", *The Journal of Finance* 50 (4), 1995.

[100] Ji-Chai Lin et al. , "Trade Size and Components of the Bid-Ask Spread", *Review of Financial Studies* 8 (4), 1995.

[101] J. Fleming, B. Ostdiek, "Trading Costs and the Relative Rates of Price Discovery in Stock, Futures, and Option Markets", *Journal of Futures Markets* 16 (4), 1996.

[102] Joost M. et al. , "Commodity Futures Contract Viability: A Multidisciplinary Approach", OFOR, Working Paper, 1999 (99 - 02).

[103] Joel Hasbrouck, "Stalking the 'Efficient Price' in Market

Microstructure Specifications: An Overview", *Journal of Financial Markets* 5 (3), 2002.

[104] Joel Hasbrouck and Duane J. Seppi, "Common Factors in Prices, Order Flows, and Liquidity", *Journal of Financial Economics* 59 (3), 2001.

[105] Kenneth D. Garbade and William L. Silber, "Structural Organization of Secondary Markets: Clearing Frequency, Dealer Activity and Liquidity Risk", *The Journal of Finance* 34 (3), 1979.

[106] Kenneth D. Garbade and William L. Silber, "Price Movements and Price Discovery in Futures and Cash Markets", *The Review of Economics and Statistics* 65 (2), 1983.

[107] Kawaller K. L. et al., "The Temporal Price Relationship between S&P 500 Futures and S&P 500 Index", *Journal of Finance* 42 (1), 1987.

[108] Kalok Chan et al., "Intraday Volatility in the Stock Index and Stock Index Futures Markets", *Review of Financial Studies* 4 (4), 1991.

[109] Kalok Chan et al., "Why Option Prices Lag Stock Prices: A Trading-Based Explanation", *The Journal of Finance* 48 (5), 1993.

[110] Lawrence R. Glosten and Paul R. Milgrom, "Bid, Ask and Transaction Prices in A Specialist Market with Heterogeneously Informed Traders", *Journal of Financial Economics* 14 (1), 1985.

[111] Lawrence Harris, "S&P 500 Cash Stock Price Volatilities", *The Journal of Finance* 44 (5), 1989.

[112] Sang Bin Lee, Ki Yool Ohk, "Stock Index Futures Listing and Structural Change in Time-Varying Volatility", *Journal of Futures Markets* 12 (5), 1992.

[113] Louis K. et al., "The Behavior of Stock Prices Around Institutional Trades", *The Journal of Finance* 50 (4), 1995.

[114] Mark B. Garman, "Market Microstructure", *Journal of Financial Economics* 3 (3), 1976.

[115] Mark B. Garman and Michael J. Klass, "On the Estimation of Security Price Volatilities from Historical Data", *The Journal of Business* 53 (1), 1980.

[116] Merton H. Miller, "Financial Innovation: The Last Twenty Years and the Next", *Journal of Financial and Quantitative Analysis* 21 (4), 1986.

[117] Maureen O'Hara, *Market Microstructure Theory* (Cambridge, MA.: Blackwell Publishers Inc., 1995).

[118] Marilyn K. Wiley, Robert T. Daigler, "A Bivariate GARCH Approach to the Futures Volume-Volatility Issue", Presented at the Eastern Finance Association Meetings, Miami Beach, Florida, 1999.

[119] Manuel Illueca and Juan Ángel Lafuente, "New Evidence On Expiration-Day Effects Using Realized Volatility: An Intraday Analysis For The Spanish Stock Exchange", *Journal of Futures Markets* 26 (9), 2006.

[120] Narasimhan Jegadeesh, Avanidhar Subrahmanyam, "Liquidity

Effects of the Introduction of the S&P 500 Index Futures Contract on the Underlying Stocks", *The Journal of Business* 66 (2), 1993.

[121] Nai-fu Chen et al. , "Stock Volatility and the Levels of the Basis and Open Interest in Futures Contracts", *The Journal of Finance* 50 (1), 1995.

[122] Nicolas P. B. Bollen, Robert E. Whaley, "Do Expirations of Hang Seng Index Derivatives Affect Stock Market Volatility?", *Pacific-Basin Finance Journal* 7 (5), 1999.

[123] Paul A. Samuelson, "Proof That Properly Anticipated Prices Fluctuate Randomly", *Industrial Management Review* 6 (2), 1965.

[124] Peter F. Pope, Pradeep K. Yadav, "The Impact of Option Expiration on Underlying Stocks: The UK Evidence", *Journal of Business Finance & Accounting* 19 (3), 1992.

[125] Praveen Kumar and Duane J. Seppi, "Information and Index Arbitrage", *The Journal of Business* 67 (4), 1994.

[126] Peter A. Brous, Vinay Datar and Omseh Kini, "Is the Market Optimistic about the Future Earnings of Seasoned Equity Offering Firms?", *Journal of Financial and Quantitative Analysis* 36 (2), 2001.

[127] P. Corredor, P. Lechón, R. Santamaría, "Option-Expiration Effects in Small Markets: The Spanish Stock Exchange", *Journal of Futures Markets* 21 (10), 2001.

[128] Roberts H. V. , "Statistical versus Clinical Prediction of the Stock Market", unpublished paper presented to the Seminar

on the Analysis of Security Prices, University of Chicago, 1967.

[129] Richard R. West, "On the Difference between Internal and External Efficiency", *Financial Analysts Journal* 31 (6), 1975.

[130] Reena Aggarwal, "Stock Index Futures and Cash Market Volatility", *Review of Futures Markets* 7 (2), 1988.

[131] Richard Roll, Eduardo Schwartz, Avanidhar Subrahmanyam, "Liquidity and the Law of One Price: The Case of the Futures-Cash Basis", *The Journal of Finance* 62 (5), 2007.

[132] Steven R. Umlauf, "Transaction Taxes and the Behavior of the Swedish Stock Market", *Journal of Financial Economics* 33 (2), 1993.

[133] Theodore E. Day, Craig M. Lewis, "The Behavior of the Volatility Implicit in the Prices of Stock Index Options", *Journal of Financial Economics* 22 (1), 1988.

[134] Terrance Odean, "Are Investors Reluctant to Realize Their Losses?", *The Journal of Finance* 53 (5), 1998.

[135] Terrance Odean, "Do Investors Trade Too Much?", *The American Economic Review* 89 (5), 1999.

[136] W. J. Conover, Mark E. Johnson and Myrle M. Johnson, "A Comparative Study of Tests for Homogeneity of Variances, with Applications to the Outer Continental Shelf Bidding Data", *Technometrics* 23 (4), 1981.

[137] Yrjo Koskinen, Pekka Hietala, and Esa Jokivuolle, "Informed Trading, Short Sales Constraints, and Futures' Pricing", Bank of Finland Discussion Papers, 2000.

[129] Ying-Foon Chow et al. , "Expiration Day Effects: The Case of Hong Kong", *Journal of Futures Markets* 23 (1), 2003.

[139] Yiuman Tse, Paramita Bandyopadhyay, Yang-Pin Shen, "Intraday Price Discovery in the DJIA Index Markets", *Journal of Business Finance & Accounting* 33 (9 – 10), 2006.

图书在版编目（CIP）数据

股指期现货市场关系：中国内地与海外市场比较/张一锋著.
—北京：社会科学文献出版社，2014.4
（云南财经大学前沿研究丛书）
ISBN 978 - 7 - 5097 - 5433 - 7

Ⅰ.①股… Ⅱ.①张… Ⅲ.①股票指数期货 - 关系 - 现货
市场 - 对比研究 - 中国、外国　Ⅳ.①F830.91 ②F713.58

中国版本图书馆 CIP 数据核字（2013）第 303303 号

·云南财经大学前沿研究丛书·

股指期现货市场关系
　　——中国内地与海外市场比较

著　　者／张一锋

出 版 人／谢寿光
出 版 者／社会科学文献出版社
地　　址／北京市西城区北三环中路甲 29 号院 3 号楼华龙大厦
邮政编码／100029

责任部门／经济与管理出版中心（010）59367226　　　责任编辑／恽　薇　陈凤玲
电子信箱／caijingbu@ ssap. cn　　　　　　　　　　　责任校对／师军革
项目统筹／恽　薇　蔡莎莎　　　　　　　　　　　　　责任印制／岳　阳
经　　销／社会科学文献出版社市场营销中心（010）59367081　59367089
读者服务／读者服务中心（010）59367028

印　　装／北京季蜂印刷有限公司
开　　本／787mm×1092mm　1/16　　　　　　　印　　张／20.25
版　　次／2014 年 4 月第 1 版　　　　　　　　　字　　数／241 千字
印　　次／2014 年 4 月第 1 次印刷
书　　号／ISBN 978 - 7 - 5097 - 5433 - 7
定　　价／75.00 元